国家出版基金项目
NATIONAL PUBLICATION FOUNDATION

“十三五”国家重点出版物出版规划项目
国家自然科学基金重大项目

应对老龄社会的基础科学问题研究丛书

主编　彭希哲

社会工作视野下的适老科技

陈虹霖　安　宁　黄延焱/著

科学出版社
龍門書局
北　京

内 容 简 介

伴随着数字化社会的迅猛发展，人口增龄向社会的福利制度、产业转型、服务设计提出了新要求。本书从老龄化社会对科技适老的诉求出发，总览全球老龄化态势与福祉科技的发展状况，介绍了机器人、游戏、虚拟现实技术应用等前沿适老产品的发展对老年群体生理、心理、社会多维需求的应对及其局限，并着重从社会工作的专业视角审视了科技与人文的边界与赋权，借助作者及学生团队实践和研究项目，剖析了社会工作视野下适老科技的概念与内涵。

本书适合中国老龄社会研究领域的学者、老龄服务领域从业者、高校师生、政府官员和社会公众阅读参考。

图书在版编目（CIP）数据

社会工作视野下的适老科技 / 陈虹霖，安宁，黄延焱著. —北京：龙门书局，2021.11

（应对老龄社会的基础科学问题研究丛书 / 彭希哲主编）

“十三五”国家重点出版物出版规划项目　国家出版基金项目　国家自然科学基金重大项目

ISBN 978-7-5088-5887-6

Ⅰ. ①社…　Ⅱ. ①陈…　②安…　③黄…　Ⅲ. ①科学技术-应用-老龄产业-研究-中国　Ⅳ. ①D669.6-39

中国版本图书馆 CIP 数据核字（2020）第 250620 号

责任编辑：刘英红/ 责任校对：贾娜娜

责任印制：霍　兵/ 封面设计：无极书装

科学出版社
龍門書局 出版

北京东黄城根北街 16 号

邮政编码：100717

http://www.sciencep.com

三河市春园印刷有限公司 印刷

科学出版社发行　各地新华书店经销

*

2021 年 11 月第　一　版　开本：720 × 1000　1/16

2021 年 11 月第一次印刷　印张：17

字数：385 000

定价：168.00 元

（如有印装质量问题，我社负责调换）

丛书编委会

主　编：彭希哲

副主编：（以姓氏笔画为序）

左学金　何文炯　曾　毅　翟振武

编　委：（以姓氏笔画为序）

于景元　左学金　李树茁　李善同

杨　泽　吴开亚　何文炯　汪寿阳

胡　湛　彭希哲　辜胜阳　曾　毅

翟振武

“应对老龄社会的基础科学问题研究丛书”序

人口老龄化是一个世界性议题，它是人口再生产模式从传统型向现代型转变的必然结果，也是当今社会经济发展和社会现代化的一个重要趋势，并已成为中国社会的常态。在目前的社会经济制度安排下，我们仍对这种前所未有的人口学变化及其所带来的影响缺乏必要和及时的反应、适应和调整，中国人口老龄化的特殊进程亦使得这种挑战更显严峻。

人口老龄化首先表现为人口问题，我们不仅要对人口进行更深入的研究与调控，更要考虑到社会、经济、环境等多元要素对老龄化进程的制约。老龄化的影响已经逐渐渗透到中国社会的各个方面，并与各种历史的、当前的和未来的社会发展要素不断地相互影响，形成一个超复杂的经济社会系统问题。因此，应对老龄社会需要统筹中国社会的各种资源以形成合力，对整个社会的组织和运行进行改革和再设计，以使中国社会在老龄化的背景下继续健康、协调地运行和发展。

为此，国家自然科学基金委员会经过两年的论证，于 2014 年启动了重大项目“应对老龄社会的基础科学问题研究”（71490730）的招标工作。其主要目标有两方面。

其一，立足中国经济、社会和环境的现实，针对中国老龄社会的自身特征，在全球化、市场化、信息化的时代背景下，充分考虑中国人口转变和社会转型的进程，响应城乡统筹、代际和谐发展的时代要求，深入研究面向社会整合和可持续发展的应对中国老龄社会的重大基础科学问题，进行理论创新和前瞻性研究，提出符合中国实践的新理论和新方法。

其二，根据我国转变经济发展方式、保障和改善民生的重大需求，针对老龄化的发生发展规律、现在及未来老年人群体的新特征、老龄社会的社会支持系统与经济形态，以及相关制度安排和政策重构等科学问题展开系统研究，支撑国家宏观决策和治理实践需求，并造就一支在国内外有影响的跨学科研究队伍。

最终，经过选拔和评审，以复旦大学作为牵头单位并联合中国人民大学、北京大学、浙江大学、上海社会科学院所组成的跨学科研究团队承担了这一重大项目，首席科学家为复旦大学的彭希哲教授，经费量 1800 万元，执行期自 2015 年起至 2019 年止。项目涵括 5 个相互独立却又紧密关联的专项课题：

课题一“特征、规律与前景——老龄社会的人口学基础研究”（71490731）由中国人民大学承担，负责人为翟振武教授；课题二“健康老龄化——老年人口健康影响因素及有效干预的基础科学问题研究”（71490732）由北京大学承担，负责人为曾毅教授；课题三“代际均衡与多元共治——老龄社会的社会支持体系研究”（71490733）由浙江大学承担，负责人为何文炯教授；课题四“公平、活力与可持续——老龄社会的经济特征及支持体系研究”（71490734）由上海社会科学院承担，负责人为左学金研究员；课题五“整体性治理——应对老龄社会的公共政策和公共管理体系重构研究”（71490735）由复旦大学承担，负责人为彭希哲教授。整个项目的核心团队成员超过 50 人，聚集了一批人口学、管理学、经济学、社会学、心理学、医学、生物学、数学、环境科学、信息科学、政治学等领域的一流专家学者，其中不乏教育部长江学者、新世纪百千万人才工程专家等顶尖人才。经过团队成员五年多的鼎力合作，产生了一大批高质量的科研成果，在《中国社会科学》、*The Lancet*、*Demography*、*Governance* 等国内外重要学术期刊发表论文近 400 篇，由其形成的决策咨询报告多次得到国家领导人批示，获得第八届中华人口奖、第七届高等学校科学研究优秀成果奖（人文社会科学）、第八届高等学校科学研究优秀成果奖（人文社会科学）、第七届中国人口科学优秀成果奖、第三届中国老年学奖、第七届钱学森城市学金奖等各类国家及省部级奖项近 60 种，并参与资助了两项大型老龄社会追踪调查：CLASS（China Longitudinal Aging Social Survey，中国老年社会追踪调查）和 CLHLS（Chinese Longitudinal Healthy Longevity Survey，中国老年健康影响因素跟踪调查）。

为了推动这些成果在更大的范围内共享，促进相关学科领域的发展和高水平研究队伍的建设，为老龄社会相关的制度、政策与法规的设计、制定和运行提供理论指导与方法支撑，项目组和科学出版社合作，论证设计了“应对老龄社会的基础科学问题研究丛书”出版计划，并于 2018 年入选“十三五”国家重点出版物出版规划项目，2020 年获得国家出版基金支持。丛书计划持续出版系列老龄科学研究领域的学术专著，并于 2021～2022 年推出第一批 17 部。

作为国家自然科学基金重大项目“应对老龄社会的基础科学问题研究”的重要研究成果集群，本丛书的出版是多方通力合作、协同努力的结果。我们首先衷心感谢国家自然科学基金委员会的大力支持，感谢吴启迪、何鸣鸿、李一军、高自友、杨列勋、刘作仪等基金委时任领导的鼓励与指导，感谢于景元、辜胜阻、汪寿阳、李善同、李树茁、杨泽等学术领导小组专家的指点与建议，感谢吴刚、霍红、方德斌、卢启程、杜少甫、张江华等基金委工作人员的细致工作和周到服务，感谢原新、丁金宏、李娟、林义、黄鲁成、凌亢、冯帅章等专家学者的帮助，感谢复旦大学、中国人民大学、北京大学、浙江大学、上海社会科学院的支持及在管理上提供的便利，感谢复旦大学公共管理与公共政策研究国家哲学社会科学创新基地、复旦大学人口与发展政策研究中心、中国人民大学人口与发展研究中心、北京大学国家发展研究院、浙江大学老龄和健康研究中心、上海社会科学院经济研究所的团队支持，感谢全国老龄工作委员会、中国老龄协会、国家卫生健康委员会、民政部、人力资源和社会保障部、国家统计局及各级政府部门的帮助，感谢兄弟院校和合作科研机构及团队的帮助，感谢项目组全体成员和参与项目工作的博士后及研究生们的辛勤劳动。此外还要感谢科学出版社的认可及支持，尤其是马跃和魏如萍老师对于我们申报“十三五”国家重点出版物出版规划项目和国家出版基金的鼎力协助。我们将再接再厉，为推动建设一个“不分年龄人人共建共治共享”的社会而奋斗。

“应对老龄社会的基础科学问题研究”项目组

2020 年 12 月

目　录

第一部分　全球老龄化与适老科技

第一章　全球老龄化与人口健康①

第一节　人口变迁及挑战

人口老龄化已成为21世纪最重要的社会变革之一。联合国经济和社会事务部发布的《世界人口展望2019》报告显示，2018年人类历史上第一次65岁及以上的人口数量超过五岁以下儿童数，2019年65岁及以上的老年人约占全球人口的9%，约为7亿，预计到2050年该占比将达16%，届时该年龄段人口数量将增加一倍以上，是五岁以下儿童人口数的两倍多，或将超过15～24岁的青少年人数。而在2100年，65岁及以上的老年人占总人口的比例可能进一步提高到23%。此外，80岁及以上高龄人口的增速甚至会超过65～80岁的低龄和中龄老年人。1990年，全球80岁及以上人口只有5400万，这一数字在2019年几乎增加了两倍，已达1.43亿，预计到2050年将达到4.26亿，并在2100年将继续增加到8.81亿。

当今世界人口正在经历前所未有的老龄化浪潮，几乎所有国家和地区的老年人口数量与占总人口的比例都在增长。这无疑将对人类社会产生巨大影响，涉及劳动力市场和金融市场的发展、公共服务需求的变化、家庭结构及代际关系的变迁等。人口老龄化是一个国家的人口年龄结构向“老年型”转变的过程，主要表现为人口平均年龄和中位数增加、儿童人口比例下降和老年人口比例上升。这种转变最先开始于发达国家，而欠发达国家和地区的老年人口增速通常更加明显。

人类寿命的不断延长和生育水平的持续下降，意味着世界人口迅速老龄化是全球人口发展的主要趋势之一。近年来，随着医疗卫生水平和生活水平的显著提高，人类寿命得以不断延长。联合国经济和社会事务部发布的《世界人口展望2019》报告显示，2019年全球人口平均预期寿命为72.6岁，比1990年提高了8.4岁，预计到2050年有望提高到77.1岁。与此同时，许多国家的总和生育率继续降低，人口规模出现下降趋势。按照人口发展的规律，生育率维持在每名妇女2.1个活产婴儿的水平，人口规模才能保持稳定，而总和生育率1.5左右是一条“高度敏

① 本书作者复旦大学社会工作学陈虹霖教授负责第一部分、第二部分第五章、第四部分主要章节的撰写；合肥工业大学计算机与信息学院安宁教授负责第二部分第六章、第三部分第八章的撰写；复旦大学附属华山医院老年病科黄延焱副主任负责第三部分第九章的撰写；复旦大学信息学院青年研究员叶士青教授撰写第三部分第十、十一章；复旦大学人类学潘天舒教授撰写第四部分第十六章第一节；复旦大学社政学院孔春燕撰写第二部分第七章。

感警戒线”。根据第七次全国人口普查结果，2020 年我国育龄妇女总和生育率为 1.3，已处于较低水平。

老龄化进程加剧是各个国家都亟须应对的挑战，中国也不例外。较国际其他国家而言，我国老龄化呈现出增长规模大、速度快、程度高、地区间发展不均衡、城乡倒置、超前于经济发展等独有特点。

我国老年人口规模庞大，已成为世界上老年人口最多的国家之一。按照世界卫生组织的年龄划分标准，年满 65 周岁的人确定为老年人口。自 2000 年开始，我国 65 岁及以上老年人口比重就已达到 7%，标志着中国迈入人口老龄化社会，而当前的老年人口占比数据更是表明中国已进入深度老龄化阶段。据国家统计局公布的第七次全国人口普查数据，截至 2020 年末，我国 65 岁及以上人口数量已上升至 1.9 亿人，占总人口的 13.50%。这一数据与老龄社会（65 岁及以上人口占比 14%）已非常接近。目前，我国人口老龄化程度已高于世界平均水平（65 岁及以上人口占比 9.3%），但低于发达国家平均水平（65 岁及以上人口占比 19.3%）。与此同时，我国老龄化进程明显加快。与 2010 年相比，65 岁及以上人口的比重上升了 4.63 个百分点。与 21 世纪前 10 年相比，上升幅度提高了 2.72 个百分点。联合国经济和社会事务部发布的《世界人口展望 2019》报告显示，中国 65 岁及以上人口规模将在 2025 年突破 2 亿，2035 年突破 3 亿，2050 年达到 3.66 亿。

我国居民人均预期寿命持续提高，高龄化趋势加剧。高龄老人是老年人中最为脆弱的群体，不仅病残率较其他老人高，而且需要关心照顾的程度也相应较其他老人更高，因而是养老问题中需要关注的重难点群体。

此外，我国老龄化程度呈现城乡和区域不平衡的特点。随着我国城市化进程不断发展，城乡间人口持续流动，我国独居老人和空巢老人（指没有子女或虽有子女但不和子女共居一处的老人）数量增速加快，比重也在增大。我国地区经济发展不平衡，因此各地老龄化情况差异显著。整体而言，东部地区人口老龄化程度较西部地区更高，东北和华东地区人口老龄化程度较高。而上海市 65 岁及以上户籍老年人口占总比更是高达 25.9%（上海市老龄工作委员会办公室等，2021），表明我国正面临着严峻的老龄化挑战。如此广泛而发展迅速的人口老龄化一方面代表着社会经济发展和公共卫生政策的进步，另一方面也会带来一些社会问题。

首先，人口老龄化加重了我国的公共财政负担。人口老龄化将直接导致老年人口抚养比（也称为老年人口抚养系数，指某一人口中老年人口数与劳动年龄人口数之比，通常用百分比表示，用以表明每 100 名劳动年龄人口要负担多少名老年人。）的不断提高。预测到 2035 年我国老年人口抚养比将超过 50.0%，2050 年将达到 67.9%（中国老龄协会，2021）。一方面，老年人口抚养比的增长，意味着政府需要承担更多的退休金、养老保险费用、医疗保险费用等。另一方面，受中国孝道文化和家庭结构的影响，目前我国的养老方式以家庭养老为主，老龄化加重了很多家庭的生活负担，在一定程度上降低了部分家庭的生活质量。

其次，人口老龄化将造成劳动力资源的不足。由于老年群体自身生理机能下降等不可控因素，老年人逐渐退出社会舞台，造成劳动力不足和劳动生产率下降，进而对社会生产造成影响。适龄劳动人口规模缩减，“人口红利”难以为继。

最后，伴随着专业护理人员的短缺、老年护理的高成本及为老服务业发展的滞后，老年人口的医疗卫生服务和长期照护问题日益严重。根据世界卫生组织的报告，2005—2011年，经济合作与发展组织（Organization for Economic Co-operation and Development，OECD）成员公共长期护理的项目支出费用平均每年增长4.8%。欧洲联盟（以下简称欧盟）进一步预测，到2060年政府在长期护理方面的支出费用大约会增长一倍。与此同时，居家和社区养老的可能性取决于老年人是否有能力维持一般水平的生活质量和独立性，其关键在于照护服务的供给。产生人口老龄化的原因之一就是人类寿命的延长，而随着老年人年龄的增长，老年病种及其患病率也随之上升。自然衰退和疾病使得老年人的自主生活能力下降，他们需要依赖更多的医疗保健和长期照护，从而给社会和家庭带来了压力。

第二节 健康老龄化和老年疾病

随着全球老龄化进程的加快，老年人的健康问题引起社会的广泛关注。老年群体作为一种人口资源，其健康状态和生活质量在一定程度上影响着社会经济发展。老年人曾为社会做出重要贡献，应该享受高品质的生活。全球应该积极关注老年人的生存健康状况，促进健康老龄化的发展，从而使老龄化的负面效应向积极效应方面转化。健康老龄化是全球共同积极应对老龄化问题的重要举措，反映了当今世界由“生命长度”到“生命质量”的焦点转移，强调健康老龄化应该贯穿从生命早期到生命晚期的整个历程。世界卫生组织在2015年发布的报告中将“健康老龄化”定义为发展和维护老年健康幸福生活所需的功能发挥的过程，其中功能发挥（functional ability）是指使个体能够按照自身观念和偏好来生活与行动的健康相关因素，由个体内在能力（intrinsic capacity）与相关环境特征（environmental characteristics）以及两者之间的相互作用构成。个体的内在能力主要受疾病伤害和年龄增长的影响。世界卫生组织在随后的报告中指出，提高个体内在能力可预防衰弱，内在能力可通过量表进行评估，其主要包括运动、活力、认知、心理和感官五个方面（Cesari et al.，2018）。由此可见，老年人的生理和心理健康状态是影响其生活质量的重要因素。

随着老年人口的激增和人均预期寿命的延长，老年人疾病谱和病因谱日益复杂与多样。老年病，又称老年疾病，主要是老年人身体的自然老化而导致的，多为老年期所特有的“老年性”疾病。其中，老年慢性病是影响老年人健康和生活质量的主要因素。老年慢性病具有病程长、并发症多、难治愈的特点，对老年人的日常生活能力具有极大影响，甚至部分老人会出现后期失能的情况。目前常见的老年慢性病主要包括糖尿病、心血管疾病（如高血压、冠心病等）及神经系统疾病（如帕金森、认知症障碍等）。其中，老年认知症作为一种老年慢性病，患病率随着我国老龄化的加快而明显上升，给患者及其家属带来了严重的生理和心理压力。国际阿尔茨海默病协会（Alzheimer's Disease International，ADI）的报告（2020）测算，2020 年全球有超过 5000 万人患有老年认知症，预计到 2030 年，这一数字将会增至 8200 万人，而到 2050 年将达到 1.52 亿人。也就是说，全球每过 3.2 秒就会新增一名认知症患者。目前全球每年因认知症而产生的社会经济成本已经超过 1 万亿美元，包括医疗保健、长期护理和临终关怀等相关费用，而到 2030 年这一数字将翻一番。同样地，中国快速发展的老龄化进程也将加剧本国的老年认知症问题，这无疑将会给中国的家庭和社会发展带来沉重的负担。中国老龄协会 2021 年发布的《认知症老年人照护服务现状与发展报告》指出，目前我国 60 岁及以上老年人中认知症患者约有 1507 万人，患病率约为 6.0%，预计到 2030 年和 2050 年患病人数将分别增长至 2220 万人与 2898 万人（中国老龄协会，2021）。认知症老年人的照护需求将持续增长。

中国当前老龄化加速、老年人口激增的基本国情，使健康老龄化这一议题引起了社会各界的高度重视。早在 1994 年，我国老年学会会长邬沧萍教授就提出应该全面、科学地理解“健康老龄化”，不仅要重视寿命长度，更要关注寿命质量，要从量变向质变转移（邬沧萍，1994）。《“健康中国 2030”规划纲要》明确提出了“健康老龄化”的概念。随着《“十三五”健康老龄化规划》的实施，我国已对更加公平、更可持续的养老体系建设做出了战略部署，强调要创造老年人健康生活的良好环境，加快建设老年健康服务体系，深入推进医养结合发展，这进一步体现了健康老龄化在我国的重要战略地位。

深度老龄化的人口发展趋势下，从国家战略层面统筹老年人的健康养老事业已成为我国政策关注的焦点。在科技飞速发展、智能终端和电子科技兴起的新时期，我国老龄化带来的人口年龄结构的改变与疾病发生、死亡率改变之间的相互作用使得人口健康转型发生了质的变化，也对老年人的医养结合发展提出了新挑战。

老年人慢性病高发，对老年群体而言，仅依靠护理人员、医疗技术的健康管理并不能满足其需求，而科技创新的发展为新老龄化时期慢性病人群的健康干预提供了新的手段。随着大数据、移动互联网、物联网、智能制造等技术在医疗健康领域的应用，各种智能健康管理程序如雨后春笋般涌现。作为积极养老理念中的一种方式，智慧养老借助当今科技的快速发展，为老年人自尊、自立地生活提供了可能。通过这些技术提高老龄服务的自动化、智能化，一方面可缓解当前老龄服务从业人员短缺的问题，另一方面可规范服务供给、提高服务水平。因此，智慧养老成了养老事业与科技发展相结合的热词，国家亦出台了多项相关政策。2016年，国务院办公厅发布的《关于全面放开养老服务市场提升养老服务质量的若干意见》中提出要发展智慧养老服务新业态；2017年工业和信息化部、民政部及国家卫生健康委员会发布的《智慧健康养老产业发展行动计划（2017—2020年）》中要求到2020年基本形成覆盖全生命周期的智慧健康养老产业体系。同时，国家也公布了一批智慧养老应用示范单位，应用各类新兴技术促进老龄服务的供给已成为各界共识。

需要注意的是，科技创新在实际应用中是把双刃剑。例如，不少智能产品或智能系统从前期使用阶段就使老年群体产生隔阂感，“复杂”的使用程序让老年人难以消化。

第二章　老龄化与科技

第一节　适老化科技的全球趋势

世界卫生组织 2015 年发布的《关于老龄化与健康的全球报告》详细阐释了健康老龄化的丰富内涵，并在各国实例的基础上提出建议，主张通过创新性的解决方式处理具体问题，呼吁应对模式从以疾病为基础的医疗模式转向以老年人需求为核心的综合关怀模式。

相关研究显示，老龄化引起的失能与一个人的实际年龄并非密切相关。老年人的能力和健康需求往往根源于整个生命历程中的所有事件与经历，其最终寿命长度通常是多因素作用下的综合结果。由图 2.1 可知，虽然我国从 1985—2015 年平均寿命整体呈延长趋势，但其中 2005—2015 年老年人寿命几乎保持不变。人们的寿命没有因为医学进步、科技发展而有所增加，看似有违常理，实际上是因为人的寿命受到多种因素影响，若某一因素增长而另一因素下降，再加之中国地广人多，各地人口寿命发展不一致，总体看来或许并不会产生明显差异。

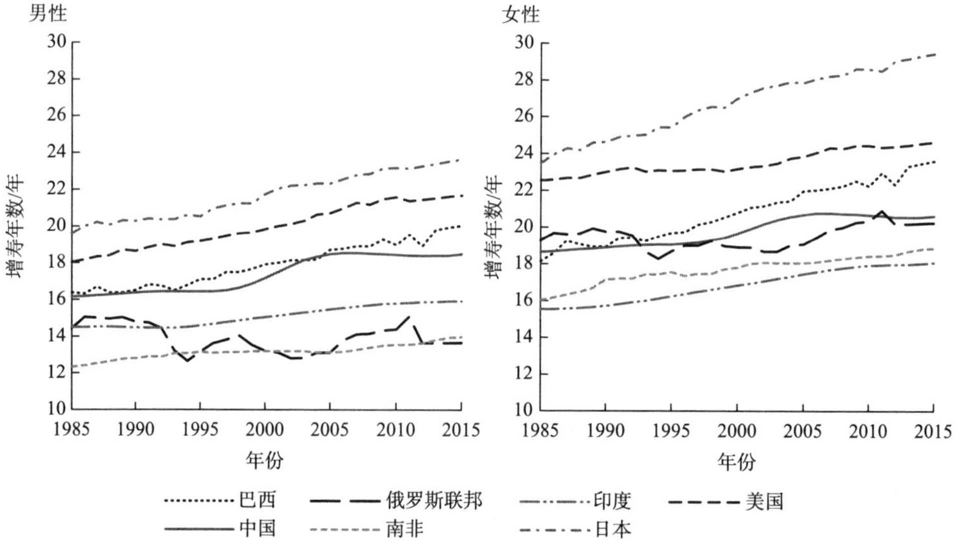

图 2.1　1985—2015 年部分国家 60 岁男性和女性的平均期望寿命

资料来源：World Health Organization. 2015. World report on ageing and health. p48

健康老龄化反映了个体与所处环境之间持续的相互作用，而这种相互作用的结果即为内在能力和功能发挥的轨迹。为了阐明这一概念和使用方法，图 2.2 模拟了自中年时期起（同一起点）的三条身体机能变化轨迹。图 2.2 显示，尽管个体 A、个体 B 和个体 C 几乎同时离世，但各自的身体机能水平却差异显著。个体 A 拥有最优轨迹，一直维持着较好的身体机能，直至生命终止，这也是每个个体的理想目标。个体 B 的轨迹最初期与其相似，但因某一时点的某个事件而导致身体机能急剧下降，随后虽获得部分恢复，仍呈逐渐衰退的趋势。如果接受康复治疗，他可能会拥有更为良好的轨迹；如果缺乏医疗保障（如贫困社区的定量配给，或是社会边缘人群）则会导致相反结果。个体 C 的身体机能变化轨迹最不乐观，一直呈下降的趋势，但通过健康相关行为或药物治疗可能会拥有更为良好的轨迹。这些假设的曲线是衰老多样性的一个示例，说明在个体水平上内在能力和实际年龄之间联系甚微。而不同年龄时段评测个体的功能状况、引致功能结果的可能机制以及重点事件的影响，有助于确定个别化的健康管理干预措施。此外，即使个体的内在能力在峰值之后开始下降，但在环境的支持下他们也许仍能从事其关切的事情。因此，功能发挥是健康老龄化的终极目标。

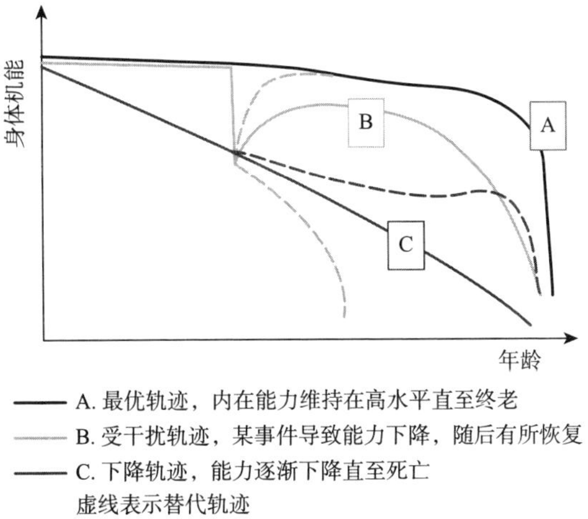

图 2.2　假设的三条身体机能变化轨迹

资料来源：World Health Organization. 2015. World report on ageing and health. p31

对功能发挥的理解可借助美国著名学者阿马蒂亚·森提出的“可行能力”概念，他将其定义为一个人有可能实现各种功能性活动的能力，这体现了一个人选择有理由珍视的生活的实质自由。目前尚无统一标准对功能发挥进行衡量，常见的方式是通过评估老年人的日常生活活动（activities of daily living，ADLs）能力和工具性日常生活活动（instrumental activities of daily living，IADLs）能力来进行。前者包括进食、梳妆、洗澡、如厕、穿衣和功能性移动的能力，其中功能性移动能力包括翻身、从床上坐起、转移、行走、驱动轮椅、上下楼梯等。后者包括使用手机、服用药物、管理财务、采购必需品、处理日常家务及交通出行等能力。这些量表可以反映出老年人的自理程度和生存质量，帮助医务人员及照料者识别其存在的功能障碍程度，从而提供对应的帮助和支持。

尽管每个人珍视的东西各不相同，但大多数老年人对某些事物的价值认可具有一致性，如重要角色、人际关系、可感知的愉悦、自我决定和独立的能力、安全感、自我成长的潜力。前述功能性移动能力能够帮助个体实现下列需求：满足基本需求、到处走动、建立和维持关系、学习成长和做决定、做出贡献。该需求维度与世界卫生组织报告里关于“友好老龄化”世界的框架具有共通之处。

老年人的功能发挥具有多样性，某些功能是遗传因素或个体在过往生活过程中所做出的选择的体现，但更多的是超出个体控制范围或无法选择的影响因素导致的。这些因素源于人们所生活的物理和社会环境，它们可能直接影响人的身体健康，也可能通过各种影响机遇、决定、行为的阻碍或刺激因素来影响健康状况。

一项针对英国自 2010 年以来的卫生不公平现象的评估发现，平均期望寿命和预期健康寿命会因人们的居住环境不同而存在差异。1999—2003 年的调查数据显示，英国贫困社区居民的平均期望寿命更短，无伤残期望寿命也更短，更容易出现某种形式的失能。同时，失能者 68 岁（开始领取退休金的年龄）以后的生存期很可能远低于身体健康者。

老年辅助技术（assistive health technology，AHT）是指用来增强老年人独立性的产品或设施，为老年人提供来自外部环境的协助，提升其自主性，从而使其更有尊严地参与社会生活（Abbott，2007）。传统的辅助技术产品大多是机械性的，如站立架、取物棒、腿部辅助器等。随着科学和技术的不断进步，越来越多的产品开始应用各种新兴技术，如物联网、云技术、大数据和人工智能等，这类产品被称作智能辅助技术（intelligent assistant technology，IAT）产品。目前，针对老年人的智能辅助技术主要被运用于六大领域：自我照顾、躯体和精神健康、运动、社会交往、安全和日常活动、休闲。

值得关注的是，辅助技术在被广泛应用的同时也带来了一系列技术、审美乃至伦理困境。尽管各种辅助技术器具或手段可以有力提升老年人的生活品质，然而目前在将其适配于老年人的实践中，存在着不容忽视的一些问题。一项针对老年人日常活动的调查发现，只有一些基本的辅助技术产品被频繁使用，如视力和听力辅助产品、日常活动装备、家具或床的调节设备等。不少老年人因为操作困难、产生羞耻感及担心产品安全性而宁愿忍受痛苦和不便，也不愿使用辅助技术产品（陈四海，2019）。

此外，辅助技术的应用可能潜藏着侵犯老年人隐私的风险。大多数监测设备都需要对老年人的日常活动进行数据收集，因此如何平衡详细准确的数据与侵入性之间的张力则需要进一步探讨。科技产品在为老年人提供支持、解决问题的同时，在某些场景下可能会增加老年人和子女间的沟通隔阂，如远程陪护仪等智能监测产品使子女终端能随时掌握父母的状况，但有老人抱怨因为这个安全监测产品的使用，子女的探访频率有所下降。在设计辅助技术产品时，应秉持以用户为中心的设计理念，而这意味着在强调老年人的主体地位的同时，还需要考虑照料者的意愿。提供有偿服务的照料者或许会担心这些科技产品会取代他们的职业，因此如何协调两者间的关系，使其更好地满足老年人的需求，还需要深入思考。同时，政府的决策无疑也会对老年科技的发展及整个养老行业产生重要而深远的影响。

因此，除了科技驱动，技术本身能否提供协助、是否有循证依据、是否采用文化视角、是否坚持以人为本是影响老年科技发展的重要因素。

第二节　增龄与功能能力

“老化”或者“老龄化”通常被用于形容个人年龄增长的自然过程。相对于老化或老龄化这样的表述，我们更提倡采用“增龄”这一中性术语。老年人增龄过程往往伴随着人体各方面的变化，如肌体功能减退、感觉器官变弱、内环境稳定能力与应激能力下降等。关注与增龄相关的感觉和知觉变化，有助于辅助治疗正常衰老过程中可能出现的各种常见慢性病。目前，越来越多的辅助装置被设计出来，用于延缓或恢复增龄引起的机体功能下降。尽管这些技术设备的研发初衷仅仅是帮助人们克服功能限制，但它们在应用过程中必然会对所服务人群的日常生活产生实质性影响，因此，人与技术设备之间的边界仍需深入考量。为了获得更加精准有效的技术支持，我们首先需要深入了解老年人群在增龄过程中的功能能力限制。

一、视觉功能

（一）视觉系统的老化及功能退化

人们都希望在整个生命周期都能拥有的正常视力，即使是在增龄过程中也不会明显衰退。然而，就算没有任何其他疾病的影响，人体晶状体的柔韧性在 40 岁以后也会逐渐降低，从而让近距调节变得困难，故出现了老花眼（Pierscionek and Weale，1995）。澄清的晶状体也会随着增龄而逐渐变得轻微泛黄（晶状体棕色化），滤除短波长光谱中的部分光，并降低感知不同色调的能力（Nguyen-Tri et al.，2003）。

增龄可能引发一系列视觉上的功能性变化，如较常见的老花眼引起的近点（即图像可以清晰聚焦在视网膜上的最接近眼睛的点）变远，当老年人用手臂把阅读物摆在眼前的合适距离时，并不能满足正常的阅读需求，就会产生不愉悦的体验。另外，增龄引起的晶状体棕色化和乳突状瞳孔缩小共同发生，会造成老年人的照明需求增加。要获得与青少年相同的亮度感知体验，一位六十多岁的老人需要约三倍光量（Weale，1961）。在老年福祉科技中使用发光显示器时，为使老年人获得同等的能见度，需要增加一定的亮度，这一点研究者要尤为重视。图 2.3 展示了日常生活视觉环境中，老年人双眼视敏度在不同的对比度和照明度情况下随增龄发生的变化。

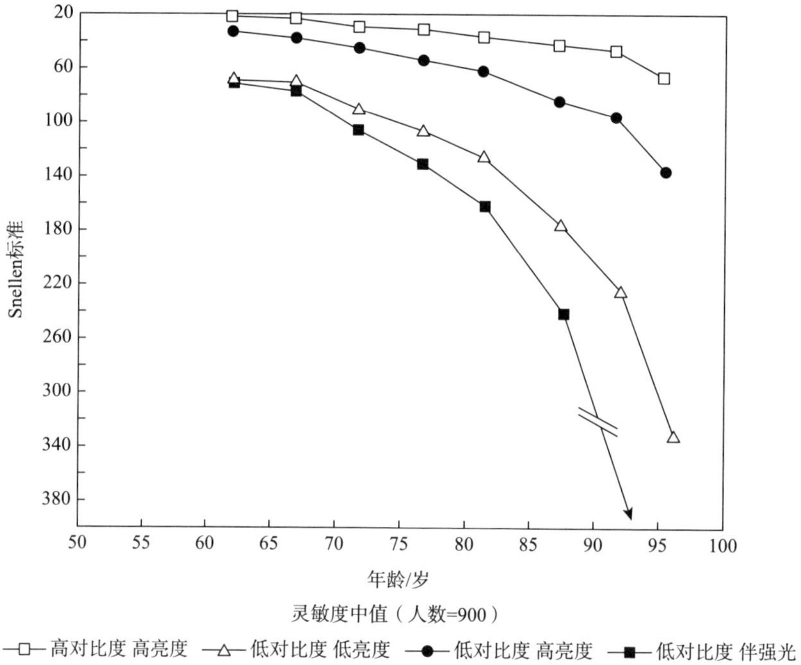

图 2.3　年龄导致的双眼视敏度变化

注：900 名进行了习惯矫正的实验者的双眼视敏度分数中值，是由 Bailey-Lovie 高/低对比度表、技能卡、Berkeley 强光测试来测量的年龄变化结果。高对比度视敏度保持相对恒定，但低对比度伴强光或低亮度下的视敏度明显受到年龄影响

基于以上论述，不难判断出，老年人与技术的互动很大程度上受环境的影响。例如，在一天中的不同时间（中午/黄昏/夜晚）或不同环境（阴暗处/户外）中，老年人即使使用相同技术，获得的体验也会大不相同。一项针对有效视野的调查，描述了个体在注意力限制和视觉混乱的情况下能够从视野中提取有效信息的范围（Sekuler et al.，2000）。该调查数据表明，随着年龄的增长，个体在中心和外围位置同时处理视觉信息的能力会下降，这种影响体现在开车等行为中会导致风险增加、出行难度增加，研究者应给予足够重视。

（二）常见的与增龄相关的视觉障碍及视障辅助技术

在没有任何疾病或眼部损伤的情况下，常见的与增龄相关的功能性改变的眼部疾病主要为青光眼、视网膜内血管增生。由于这一过程非常缓慢，且无明显痛感，许多老年人最初会忽视症状，待病情发展到一定程度才意识到他们的视觉障碍。而增龄引起的糖尿病带来的视力丧失的功能性影响更难以确定，因为症状可能有很大差异。糖尿病性视网膜病变通常是视网膜内血管增生引起的血管出血，从而使视网膜产生瘢痕（Kohner et al.，1995）。从功能上说，这些瘢痕会导致视网膜不规则斑块暂时或永久受损，使得视野中的任何位置都可能出现不稳定、不可预测和不均匀的视觉损失。目前较普及的通过控制血糖从而辅助视障的技术设备有血糖仪、胰岛素泵、胰岛素笔等。针对这些设备的设计要求已达成一些共识：足够大的屏幕（用于显示大字号信息）、最大的黑白对比度、信息排列不拥挤，以及方便使用的触觉组件如凸起显眼的按钮。

与年龄相关的黄斑性病变会影响中枢视网膜，即出现黄斑，但不会影响外围的视网膜。这类疾病或缓慢进展（干/萎缩型），或伴有突然出血（湿/渗出型），其主要功能症状是视敏度下降和中枢盲点出现，往往导致个体阅读和面部识别等功能出现问题（de Jong，2006）。针对黄斑性病变的辅助工具需要在可见性和易读性方面进行特别设计，如通过放大装置、放大字号或易于将设备靠近眼睛等方式来增大显示器或屏幕的可读性。值得注意的是，对于便携式设备而言，将设备靠近眼睛特别容易操作，如老年人在超市用放大镜看价格标签非常方便。但在社交活动中，这种行为却可能给用户带来负面影响，从而降低了用户在公共场合使用这些设备的可能性。

视障辅助技术是指用来帮助视障人士及老年人进行视功能补偿，以促进其独立生活并充分发挥潜力的多种技术（助视器及软件等视障辅具）、服务（眼病诊断、视功能评估、助视器适配及使用训练）和系统（视障辅具研发、生产、供应、服务和管理）的总称。适配老年人的视障辅助技术按主要功能可分为以下几种。①做近距任务时的放大功能，如阅读或缝纫时（使用手持小型放大镜、眼镜或望远显微镜等）；②做远距任务时的放大功能，如看电视或阅读街道标志时（借助手持或戴镜式望远镜）。按技术参与度则可分为低端技术（如放大镜）或中高端技术系统（如闭路电视放大器、计算机放大器、屏幕阅读软件等）。

作为世界卫生组织新认定的卫生技术之一，视障辅助技术的发展受到了高科技圈、人工智能圈的重视，新产品层出不穷，并已成为国家层面日益重视的健康服务技术。

二、听觉功能

（一）听觉系统的老化

与视觉系统相似，听觉功能也会随着年龄的增长而退化。听力器官包括外耳、中耳、耳蜗和中枢听觉神经系统。通常情况下，在外耳和中耳发生的变化对听力功能的影响，比耳蜗和中枢听觉神经系统变化对听力功能的影响要小。Schuknech（1974）在内耳和中枢听觉系统层次上对人类颞骨进行了开创性的组织病理学研究，在听觉系统的几个层次上辨明了解剖结构的变化。

正常的增龄过程中，听力敏感度（即检测软性声音的能力）会不断降低。图 2.4 显示了 0.250～8.000 kHz 的八度频段中绘制的纯音（只有一种振动频率的声音）检测临界值的音频数据，绘出了 48～89 岁每十年群体按性别划分的均值。结果显示，随着年龄的增长，纯音检测临界值越来越低，尤其是高频声音。

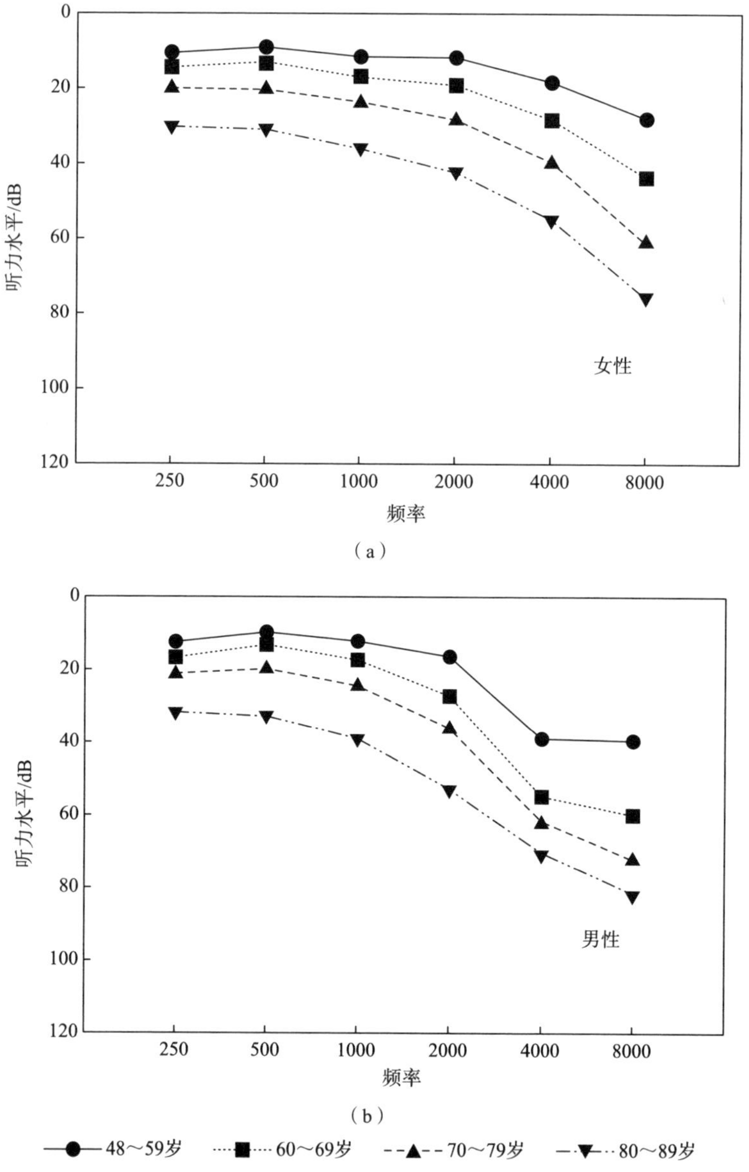

图 2.4　分年龄、性别和频率影响下的听力水平

注：由年龄、性别和频率影响的右耳的平均纯音空气传导临界值（听力水平）源自《听力丧失研究的流行病学》

这表明，老年人可能无法检测到宽波段信号的高频部分，即大约 2000～8000Hz 的高频信号。即使能够检测到高频信号，老年人可能也无法像具有正常听力敏感度的人那样轻易辨识。这种对复杂信号的扭曲感知可能会影响老年人处理语音的方式，也会影响老年人处理非语音复杂信号的方式，如辅助设备中的警告用信号。基于这一原因，并考虑到在处理声音刺激时可能出现的其他扭曲，研发人员需要谨慎选择辅助设备中的听觉信号类型，以优化信号的可听性和可识别性。例如，一款为低视力水平人士设计的辅助设备可能会发出一个信号来指示火灾，再发出另一个信号以提示一氧化碳含量高。这两个信号的声学特性应该是易于被最终用户检测、辨别和区分的。

在有噪声的情况下，若警报信号的调频音调序列级别远高于背景噪声的级别，那么听力正常者能够区分噪声和警报信号。听觉响应时间主要是指一个最短的时间周期，在此间隔内，听者能够在不借助频谱提示的情况下感知到声音波形的变化。一种测量方法是确定两个可以被检测到的声音之间的间隔的最短持续时间（如哔—哔—哔—哔和哔-哔—哔—哔）。已有研究表明，与听力敏感度正常的年轻人相比，老年人的频率分辨率和时间分辨率更低。在有噪声的情况下，老年人（甚至是听力相对正常的老年人）可能也无法识别和区分不同的声音信号。

在选择声音信号（包括语音）的特征时，应该考虑到老年人较低的频率分辨率和时间分辨率能力，并可将其纳入为该人群设计辅助技术的标准。首先，产生的信号应该确保它能在噪声中被听到（理想情况下为信噪比±15 分贝）。其次，设备产生的每个声音信号的频谱和时间特性应该足够清晰，以便用户能够轻松地检测到信号并理解其含义。例如，在一个嘈杂的十字路口，交通信号灯会释放两个声音信号：一个信号代表“绿灯，可以过马路”，另一个信号代表“红灯，不要过马路”。这两个声音信号应该很容易被有听力障碍或视力障碍的老年人辨识到。此外，每个声音信号的“声学特性”（即频谱和时间特征）都应该足够明显，以方便老年人区分。

双耳听觉（双耳同时处理听觉刺激）的一个主要优点是它显著提高了在空间中定位声源的能力。目前关于老年人双耳听觉的研究还不够深入，但有证据表明，随着年龄的增长，双耳处理听觉信号的能力在逐渐减弱。在具备正常听力能力的情况下，老年人在水平和垂直平面上的声音定位能力均比年轻人差（Abel et al.，2000；Abel and Hay，1996）。最小可听角（minimum audible angle，MAA）是指沿单一维度（如方位角或仰角）感知位置的最小变化。相较于年轻人，老年人的最小可听角更大，这反映了与年龄相关的双耳处理能力的衰退（Chandler and Grantham，1991）。此外，相关研究还表明，比起垂直平面，当在水平面上发声时，具有正常听力能力的成年人更能识别声源并辨别出来自不同角度的两个声音

（Middlebrooks and Green，1991）。

综上所述，一般不建议将声源定位作为向老年人传递信息的手段，如果确实需要将其纳入辅助技术，则建议信号应沿水平方向而非垂直方向呈现。此外，两个声源之间的分离角度应该足够远，这样可便于老年人辨别其位置。我们可以通过一个设计案例来理解这些原则的应用。有些老年人患有视觉障碍（如色素性视网膜炎、青光眼），这种疾病会明显减弱外围视力，使人无法有效识别到身体两边的物体。如果为这类老人设计一款辅助设备，则需要在遇到障碍物时产生一个声音警告信号，提醒他们在前进道路上（如在医院的走廊里）有障碍物存在。设计过程中应将以下因素纳入考虑范畴：首先，警告信号应该足够响亮，这样才容易被感知；其次，警告信号应该有足够的区分度，以便在特定的环境中（如医院里的心脏监护仪、地板清洁车等发出的背景音）可以识别出每个信号；最后，警告信号在空间中的位置应能够提醒障碍对象的位置，能让使用者轻易判断对象是在右边还是左边，以及物体在垂直平面的相对位置是腰部以上还是以下。在某些情况下，可能需要牺牲一些精度（空间中具体的位置），以减少在确定声源来源时出现较大的感知错误的可能性。

（二）年龄相关的听力障碍

老年人听力损失的患病率很高，大约有 1/3 的 65 岁及以上的老年人听力损失严重，使其日常生活受到影响。在 75 岁及以上的老年人中，听力损失的患病率接近 30%。此外，心理声学研究表明，大多数人的听力能力（包括检测、辨别、识别/鉴别、定位）随着年龄的增长而逐渐衰退，即使在听觉灵敏度正常或接近正常的情况下也是如此。

如前所述，在将声学信号纳入辅助技术时应至少考虑老年人听力能力的以下特征：①高频听力丧失（听力检测阈值较低，约在 3000Hz 以上）；②即使在听觉灵敏度处于正常范围内的频率区域（即低于 1500Hz），听觉强度、频率和持续时间的辨别能力也较差；③声音定位能力较差。

理想情况下，辅助技术的设计应该基于普遍可及性的原则（Story，1998），这意味着在设计之初就要考虑到具有不同听力障碍程度的老年人的需求，以达到最大范围的适应性。这样才能惠及所有老年人，包括听力灵敏度相对正常的人群、有感音神经性听力障碍但不使用助听器的人群，以及那些有听力损失并使用了辅助设备的人群。此外，听力辅助技术（hearing assistive technology，HAT）应提供更加舒适的使用方式，将老年人从烦琐复杂的操作窘境中解放出来，从而在心理上能够更轻松地接受该技术的支持。

（三）为听障人士提供的辅助技术

助听器可以通过提高检测阈值来弥补不同频率范围内的听力损失。然而，这些设备并不足以弥补以老年性耳聋为主的其他类型的听觉障碍（如较差的辨别能力、分辨能力、识别能力、定位能力），尤其是在有噪声或混响的情况下。具体而言，使用助听器可以改善人的听力，但无法使人的听力恢复正常。

目前市面上已出现不少专门为听障人群设计的辅助设备，既有非常简单的设备（如简易的个人扩音装置，无须大量信号处理即可放大声音），也不乏相对复杂的设备（如有一种设备能够选择性地在某信号的频率带宽中的一个频率区域放大声音，以及在噪声中提高某一语音信号的信噪比）。

听力辅助技术可大致分为三大类：警报装置、个人扩音产品和大空间扩音装置（Wayner，2004）。警报装置使人察觉到某一听觉信号的存在，通常包括提示门铃、电话铃声、闹钟、火灾/烟/一氧化碳探测器、婴儿监视器和特定声学信号（如微波炉）的探测器等。

听力辅助技术的第二种类型是个人扩音系统设备。这类 HAT 的设计原理是扩大声源信号，同时改善信号的信噪比。这一类型也包括助听器，尽管它们通常自成一类。典型的个人扩音产品包括硬接线远程麦克风扩音系统（如口袋扬声器）、无线调频或红外扩音系统。无线扩音系统利用远程麦克风实现扩音，麦克风捕获的信号通过信号接收器无线传输到用户的耳朵里，主要用于一对一的交流。另一种可行的方法是，将麦克风放置在产生声音设备（如收音机或电话）的扬声器附近。比起将麦克风固定在人身上的做法，这种方法能够提供更好的信噪比，从而放大感知信号。值得注意的是，许多个人扩音设备也被无听力损失的人广泛使用，如授课时使用的便携式扩音设备。

个人扩音产品可归类为一种可穿戴电子产品。虽然它能放大声音、处理声学信号，以提高其被检测和识别的精度，但无法弥补老年人自身的听力损失，也无法提高听力敏感度。部分听力敏感度正常或有轻度听力损失的老年人，往往对使用助听器的意愿较低，因此，他们会抵触专业医生或者听力保健专家建议配备的有“标签”嫌疑的助听器。然而，在某些情况下，他们中的许多人可能在处理环境声音（尤其是嘈杂的或混响环境）或理解语言方面遇到困难。由于个人扩音产品可以满足这类老年人的需求，加之价格通常比那些专门为有听力损失的人设计的 HAT 便宜，个人扩音产品市场预计在未来几年里有较好发展前景。

第三种类型的 HAT 是大面积扩音系统。在该系统中，目标信号被麦克风捕获，同时传输给一个或几个信号接收器，这些接收器由在特定空间内的一人或多人佩戴，该空间通常包括会议室、教室、电影院、剧院等。大多数大面积扩音系统都是无线的，或者用于处理和传输信号的技术水平相对简单（如一个房间里的一个标准麦克风及一系列按规定摆放的扬声器），或者相当复杂（如一个带有减噪电路的调频扩音系统）。有一种操作相当简单且价格相对便宜的大面积扩音系统，对使用助听器的人而言，改善效果显著，即磁感应回路扩音系统。

三、视听双重感官障碍

传统的听力、视力残障者技术交互方法集中使用在先天性和严重缺陷的人群。随着年龄的增长，人体经历一系列衰老过程，可能形成听觉和视觉双重损失，即双重感官障碍。近年来，随着人口结构的转变，老年人群的这一问题尤为突出（Wittich et al.，2013）。由于老年人口比例不断攀升，双重感官障碍的患病率逐年上升。一项研究发现，70 岁及以上的老年人中，有 35%患有一定程度的视力障碍，42%患有听力障碍，而同时患有视力和听力障碍的比例高达 21%（Kaplan et al.，2015）。

双重感官障碍对老年人的心理健康和功能发挥有破坏性影响（Saunders and Echt，2007），这种影响通常不是叠加的，而是累积的，一种感官上的缺损往往会作用于多个其他感官上的缺损。在患有双重感官障碍的人群中，视觉和听力损失的程度与交流障碍的显著性密切相关，由此带来的交流障碍比单一的感官系统受损带来的交流障碍要麻烦得多。双重感官障碍导致了更严重的功能障碍，如跌倒的风险更高，对社会交往也容易产生不满，需要更多关于日常生活的非正式帮助及医疗保健服务。有学者指出，双重感官障碍减少了沟通和幸福感，并且可能导致抑郁、独立性降低、社会孤立、认知障碍等。

与年龄有关的视力和听力障碍通常治疗难度很大，其康复过程严重依赖于辅助技术。然而，大多数双重感官障碍的患者在 65 岁以后才开始接受辅助技术（Wittich et al.，2013），目前关于这一主题的研究文献仍然很少。许多辅助设备的设计都有一定缺陷。例如，助听器的设计意图是在不引人注意的情况下帮助扩音，但这类产品通常没有考虑到那些同时患有视力障碍的人的需求。在技术交互的大背景下，或许更值得重视的是，任何针对老年人的设备，在任何情况下都应该是可以使用的，即使是在视觉和听觉部分受损的情况下。当这一需求无法被满足时，针对触觉系统的辅助技术可以促进老年人的互动。

四、触觉功能

（一）老化的触觉系统

在视觉和听觉受损的情况下，触觉就成了与技术进行交互的下一个选择。然而，对于老年人而言，与年龄相关的变化也会形成触觉上的障碍。触觉形态与功能的变化已被详细考察（Decorps et al.，2014），并且涵盖了外围神经支配的减少

（Bruce，1980）、手灵巧度的降低、握力减弱（Ranganathan et al.，2001），以及对触觉和振动信息的敏感度的降低（Kenshalo，1986）。尽管有些数据表明，先天失明者到老年仍然能保持触觉敏锐（Legge et al.，2008），但与年轻人相比，随着触觉灵敏度每年下降约 1%，老年人的触觉阈值变化较大（Bruce，1980）。

（二）影响触觉功能的年龄相关性疾病

一些在老年人中较为常见的情况可能会进一步损害触觉。与年龄有关的疾病（如骨质疏松症、骨关节炎和风湿性关节炎）会干扰辅助技术的使用。Carmeli 和他的同事（2003）详细叙述了手部组织结构和知觉发生的变化。此外，与糖尿病相关的手部综合症状会进一步降低触觉（Redmond et al.，2012），而成人糖尿病患者的触觉阈值已经被证实会下降（McBride and Mistretta，1982）。对伴有视力障碍的老年人来说，他们的手眼协调会受到不利影响，如年龄相关性黄斑变性或青光眼（Kotecha et al.，2009）。

在老年福祉科技的设计中，为老年人开发辅助技术时，建议将触觉灵敏度的下降和手的灵活性下降纳入考虑范畴。在研究中，应当邀请老年人参与，尝试测定老年人触觉或手的灵活性。普渡钉板测验为 60 岁以上成人、有视力损伤的成人及有视力损伤的老年人提供了检验标准。

五、辅助技术的设计原则

任何为老年人设计的辅助技术或设备，研究者都需要对老年人如何感知和处理感官信息有基本的了解。视觉、听觉和触觉的功能状况，无论是否受损，都在辅助技术或设备成功融入老年人的生活后，起着重要作用。按照通用设计原则，向设备用户传递的信息应该是任何人都可以明确感知的。在技术设计之初就要考虑到有各种感觉障碍的老年人的需求，这样才能达到最大程度的适应性，以使老年人能从中获益。在老龄化的全球人口结构趋势下，伴随着年龄增长而产生的多种疾病和其他健康问题的增加，越来越多的老年人需要寻求辅助技术的支持，以保持或恢复他们的自主性和进行重要活动的能力。为现在和未来的老年群体提供合适的辅助技术，是人类共同的努力方向。

第三章　社会工作视野下的智慧养老

第一节　从需求出发的智慧养老

智慧养老也称作智能化养老，是在老龄化、信息化的时代背景下，应庞大老年群体的身心健康需求而产生的。这一概念最早由英国生命信托基金会提出，旨在让老人在日常生活中可以较少受到时间和地理环境的限制，能在自己家中过上高质量高享受的生活。2012 年，全国老龄工作委员会办公室首先提出“智能化养老”的理念，鼓励支持开展智慧养老的实践探索。朱勇（2014）指出，所谓的智能养老，即以互联网、物联网为依托，集合运用现代通信技术、计算机网络技术、老年服务业技术和智能控制技术，为老年人提供安全、便捷、健康、舒适服务的现代化养老模式。工业和信息化部、民政部及国家计划生育委员会 2017 年发布的《智慧健康养老产业发展行动计划（2017—2020 年）》通知中，将智慧健康养老定义为利用物联网、云计算、大数据、智能硬件等新一代信息技术产品，实现个人、家庭、社区、机构与健康养老资源的有效对接和优化配置，推动健康养老服务智慧化升级，提升健康养老服务质量效率水平。就智慧养老的概念而言，经历了从数字化养老、信息化养老、科技养老、网络化养老、智能养老到智慧养老的发展历程，智慧养老的内涵在不断丰富。实践中，智慧养老服务平台涉及终端设备、网络、系统开发和平台建设等方面。

智慧养老需重点关注智慧居家养老。家庭养老，是目前国内主要的养老模式。我国北上广深等大城市的养老格局主要是“9073”或者“9064”，即 90%居家养老、6%或者 7%社区养老、3%或者 4%为机构养老，呈漏斗形。纵观全球，主流养老方式也是居家养老。与“边富边老”和“先富后老”的发达国家不同，我国在步入老龄化社会时处于“未富先老”状态，因此，养老压力主要由家庭承担。日本的情况与我国有所不同，日本属于“先富后老”。

我国智慧养老服务目前仍存在一些不足之处，包括有效供给不足、供需错位和专业护理人才稀缺等。

作为对比，日本的养老行业更为成熟。在医院陪护方面，日本有很多先进仪器可借助，大量智能化设备可用于照顾失能老人。目前世界上有两万多种照护辅具，但是在中国只能找到 2000 多种，这在一定程度反映出我国科技适老产品供给严重不足。我国智能辅助设备目前仍停留在功能性与有效性阶段，更多人性化、个性化产品有待研发改进。与此同时，部分智能化养老产品存在功能堆砌、盲目追风、价格虚高等问题，无形中提高了老年人的使用门槛，形成了供需错位的局面。我国的护理行业仍处于发展的初期阶段，人员素质参差不齐、服务水平不一、没有统一的标准。目前我国老年人的护理人员大多为外来看护、家庭照顾者，他们都一定程度上存在缺乏专业培训、工作经验等问题。我国在养老护理方面的教育体系发展得也不够完善，如只有少数大学开设了养老护理课程。此外，养老机构的建设速度远远落后于老龄化的发展速度。养老机构建设周期长、投资大，单独一个床位的投资平均为 20 万～80 万元。从老龄化的速度和比率来看，养老需求相当巨大，而无论是在市场还是在社区，现阶段的发展都还很有限。

近年来，智慧养老社区建设的重要性引起社会各界的高度关注，这有利于在整合资源的基础上向老年人提供有针对性的服务。

以上海等大城市养老为例，其基本思路是以长者需求为导向，提供多元化的养老服务，借助互联网和物联网建成智慧养老服务社区，形成以居家养老为主、以社区为依托的格局。目前上海市基本每个区域和街道都有社区综合为老服务中心，并运用市场化的运营模式，通过第三方购买服务的方式，依托多家专业社会组织，如由“舒孝养老”服务机构承接的黄浦区瑞金街道长者照顾之家，通过自身专业服务（包括安装智能设备及在此基础上的其他服务），个性化地整合了老年人家庭和社区间的资源。例如，闵行社区正在打造基于摄像头辅助的智慧安全社区，临汾街道则致力于建设智能化的居家环境。

老年群体是一个特殊群体，其实老年人在高龄阶段更需要代际沟通。85 岁及以上的老人非常容易患认知症，这种疾病无法单纯依靠硬件设备解决，而是需要为其提供人性化的服务。打造老年环境友好型的智慧社区，以社区为中心，提供老人所需要的入户服务、远程服务等。同时，每个社区都配有医生，定期获取老人的各类指标信息，所以社区医生的工作量很大。为有效应对这一问题，建立“互联网+物联网”的平台被提上日程。在“老伙伴”项目中，60～70 岁的活力老人作为志愿者为高龄老人提供服务，他们的主要任务是每天上门探访高龄老人。这一做法在世界很多地区都有先例。比如，在日本，独居老人较多，“孤老死”的情况屡屡发生，所以日本政府采用了一种新方法，即每天通过让较年轻的老年人为独居年长的老年人送牛奶，以此来确认老人是否安好。

美国的持续照料型退休养老社区（continuing care retirement community，CCRC）模式对我国的智慧健康养老具有很强的借鉴意义。太阳城是全美最大的老年社区之一，是世界上知名的专供退休老人居住和疗养的社区，目前已发展为一种成熟的养老地产开发模式，这类老年社区的建筑格局通常呈组团状，周围有教堂、护理院等公共场所。中国一些大城市的土地资源紧张，越来越多的企业正在进军地产养老。构建区域性的 CCRC 是一种可行方式，如在上海黄浦区瑞金街道，东面是中共一大会址、中共二大会址、孙中山故居，文化资源丰富，街区狭窄，林荫密布，非常适合漫步。在瑞金街道日托所的斜对面，就是东南医院和瑞金医院，医疗资源充足。由此可知，这类社区拥有丰富齐全的要素，那么如何通过信息化手段来打造自然老化的区域性 CCRC 呢？除了借助人工智能音箱，还可采用智能手环、结算系统等智能设备。在居家环境改造方面，可以安装红外感应来监测老人的状态，确保其安全、正常。当独居老人遇到紧急或意外情况时也可及时获得帮助，在瑞金街道的长者照护之家就实际应用了“远程陪护仪”这种智能感应器，其原理主要是利用光纤反射人体的微波，然后通过大数据来进行分析，后台则可以实现全程监测。当然，打造这样的平台，不仅需要硬件，还需要相应的软件来协助做好服务，增强民众的获得感。

未来，智慧养老可重点关注以下领域。一是康复服务领域，主要服务内容是预防保健。二是认知症领域，如上海瑞金街道为老人提供专业的认知训练，依托南京六六脑健脑益老服务中心研发的预防认知症或减缓脑萎缩的软件，已取得较好效果。三是安宁疗护领域，如日托所配有的动态心电监测仪，只需将一个微小的芯片贴在身上，就可以实时获取老人的生命体征数据，这些数据对医生就诊具有重要的参考价值。四是长期照护险领域，长期照护保险已经在上海市率先试点，并在全国铺开，最初核定了 24 项基础照料项目和 15 项医疗照护服务，随着政策的试行，内容逐步深化全面，且正在开发越来越多的基础生活照料项目和医疗照护服务。在长护险试行过程中，有些服务内容偏少、不够全面。比如助浴，长护险只提供助浴服务，但是助浴后衣服的洗涤，长护险并不包含对应项目。按照目前长护险的评估等级，2～3 级的老年人享受每周三小时的服务，最高等级（长期瘫痪在床）的老年人享受每周七小时的服务，总体而言所提供的服务较为有限。因为长护险具有补贴性质，90%由医保支付，剩下 10%由个人支付。以瑞金街道智慧养老社区服务为例，瑞金街道的老龄化水平已经接近 40.4%，百岁及以上独居老人有 30 多人，90 岁及以上独居老人有 1000 多人，他们是需要关注的特殊群体。瑞金街道有六大服务设施、一个专业养老机构、两个长者照护之家、日托所、供应站和邻里互助点，除了养老合作社是一个虚拟的合作组织，邻里点由居民自助而成，其他物理空间均为政府投资。这是很多养老机构在上海打造的“没有围墙的养老院”、以综合为老服务为中心的养老体系。目前上海市正在加快推进信息化养老的步伐，但政府无法解决所有问题，还需要市场更好地发挥作用，所以养老行业的市场空间非常大。

总体而言，智慧养老包含以新一代信息技术为主要支撑的养老产业和养老实业的产品与服务，其照护的目的和理念是为了满足老年人的多样化需求，以帮助老年人有尊严地独立生活，通过辅助技术补偿其丧失的功能。智慧养老代表了养老服务事业发展的新方向，体现了时代发展的新要求，也是对以往机构养老、社区养老和居家养老等传统模式资源的整合和延伸。目前市场及民众对老年人健康信息收集、智能化穿戴产品、生活服务网络、养老服务信息化、机构信用水平评估等都较为关注。

从社会工作的视角来看，智慧养老是对社区养老服务的重新定位，老年人不只是被动接受养老服务，而更应该积极、平等地参与到养老服务的供给过程，成为这一新模式有效实施和推广的参与者与推动者。因此，智慧养老不是技术和养老的简单相加，不是单纯为老年人提供智能消费品，而是通过辅助技术来提升老年人的独立生活能力。

第二节　老龄社会的数码融合与疏离

近年来，数码融合与疏离的文献逐渐增多。使用关键词“digital exclusion”或“digital inclusion”“digital devide”在主要外文数据库中进行检索，可析出 2000 年后相关文献 2445 篇。再用“age”“senior”等词进行并列检索，可析出文献分别为 369 篇、31 篇。可见，老年人群体的数码融合与疏离正在引起学界的重视。学者对该议题的定义、影响因素、发展趋势和特征都作了阐释与讨论。

总体而言，国内外学者在数码共融（digital inclusion）的内涵方面达成了基本共识。①数码共融是指为尽力缩减数字鸿沟所做的努力，即消除数字鸿沟的动态过程；②数字鸿沟不仅存在于不同社会，也存在于一个国家内部不同地区和群体之间；③数字鸿沟不仅存在接入的差异，也存在使用的差异（王若宾等，2018；闫慧和孙立立，2012）。

在数码共融的影响因素方面，诸多文献得出了如下结论。①不同国家之间的影响因素有经济发展水平、教育水平、信息基础设施、市场、文化因素等；②在国家内部，数字鸿沟的影响因素有收入水平、年龄、教育程度、种族等，其中年龄是重要的影响因素，如老年人在数字融入过程中处于弱势地位（Haenssgen，2018）。关于运用数码融合方法的研究中，接入、技能、态度是影响数字融入的三大主要障碍的观点，已经得到了主流认可（Hepburn，2018）。已有质性研究发现，学习电脑及互联网知识对老年人在增加自我效能、改善与家人朋友的交流方式方面有增能作用（Fung，2003）。越来越多的新技术被老年人用于改善生活质量、扩展社会联系，继而达到“授人以渔”、令其增能的效果，这成了解决老年人数码疏离问题的有效途径（Rodeschini，2011）。

第三节　科学技术和人文价值观的矛盾与协商

关于科学文化和人文文化的争论，最早由英国学者斯诺提出，两种文化之间的关系也由最初的原始融合走向近代的冲突对峙（曹婷婷，2009）。两者的冲突不仅源于各自在世界观和方法论上的差异，也体现了其价值观和“温度”的差异。科学技术的迅猛发展，更是加剧了两者之间的冲突。科技产品的更新迭代，能否融入相应的人文价值观，是衡量其是否“人性化”或“温情化”的关键标准之一。

科学文化强调理性的权威，而人文文化则倡导个体的尊严。当今社会提倡以人为本，科技产品若忽视人的价值和尊严，则将面临被市场淘汰的风险，尤其是老龄科技相关产品。当下的老龄科技产品或服务发展能否融入人文关怀，是其面临的主要挑战。在老龄科技产品发展的过程中，会不可避免地出现科技权威与人文价值观的冲突和融合。

人文价值观强调每个生命无论处于哪个阶段、状态如何，都有自主决定、自尊独立的自由和权利。这与社会工作的专业价值观不谋而合。科技和人文价值观从冲突到融合的过程，也正是科技产品逐渐完善的体现。经过研究和对目前适老科技发展过程的观察，并结合社会工作专业视角，有如下一些现实需要应加以考量。

第一，技术应当尊重文化与制度的差异。北欧国家高龄的卧床者在生命最后阶段一般不采用插管、抗生素等治疗方案，只接受基本的治疗和照顾，而我们生活中较常见的情形是，极尽医疗手段直到不可挽救，一些老人在弥留阶段插着呼吸机、打着点滴离开人世。虽然极尽现代医学科技之能事，但这样的过程未必符合老年人的意愿，或者当事人已经无能力选择。这说明科技智能产品与服务的设计施行需要进行综合考量，可能并不存在所谓的“通用设计”（universal design），而是需要根据具体情况“私人定制”（tailored design）。

第二，应当关注技术与人情的边界。科技产品的确帮助人类完成了很多繁重的任务，如辅助老年人移动的机器臂、辅助老人出行的爬楼机等产品。在护理人手紧缺的情况下，日本研发的照料机器人着实舒缓了很大的社会照料压力。但是，研发科技产品和服务并不是为了完全替代人，它的最终目标应是辅助人与科技发生对话、促进人与人的社会联系。

第三，使能（enable/empower）与剥夺的博弈。社会工作的价值宗旨之一是使能与赋能，即通过为服务对象提供服务，使其恢复受损的能力。在这一价值观的指导下，对老年人应实施“减法”照顾，即尽量让老年人有机会自己穿衣、吃饭、如厕、社交，完成生活中的必需动作，从而延缓失能的发生。在这样的指导思想下，智能服务的适度发展需要引起重视。例如，小雅音箱或者阿里精灵，它们能够通过语音识别技术智能化地处理老年人的指令，能轻松处理帮助老年人完成点外卖、叫钟点工、给联系人打电话等事件，但是这样全方位的服务其实替代了老年人自己的部分功能，如出门吃饭及可能的社交沟通，这可能导致其自身生理和认知功能逐渐弱化，我们需要思考这是否本末倒置了。前述的很多现代即时通信工具、可视电话等，虽然拉近了亲人间的时空距离，但也可能减少了家人、代际之间面对面相聚的次数。

第四，伦理权责的权衡与冲突。作者在担任2016年全国为老服务创新大赛评委的时候，老年观众从众多科技创新的服务和产品中投票选出的第一名是红外线感知的“远程陪护仪”，该产品的技术并无多少奥妙，但是老人们觉得满足了其需求，在有异常状况出现的时候可以向子女求救，这非常重要。而同样的产品对美国老人们却不大适用，很多人觉得即便不是摄像机监测而是红外线生命体征感知也非常侵犯隐私，用被访者原话来说：“如果子女一定要求使用才放心，可以接受，否则是万分不愿意在家里配置的。”这让人联想起在国内目前流行的智能支付——支付宝等第三方支付平台，它们几乎比任何其他研究机构都更了解某一群体的消费特征和个人习惯，而这些数据的采集往往并未征得顾客的正式同意。更加凸显的伦理问题则是人工智能的发展对某些社会责任的判别，如果仅仅将人工智能视为科学程序下的产物，那么，其使用过程中的风险和危机应当由程序设计者承担，可以预见机器人服务老年人过程中的事故定责将会随着人工智能技术的发展变得越来越复杂。

第五，科技也必须尊重人们对于“好生”与“优死”的认知、现代与传统的选择。我国传统的养老福地众多，百岁老人长寿健康之乡并不少见。这说明，过去没有智能化养老的设施并不意味着低水平的养老质量，传统智慧随着历史的积累和验证，往往有很多现代科技无法比拟的优点，如现代科技便利了人们线上无国界无距离的交流，但人们可能还是更喜好三五成群、促膝谈心。从这个意义上讲，我们在发展科技的同时，需要关注应如何保留和传承优良的传统。另外，当下很多科技关注的是如何帮助人们活得更好，却常常忽视了如何帮助人们优雅地告别世界。特别是对于有些人来说，与其没有选择地活着，宁愿有尊严地离去。例如，104岁高龄的David Goodall教授，他通过募集捐款于2018年5月15日在家人的陪同下来到一家瑞士诊所选择安乐死，他在视力下降、活动受限、不能继续贡献科研教学的现实状况中，希望体面地告别世界，而不愿没有“质量”地活着。但是，安乐死的辅助技术和服务是否就是平等的最好选择呢？认知症患者往往无权选择安乐死，因为这一服务的实施前提是主体具有清醒的自主意识。另外，在智能科技不能帮助人们恢复功能、正常生活的情况下，如何运用科技关心人们的死亡质量？全球临终姑息治疗联盟（Worldwide Hospice Palliative Care Alliance，WHPCA）估计，在全球有需求的人中，只有 10% 的人真正得到了相应的姑息治疗。许多国家（大部分是发展中国家）因为目前无法提供基础的疼痛管理，数百万人不得不在痛苦中离去。2015 年，经济学人智库对全球 80 个国家和地区的临终关怀效率进行分析排序后，发布了死亡质量指数（quality of death index）排名，其中中国位列第 71 名，整体表现较差，这体现了我国在姑息治疗中供给与需求之间存在较大落差，也意味着在这一领域我国科技方面的发展尚有广阔空间。

第六，科技应当尊重老年人的主体性。无论科技如何发展，都不应忽视老年人的主体性，因为技术发展本身不是目的，需求才是推动科技发展的原动力。2017 年全国为老服务创新大赛决赛中，现场的老年人观众评委将冠军投给了回应老年人情感需求的小雅音箱，这既表达了老年人对自尊自决权利的诉求，也表达其满足情感需求的期望。这表明，其他群体认可的科技未必是老年群体喜好和期待的，在老龄科技的发展进程中，尤其应强调对老年人主体地位的尊重和主观诉求的满足，任何科技和服务的进步都应建立在充分尊重用户本体特征的基础之上。

第四章　老年福祉科技

第一节　香港的福祉科技

2017 年香港首次举办老年科技应用的研讨会，吸引了 10 万多人参加。在香港，老年人不一定要身体失能才能申请低保，只要无处居住即可申请综援（类似内地的低保制度）。实际上，除了综援的公屋，老人往往更需要服务对接，这就需要服务长者的社区中心、院舍及第三方购买服务机构合作满足这些需求。这类长期照顾的需求往往要耗费较长时间和较高费用。目前香港特区政府希望通过发放服务券的方式，让老人选择自己想要的服务。院舍照护需求和社区照护需求未来会逐渐增多,现在香港有长期照护需求的人数大约为 9 万人,占总人口的 8%左右。随着照护服务和医疗水平的提升，总的需求率或许不会有太大变动，但是院舍和社区的需求量可能会发生相对变化。

长期照料目前已被“长期服务与支持”这一新概念所替代，主要指为老龄及高龄人群中有功能障碍（如洗浴、做饭、购物、理财等失能状况）或为长期患病的老年人提供持续的照顾。现今社会中，由于传统的家庭照料受到工业发展、家庭规模、女性就业、宗教及文化变迁、老年人失能特征变异等因素的冲击，人们普遍期待政府重新评估这些新情况并制定适用的政策和应对措施。

提及这一概念，是因为目前大部分辅助技术主要运用于需要长期照顾服务与支持的人群。对于享有长期照顾服务的群体，他们在哪些方面最需要支持呢？一项英国的调研显示，这一群体对辅助技术的首要需求是支持性照料（support care），即基本需求，如起床、洗澡、穿衣服等服务。其次是治疗性的干预技术（treatment intervention），如陪护机器人、科技辅助的艺术治疗、音乐治疗和游戏治疗等。另外，它们对安全监控设备也具有一定需求，如报警铃、监测器及智能家居设备中广泛应用的生命感测技术。与此同时，照料者培训、照料管理都与辅助技术的应用有越来越紧密的联系。

前述几种辅助技术在长期照料方面已有大量的实际案例。以辅助性日常活动（support activity of daily living）为例，由于香港很多老年人居住在唐楼[①]里，没

① 香港的老式住宅，没有电梯。

有电梯配置，而香港住宅空间狭小的特征也不能像上海的住宅那样可在外部加装电梯。因此，使用一些辅助器材帮助他们较便利上下楼梯便能切实改善老年人的生活质量。市场上的产品有些需要在人工辅助后，老人才能坐上去上下楼梯，当然也不乏老年人能独立操作的。不过，目前这些产品上楼速度还比较慢，有待进一步研究改造。

除了生活辅助类产品，另一种治疗性干预产品也得到了越来越广泛的开发应用。比如，有情绪疗愈功能的陪伴玩偶、动物。香港民间很多社会福利机构曾大量引进陪伴玩偶机器人，并针对情绪稳定功能进行评估。日本还研发了许多类似的机器人，它们通常会说日语、会与人对话，而随着语音识别、图像识别技术的日趋完善，这类产品也日益成熟。另外一项电子技术应用产品是人生纪念册 App，通过六大模块反映老人的生命历程，也可以提醒老人记住一些重要纪念日，以及跟朋友分享自己的故事。

在老年人追踪系统方面，香港有一款长者安居协会追踪平安钟，安装在家里后，无须拨号即可直接联系到服务机构和子女。另一款名叫“随身宝”的产品类似于“黄手环”，适用于无法打电话的失能老人，子女可以打电话到随身宝的中心，由中心服务人员来定位老人的位置然后告知其子女。

部分辅助技术被用于帮助照料者实现更省力的照护工作，院舍机构通常需要大量照护服务，且对照护人员的体力和精力都有较高要求。为了减轻照护工作人员的体力负担，日本研发的肌肉助力器（muscle suits）可通过压缩吸管产生的动力来助力扶起老人，这样只需一个护理人员就可以轻松照顾老人。目前这一产品已投入市场，但还停留在较低水平的应用阶段，尚未被广泛采购。日本对照护者有大量需求，虽然政府已制定多项政策鼓励更多年轻人从事照料工作，但照护劳动力仍然处于稀缺状态。这一现状也对技术的对接提出了更高要求，如何在技术的帮助下使中老年照护工作者得以更长时间和更轻松地工作成为一个亟待解决的问题。为了更好地提供照料服务，一些针对照护者的智能培训工具也得到了一定程度的开发，香港一款名为“一键知晓认知症”（one click to know dementia）的应用软件提供无偿下载，照护者可以从中获取认知症的相关信息，如早期病征、本土福利及相关服务。

日本正在发展综合性照顾管理系统，可对老人每天的身体状况、饮食、服药进行记录，借助这样的电子平台系统取代早年香港公立医院的手写记录模式。私立医院同样已实现电脑录入数据，并且在管理上实现了医疗资料信息的有限互通，即私立医院可以看到患者在公立医院的就诊信息，但是反之公立医院不能看到私立医院同一患者的就诊信息。这一现象并不罕见，类似于日本大部分私人保险公司资料不互通。

除了日常生活照顾，老年人的社会交往也非常重要。数年前，我们团队受托进行香港数字鸿沟的测量，结果显示数码排斥最严重的群体是香港的老年人。当时为老年人提供的互联网文化消费产品十分有限，大都是迎合年轻观众的资讯内容，所以，团队建议政府建立一个专门为老年人提供信息的门户网站，同时建立一个老年人专用的智能搜索引擎，用于协助老年人搜索身边邻近的老年活动中心。这个智能程序将汇总所有老年活动中心的活动信息，从而为老人们选择参加活动提供便利。

随着这些辅助技术产品的发展，我们不禁思考，社区照护能否替代院舍照护？但以香港当前的条件实现完全的社区照护还比较困难，因为很多独居老人无法自理，社区尚不能提供 24 小时服务，因此在未来一段时间内将还是以机构长期照护为主。

第二节　数码共融与技术蓝图

信息技术对老年群体乃至整个社会都产生了不容忽视的影响，给弱势群体及非政府组织（Non-Governmental Organizations，NGO）也带来了一定冲击，因此科技在社会中的运用值得重新审视。香港的社会福利承载者是非政府组织，依靠政府拨款来提供服务，即政府购买服务，香港特区政府向福利界每年大约拨款 120 亿港币。香港社工的平均工资约每月 18 000 港币。有研究表明，福利机构中的大部分成员在信息科技方面并不擅长，因此对科技持恐慌和抗拒的态度[①]。

科技在社会服务中的应用体现在方方面面，大数据往往可以切实解决以往看似不可能解决的问题。在非洲埃博拉病毒传播预测过程中，一款应用通过追踪每个人的手机定位，当发现有病毒携带者在社区中移动时，携带者如果到另一个社区打电话，该社区就会被识别，被标记为病毒爆发高风险地，从而便于有关部门尽早发现和尽早干预。该应用的核心就是 RFID 技术原理，目前很多手机卡都是 RFID 卡。在商场、停车场、养老机构等场景中，通过将 RFID 卡放置于老人的鞋子里，即可实时监测其行动安全。在智能家居的场景里面，通过在家具上安装感应器可监测老人的步态，防止跌倒。另外，一些特殊的感应器则可以置于眼睛中，通过泪水来监测老人身体的健康状况。

数码共融的主要内涵不仅在于鼓励老年人多参与社会活动，还包括鼓励残障人士的社会融入。香港失明人协进会[②]为视障患者设计的智能程序“芝麻开路”，

① 该结论来自陈虹霖、安宁承接的上海市民政局 2020 年专项决策咨询课题“十四五规划：智慧养老场景落地”的实地调研报告。

② 香港失明人协进会，成立于 1964 年，是香港首个由视障人士组织及管理之自助团体，致力于发挥视障人士的自助及互助精神，宗旨是实现视障人士的平等、机会和独立，其网址为 https://www.hkbu.org.hk。

可以用语音帮助盲人指路。一个名为“语你同行”的智能程序旨在针对有特殊学习需求的学生进行辅助沟通，如辅助自闭症儿童等有学习障碍的儿童。随后，该软件平台被香港家庭福利会用于为少数族裔设计和提供中文学习课程。香港社会福利署每年都开展帮助视障患者购买电脑或相关组件的项目，促进其学习或就业。香港特区政府每年会举办一次最佳数码功能奖，设计产品帮助弱势群体融入社会。

此外，香港社福实务界也通过通信信息技术提供直接服务。例如，网上辅导，最初实务界人士通过 ICQ[①]进行网上辅导，香港赛马会曾筹资举办“防止自杀协会”，设计了网上测试游戏“忧郁小王子”来测评参与者的心理状况，判断其抑郁倾向。这类聚焦于寻找服务对象的“外展服务”，在 20 世纪 40 年代的香港非常普遍。当时在政府支持下，社会福利机构成立了三支服务团队，在网络上寻找和关注该群体中有需要的青年人。其中一个服务团队设计了一个服务搜索引擎，通过键入关键词，查找留下相关浏览记录的年轻人。另有一些机构在网上建立论坛，引导和鼓励年轻人在论坛里面讨论自己的问题，社工在论坛里与大家一起交流。实际上，网络辅导有很大发展空间，青年人在熟悉的家庭环境中进行交流，可以收到更好的效果。网络给予参与者足够自主权，在无交流意愿时可以随时断线，同时网络会谈也便于社工进行谈话内容的记录。

近年来，虚拟电脑自主回应技术发展更加多元，技术更加先进。网上辅导可以针对不同人群开展服务，如对于因战争患上创伤后应激障碍的退伍美军，咨询师通过与他们交流对话提供心理辅导。该服务基于面部识别技术进行，可根据对话者的微表情和动作来判断服务对象的心理状况。

目前，技术应用已经从上述的服务系统开始向管理系统发展，如财务和资源管理系统。香港具有慈善捐款传统，每周会有三家机构组织募捐和接受捐款，因此，相应的财务管理系统、网上捐款管理系统、捐赠者系统、网站开发管理系统、知识管理系统、文件管理系统和服务管理系统等已较为完善。

然而，科技飞速发展的同时也伴生了一些问题。第一，在全球化的环境下，贫富差距不断拉大，各国之间的差距也在拉大。尽管总体上世界贫富差距在减小，但发达国家贫富悬殊更甚，青年群体就业和发展前景渺茫。第二，失业问题凸显，科技革命使大量工作岗位消失，但能否创造足够的新工作机会尚未可知。第三，政治受到影响，开放、个体化社会及快速变化的节奏与传统治理模式的冲突日益凸显。第四，数码融入带来的挑战。2005 年有学者开展的一项调查表明，香港只有 1%～2%的老年人使用电脑，15 年后可能有超过 20%的老年人会使用电脑。但是，老年群体内部仍存在明显差异，这与年龄和受教育水平等相关，不同国家和区域间的差距也很显著。中国互联网络信息中心发布第 48 次《中国互联网络发展状况

① 一款即时通信软件，取义“I SEEK YOU”（我找你），支持在互联网上聊天、发送消息和文件等。

统计报告》指出，截至2021年6月，我国网民规模达10.11亿，较2020年12月增长2175万，互联网普及率达71.6%，较2020年12月提升1.2个百分点。但是，我国城乡间的互联网普及率差异较大。同时，硬件方面也有诸多不平等因素，如宽带网速、电话线拨号上网、5G通信的兴起和普及等。

解决数字鸿沟问题任重而道远。总体而言，消除数字鸿沟导致的不平等主要可以从四个方面入手。第一，应解决科技服务硬件的可及性，政府应加大投资建设基础设施，逐渐普及使用互联网的设备。第二，应提高人们对服务技术的可支付能力，使广大民众有能力去承担维修、管理费用①。第三，加大互联网知识和使用操作的普及力度，开发适用于老年人特征的训练内容。第四，应统一技术使用的口径，每个网站都有自己的使用标准，要按照标准来制作网页，以免不同地区信息共通的受阻，从而带来另一意义上的不平等。

第三节　计算机思维与"智慧"养老的需求分析

历史上，人口超过资源供给的情况时有发生，当食物资源和人口总量不匹配时，战争就可能爆发。所以，马尔萨斯认为人口增长是苦难之源。那么，创新的驱动因素有哪些？是问题、人才还是需求？本质上驱动创新发生的是需求。目前，我国的科技创新强调提高服务的效率和质量，倡导延缓需求发生的时间、降低需求发生的频率（如减少老人去医院就医的频率）。在养老服务方面，我国当前主要致力于打造以居家为基础、以社区为依托、以机构为补充、医养结合的多层次养老服务体系。以北京为例，北京的模式可以概括为"四级三边"，其中"四级"主要指市级指导、区级统筹、街道落实、社区参与，"三边"指周边、身边、床边，其与在地养老（aging in place）的概念相似。

北京由街道层面统一组织为老服务，这一模式在具体实施过程中仍然存在一些问题。作为需求方，北京的老人希望获得一站式服务，如在送餐这一环节，老人希望每次来送餐的都是同一批人，因为觉得面对不同的送餐人员没有安全感。从服务供应商来看，他们无法精准定位老人，老人都宅在家里，一般也不会轻易相信供应商，而且老年人大多不愿意接受付费服务。同时，街道对这些供应商尚缺乏监管，服务效率低，存在"平台演示化、服务空心化"的问题，缺乏实质高效的服务。究其主要原因，症结在于未能找到真正的需求。

目前，养老大数据研究成了行业热点，部分省份正在推行国家智能养老合作的低息贷款养老项目，将区级信息进行科室化。类似的平台在技术层面并不涉及

① 香港的综援固定一部分金额作为该低保家庭的上网费用，以避免这些家庭陷入数字鸿沟，陷入资源上的劣势循环。

高深的新兴技术，其关键在于指标的设定和数据的收集。这一过程中也涌现出一些科研团队未曾料想到的问题：一是互联网和业务融合程度不深；二是老年人的一些出乎团队意料的行为对数据收集造成了阻碍，如研究人员在后台检测不到数据，原以为是因为设备故障，结果是老人担心费电而没有使用这些设备。

合肥市琥珀社区开展的微信血压计公益项目中，老人测完血压后，血压计通过 GSM 无线传输、微信自助推送相关指标情况，方便子女和社区医生远程查询。该产品的设计目的是链接各相关方，让子女及时关注父母的健康状况、社区医生能对老人健康进行必要的干预。兰州市开发的一个虚拟养老院平台，老年用户只需拨打电话“965885”即可获得需要的生活照料服务，为老年人提供更便捷安心的体验。需要注意的是，这类服务中，通常日常服务比较容易提供，但涉及个性化服务时可能会出现较多问题，需要更精细的考量。

智慧养老服务的需求方同样值得关注。认知症以其高发病率和极差的愈后效果给社会和家庭带来了沉重的负担。由于对疾病认识不足和经济负担等原因，我国近 70%～80%的认知症患者没有及时接受治疗（Jia et al.，2020）。就疾病诊断而言，若能通过技术手段进行低成本筛查，将疾病的诊断端口前移，则有希望改变人的脑健康轨迹。这一思路如若得以实现，预计 2050 年可节省费用 3200 亿美元。

中国的老年市场有很大的需求，为社会和市场提供了广阔的研究和实践空间。例如，广场舞的存在是一个很特殊的现象，清华大学团队前些年研究了广场舞动作的规范化，契合了广场舞推广的巨大需求。学者从事的诸多科研工作，不少建立在假想的基础上，真正来自老年人需求的项目较少。对老人需求的理解不应停留在浅层，近期，老年福祉引智基地正在积极推进老人画像库的构建，试图通过大数据的手段发现老人的真正需求。大数据时代，很多用户画像是根据网民的上网数据集成的。老人的情况各不相同，通过多学科的手段来做老人画像可以帮助我们多角度地提取老年人特征，评价其需求。

产品研发常常需要技术人员和社科人员的共同合作，社科人员在进行深入的需求分析后，技术人员据此进行方案设计。研究人员可以借鉴公共卫生的常用做法，对老人进行持续的观察，若能集聚足够多的画像形成数据库，则有望对马斯洛理论模型研究做出重要贡献。

此外，评估是另一个不可或缺的步骤，如只有在合理评估老人的失能状况后，才能为老人提供相应的服务。这要求我们做任何研发之前，一是要针对每个老人独立做评估；二是要寻找机会评估身边的人；三是大家能够通过建立画像或其他方法来做评估。

第二部分　老年福祉科技与老年人群体

第五章　老年福祉科技概览

第一节　老年福祉科技的历史溯源

老年福祉科技（gerontechnology）概念的萌芽始于 1984 年。当时，一位资深社工到访荷兰埃因霍芬理工大学，呼吁工程师要积极应对老龄化进程中涌现出的问题。20 世纪 90 年代之前，尽管已有较多学科（尤其是生命科学与社会科学）开始关注老龄化及老龄化社会带来的挑战，也有不少学者致力于整合来自不同学科的研究成果（如各种人类因素与人体工程学研究），但技术科学、建筑学及设计学的参与还较为欠缺。因此，埃因霍芬理工大学的一个研究小组于 1988 年开启了一项老年福祉科技的调查与教育计划，旨在引入工程科学，将之与当时已参与老龄化研究的学科进行结合，共同开展更多有意义的跨学科合作。该调查团队的负责人 Graafmans 和 Brouwers 于同年首次提出“老年福祉科技”一词。这一术语源于 gerontology 和 technology 的组合，前者意指研究人类衰老的科学[老年（医）学]，后者则指新技术、新产品及服务的研发与设计。就该词汇的使用而言，语言学和内容上的讨论仍在继续，但是之后并未出现其他领域的标识可作为替代或更好的解决方案（Graafmans and Brouwers，1989），因此这一表达被保留下来并沿用至今。

老年福祉科技重点研究老龄化技术问题，希望借此为老年人创造适宜的生活环境，并为其提供合适的医疗服务。有学者认为，养老科技是应对老龄化社会的先进技术方案之一。第一届老年福祉科技国际会议于 1991 年在荷兰埃因霍温召开，会议的成功召开吸引了来自科学、社会学和医学等领域的研究者积极投入其中。James Fozard 于埃因霍温理工大学担任客座教授期间，建立了一个更完善的老年福祉科技研究模型（van Bronswijk，2010）。20 世纪 90 年代早期，欧洲成立了 COST A5 组织[Cooperation in Science and Technology：Aging and Technology（科技合作：老龄化与科技）]。该组织在政治与科技上取得了一些成绩，并直接促成了第二届老年福祉科技国际会议的召开（Graafmans et al.，1998）。COST A5 由来自不同领域的专业人士共同组建，老年福祉科技自此呈现出工程师、社会科学家和其他学科学者共同合作的良好局面。

简而言之，养老科技作为科学技术与老年（医）学结合的产物，旨在更好满足老年人的主体需求，通过产业和商业模式发挥其作用，目前养老科技已逐渐成为应对人口老龄化的重要举措。

20 世纪 80 年代中叶，荷兰卫生福利文化部启动了一项研究开发计划，该计划的一部分内容为研究如何促进卫生福利工作者与工程师、建筑师和工业设计师之间的合作。该项目的最终目的在于让人们尽可能长久地过上自主选择的独立生活。这一研究基于 500 份调查问卷（回收率 25%）及 30 个地点的实地考察和深入访谈，总结出一份关于老年人实际生活环境的评估报告。该研究结论表明：①市场上存在优质的养老科技产品和服务，但大多数消费者并不知道这些产品和服务；②市场上同时并存着一些不良设计和无用产品；③消费者对于新产品、新服务的需求日益增多。研究也表明，商家有可能在兼顾产品或服务的个性化要求的同时，实现这些优质产品的批量生产。这份评估主要包括三大贡献：进一步开拓了老年福祉科技领域，促进与老龄化社会相关的专业人士的跨学科合作；在荷兰全国范围内发放了超过 10 万份社区适老化指南手册；建立了首个老年福祉科技的简单模型和概念，丰富了行动者和学者之间的对话与讨论。

历经较长一段时期的发展，一个更加完善的人类–科技–环境互动模式形成，该模式主张将重点放在老年人身上，并在 1991 年第一届老年福祉科技国际会议上被发言者引用（图 5.1）。会议展现了人类积极应对老龄化社会挑战的态度，在抗老科技与其他学科间的合作方面迈进了一大步（Bouma，1992）。

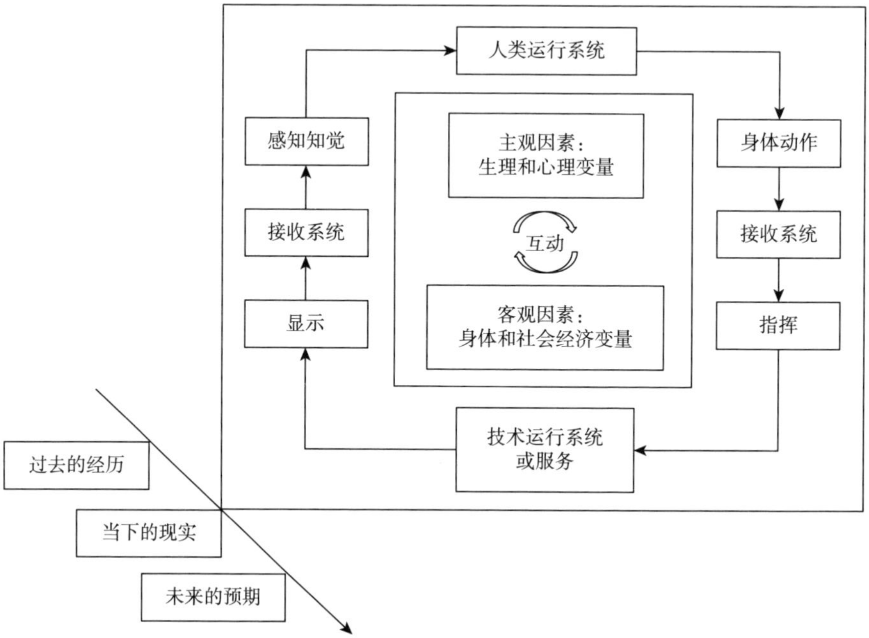

图 5.1　人类–科技–环境互动模式

第二节　老年福祉科技的多学科研究

发展老年福祉科技的目标包括以下三个层次：第一，实现公众健康，即减缓个体增龄导致的健康与日常机能的衰退（初级预防）；第二，对已知和常见的感知运动功能下降进行补偿与辅助（二级预防）；第三，照料伤残及残障人士（三级预防）。这三个层次的目标最终都是为了改善老年人的生活质量。

基于上述目标，老年福祉科技从一开始就致力于洞察正在衰老和已衰老的个体需求，针对真实的人的身体、心理、社会、经济和文化环境等寻求创新，以创造更优的科技环境。此处，"真实的人"是指那些积极地过着自主选择的生活，有自己的兴趣，并能适应自身能力下降或限制的人。值得注意的是，虽然类似衰老预防和功能补偿这样的事项是老年福祉科技内容的一部分，但抑制身体及心理疾病并不是该福祉科技试图解决的关键问题。为残障者提供产品和服务的康复医学与康复技术已有很多，老年福祉科技有望将这些成果进行转化。

20 世纪 80 年代伊始，美国人因工程协会（Human Factors and Ergonomics Society，HFES）建立了一个专门研究老龄化和人类工程学的工作组，该工作组最初的研发成果成了孕育老年福祉科技的重要内容。当时专门针对老年群体的设计尚未出现，且类似的设计在消费市场上也不受欢迎，因为整个市场被年轻人和富人群体所主导，偶尔只在大型跨国公司有些不公开的"内部化"设计和市场营销活动中出现。

老年福祉科技设计中最重要的一条准则是注重"人的优势"，或称"人的长处"。在发展定位上，老年福祉科技体现人本性，将视野聚焦于"不同时期的人群"、"快速变化的技术环境"及"前瞻性的科学洞察力"（Bouma et al.，2009）。有学者认为，在不断变化的环境中，老年人相对于社会文化发展一般会存在滞后性，因为人们对科技及其他环境的自然适应大约在 30 岁时就已停止，随着年龄的增长，自然适应逐渐转变成专注日常需求（如工作）的主动学习。一般而言，工作单位对员工的再培训基本在 45 岁之前开展，虽然平均退休年龄仍在 60 岁上下波动，但工作场所正式的培训并不是老年人提升快速适应科技变革能力的主要途径。

老年福祉科技的核心概念为理解和引导衰老的研究提供了一个基本框架。老年福祉科技针对正在衰老和已衰老人群的目标与愿望来发展科技，致力于使老年人适应相关技术，因此，其本质主要聚焦于科技应用。老年福祉科技的基本要素通常包括：①四个主要应用领域，即充实和提高、预防和参与、弥补和辅助、提供和组织照料；②五个可应用技术的生命活动领域，即健康和自尊、居家和日常生活、移动和交通管理、交流、工作和休闲；③随时间推移而动态变化的人与环境的互动；④多学科知识库的建立。这四大要素相互关联，共同推动人类衰老的基础研究和应用研究（Bouma et al.，2009；van Bronswijk et al.，2003）。

老年福祉科技的四个主要应用领域和五个可应用技术的生命活动场域的相互对应关系可参见表 5.1。

表 5.1 人类生活领域与科技目标配对表

项目	健康和自尊	居家和日常生活	移动和交通管理	交流	工作和休闲
充实和提高	自我照料 软件的个性化	交互式控件 电信业务 电子购物 适应控件	混合动力自行车 导航工具 公共交通信息	手机 电子邮件 电子信息 多媒体 网上学习鼠标 触摸屏	数码相机 远程游戏 DVD 社会计算 自动提款机 网上银行
预防和参与	健康饮食 髋关节保护器 健康监管 E-health 信息	智能通风设备 安全照明	车辆自动化	减轻噪声 自动操作信息	工作激励 社交媒体
弥补和辅助	被动触发警报器 药物使用警示 远程康复	清洁机器人	轻便摩托车 智能行走辅助器 导航工具	可调节晶状体植入 耳蜗植入 视网膜植入 迟语症	花园机器人 机器人宠物
提供和组织照料	控制掌上电脑 职业训练体系 临床老年福祉科技	电子钥匙	导航工具	视频通信	远程监护

注：表中所提及的科技产品和服务并不是反映 2015 年所能达到的水平

人与环境的互动反映了不同年龄群的需求随年龄增长而产生的变化。这种关于衰老的交互影响的观点为老年病学研究提供了研究问题和研究路径上的一些启示（Fozard，2005）。与老年学、老年医学研究一样，老年福祉科技的多学科基础也是在工程技术基础科学和生物与行为科学（辅助老年学）基础知识体系中发展起来的（van Bronswijk et al.，2008）。

第三节 国际老年福祉科技协会

近年来，老年福祉科技领域发展迅猛，已成了评估和影响国际创新政策和新兴领域可持续发展的重要依据。

联合国早在 1982 年就召开了老龄问题峰会，但人口老龄化在政策上并未引起足够重视。欧洲、美国和日本的学者提出了一些文化、社会和生理方面的核心概念，这些多学科的研究和发展推动了老年福祉科技概念的诞生（Graafmans et al., 1998）。其应用性的特征使这一概念从诞生就指向用户视角和用户驱动，其中“倾听老年人的需求，并将他的需要传达给多学科创新团队，以及更广泛的社区”是其主旨之一，从中也可以看出，鼓励用户参与是该概念的必要元素。

因此，老年福祉科技应当与创新性政策紧密配合，帮助人们在日常生活、自我照料和主动预防方面提升质量，以及在社会、金融和人文领域创造更好的生活环境。随着政策的相继颁布及研究合作的逐步深入，国际老年福祉科技协会（International Society of Gerontechnology，ISG）于 1997 年正式成立。欧盟也将老龄化与科技发展作为第五研究框架计划（the Fifth Framework Programme of Research）的一部分，并给予了必要的财政支持。

随后，许多经济合作与发展组织成员都对老年福祉科技需求导向的创新政策予以高度关注。尽管国家政策开始强调创新伙伴关系的重要性，但研究和评估的缺乏使基于证据的政策制定仍然十分困难。在此过程中，唯有促进养老产品和服务的消费者紧密联结，凸显老年群体的主体地位，使其成为发展的驱动力，才能迎来更好的发展前景。

第六章　认知症群体

第一节　认知与认知功能障碍

认知是大脑接收、处理外界信息从而能动地认识世界的过程。认知功能通常包括注意力、记忆力、理解力等分析综合能力，是个体正确感知周围环境、处理解决问题的基础。认知功能损害是指以上能力中的一项或多项功能受损，它可以不同程度影响患者的社会功能和生活质量，严重时甚至可能导致死亡。认知功能损害按照其严重程度可以分为轻度认知障碍（mild cognitive impairment，MCI）和认知症，其中认知症又包括血管性认知症、阿尔茨海默病（Alzheimer's disease，AD）、其他类型认知症。

认知功能损害多发于长者人群，60 岁及以上人群中轻度认知障碍的患病率高达 10%～20%。认知症是仅次于心血管病、癌症、脑卒中之后威胁长者健康的疾病之一，其患病率约为 5%。认知症会严重影响长者人群的生命健康：血管性认知症的五年生存期一般不超过 40%，这种认知症对寿命的影响主要不是其疾病本身，而是血管性认知症发生之后极易引发心脑血管的卒中和心肌梗死等（冯丽君等，2011）。综上所述，认知症不仅给患者带来巨大痛苦，同时对护理者、家人和社会也会产生严重影响，已经成为目前中国乃至世界都无法避免的公共卫生难题。

提早发现轻度认知障碍是针对认知症的对策关键。作为介于正常认知和认知症之间的过渡状态，轻度认知障碍虽然不至于严重影响患者的日常生活，但是在被诊断之后如果不采取措施任其发展，那么认知障碍就会进一步恶化，出现认知症的可能性将大大提高。相反，如果及早发现认知障碍并对症治疗，相比认知症而言，轻度认知障碍阶段更容易获得治疗效果，也有助于降低认知症的发病概率。因此，目前针对认知症的主要策略就是及早发现认知功能的下降，进而采取对认知功能下降的干预措施。

识别早期认知症的核心就是评估对象的认知水平。目前认知评估的主要手段是通过各类认知评估量表对受试者进行问卷测试，衡量其记忆、语言、执行能力、运用、失认及视空间等认知功能，将其量化成为受试者认知评估得分以判定其认知水平。目前，主流的认知评估量表有简易精神状态量表（mini-mental state examination，MMSE）、蒙特利尔认知测验、画钟测验（Clock Drawing Test，CDT）、韦氏成人智力测验（Wechsler Adult Intelligence Scale，WAIS）、阿尔茨海默病评定量表-认知分量表、血管性认知症评估量表、临床痴呆症评定量表（Clinical Dementia Rating，CDR）、严重损害量表、记忆检查、语言能力检查（包括汉语失语症成套测验）、波士顿命名测验 BNT、波士顿诊断性失语检查、执行功能检查（包括威斯康星卡片分类测验，Wisconsin Card Sorting Test）、伦敦塔测验、迷宫测验、额叶功能评价量表、连线测验、Stroop 干扰测验、数字符号转换测验、言语流畅性测验、视空间能力评估等，不同的认知评估量表对认知能力的评估各有侧重，但基本上都是由受过训练的调查人通过纸质量表对受试者进行评估，这些量表多源自西方国家（Ihl et al.，1992）。由于中西方存在地域、文化等差异，而这些差异会导致评估结果的标准不统一，因此，这些量表在不同地区的应用可能会存在一些问题。在接下来的章节，我们会对这些认知评估手段进行整合，并就认知评估方法的发展进行探索。

第二节　认知与认知相关技术的研发

人类认知涉及的领域非常广泛，研究范围包括基因、病理、防治、药物开发、预防等诸多方面，本节重点从临床和实践两方面，对认知和认知相关技术的研发情况进行阐述。从临床医生和临床患者的角度来看待认知症患者群体，应更关注他们需要什么、他们对科技持何种态度。人们平时很少接触到这一群体，且他们的需求具有一定的特殊性。在研发老年科技产品时，应从老年用户的需求出发，如在设计阶段可邀请老年人共同参与，在原型生成后提供给老年人试用，尊重他们的使用体验并依据其反馈意见做出相应的改进，这无疑将优于单纯从年轻人的思路和想法来判断老年人需要什么的做法。2019 年，陈天桥设立了一个脑科学慈善研究机构——陈天桥雒芊芊研究院（Tianqiao and Chrissy Chen Institute，TCCI），与相关医院和基金会共同组建了上海脑疾病研究所，投资十亿元用于研究人的大脑，其目的是希望把人大脑中的意念拷贝下来。这里，“意念的拷贝”其实与“永生”的概念相关，涉及对认知的理解。认知与大脑结构相关，不同的人看到同样一张“苹果”的图片，每个人大脑的第一反应所浮现的东西是不同的。认知是一种运用对既往知识和当前所接触信息的汇总的大脑活动，也可能折射出潜意识里儿时的经历。所以，认知涵盖诸多大脑活动，如记忆、判断、推理等。相应地，认知的研究和探索过程也非常复杂。

从精神研究板块来说，认知有六大板块，因此，对老年人的认知研究不仅需要通过测试其记忆力进行，还包括其他很多方面，如眼动、触摸等。人的认知在一生中是一个变化的过程，会经历高峰和低谷。大脑的工作记忆（working memory，

WM）在 20 岁左右达到高峰，逻辑思维能力在 40～50 岁左右到达高峰。随着年龄的增加，我们的工作记忆首先呈上升趋势，到一定年纪后则会逐步下降，约在 60 岁时会降低到等同于 6 岁孩童的工作记忆水平。认知的大部分由记忆组成，记忆亦是学习的过程。并不是所有的知识都需要学习和记忆，因为大脑的储存容量是有限的；并不是所有的东西都能在大脑中储存下来，大脑中保存下来的主要是永久性记忆。而大脑中未储存下来的记忆也并不是完全消失了，它们可能储存在潜意识里。虽然大脑不同部位的功能不同，但大脑是一个网络，各个部位工作时会相互联系。

记忆不是单一的系统，包括很多类型，不同类型的记忆储存在大脑的不同位置。

根据信息保存时间的长短，记忆通常可分为感觉记忆（sensory memory）、短时记忆（short-term memory）和长时记忆（long-term memory）。

感觉记忆一般指瞬时记忆，维持时间以毫秒或秒计算，主要是人通过视觉、听觉、触觉等感官系统接收信息。例如，我们或许可以记起刚刚路过的商店名字，即使我们当时并没有刻意去看。在吃过某种食物后，对当时的感受、场景的记忆都是感觉记忆。感觉记忆不会随着年龄的增长而下降，所以，很多认知症患者都保有感觉记忆。

短时记忆是指那些能够维持几秒至几分钟的记忆，而工作记忆指的是个体在执行认知任务中，对信息暂时储存与操作的能力，通常整个过程也在几秒钟之内完成。从机能的角度考虑，工作记忆所保持、存储的信息是后续复杂认知活动中不可缺少的。例如，心算中的记忆就是一种工作记忆。如果我们尝试记忆十个单词，稍后再复述，这个过程也需要用到工作记忆。而短时记忆存储的信息未必会在下一步认知活动中用到。工作记忆下降会对认知功能产生影响，因此，当下市场上的老年认知训练辅助工具，大多针对工作记忆。

除了感觉记忆和短时记忆，还有一类记忆称为长时记忆。长时记忆可以存储相当长时间的信息，这种记忆将持续 1 分钟以上、许多年甚至终生。长时记忆所储存的信息通常是有组织的知识系统。

根据意识的参与程度，记忆可以分为陈述性记忆（declarative memory）和程序性记忆（procedural memory）两种类型。前者指对有关事实和事件的记忆，可以通过语言传授而一次性获得，它的提取往往需要意识的参与。这意味着陈述性记忆容易被瞬时记住但也容易遗忘。后者包括对知觉技能、认知技能和运动技能的记忆，往往需要多次尝试才能逐渐获得，但一旦形成则不容易忘记，并且在利用这类记忆时通常不需要意识的参与。老年科技服务产品在使用过程中可能包含多个步骤，其中有些操作非常复杂，这无疑提高了老年人的使用门槛。所以，产品说明书在传达基本操作信息的基础上，越简洁明了越好。但是，仅仅依靠陈述性记忆（看说明书），他们可能很难记住整个流程。为了帮助老年人获得更持久的记忆效果，最好协助他们程序性地实践整个过程，使其逐渐掌握产品使用方法。

陈述性记忆可以进一步细分为情景记忆（回忆自身生活的记忆）和语义记忆（对事实性的、有关世界的知识的记忆）。情景记忆是以时间和空间为坐标对个人亲身经历的、发生在一定时间和地点的事件的记忆。长时记忆多数情况下为情景记忆，与大脑的海马体有关。认知症患者最早受损的就是海马体，从而影响了其时空间能力。通过虚拟现实（virtual reality，VR）训练调动老年人时空间能力的设计便是基于弥补海马区受损功能的原理。情景记忆又叫自主记忆，它会随着年龄的增加而下降，是最晚成熟的记忆类别。语义记忆包括词、概念、规律等，是以意义为参照的。如果将上文提到的十个独立的单词串联起来，想象一个或几个有关联的情景，在创造性联想的基础上再进行记忆，那么最终的效果将令人惊喜。图片法、故事法、位置法、罗马房间记忆法、丁字法等都与联想学习有关。

关于记忆过程的一个经典模型是模块模型（modal model），由认知心理学家 Richard Atkinson 和 Richard Shiffrin 提出。该模型有明确的顺序结构，信息首先存储在感觉记忆中，感觉记忆是一种流水记忆，与蓄水池进水和水流失的现象类似，被注意选择的事件将进入短时记忆。短时记忆的内容如果常常被唤醒、复述，或者由于印象深刻一次形成，则成为长时记忆。这一模型也面临着一些挑战，对脑损伤病例的研究表明，感觉记忆也可能不通过短时记忆，直接转变成为长时记忆。这一模型启发了后期大量的记忆领域的研究。

工作记忆和陈述性记忆都会随年龄增长而下降，而学习和记忆就是不断创造新的编码、存储和提取的过程。人们通过接受记忆训练，开展线上和线下多样化的训练形式，并加以长时间坚持，则能掌握这些记忆方法，提升自己的认知水平。

语言在记忆中具有重要作用，适当进行语言训练有助于改善认知水平。但为了取得良好的效果，语言训练应尽量避免在线上开展，线上训练课程难以掌握语言的即时表现，无法起到良好的社交作用。虚拟现实技术的很多产品设计目前尚处于初级阶段，科研团队正在向交互的、有现实感的虚拟现实技术突破。对于一项技术而言，同时解决多个问题较难实现，但针对性地解决其中一个问题却是可以期待的，能够达到较好的效果。很多养老机构都会进行语言训练，语言训练种类丰富、形式多样，但简单的读报、听音乐等还无法达到良好的功效，语言训练需要更富有趣味性、包含特殊目的的设计，并依靠特殊的使用场景进行。例如，有的养老院将患有认知症的老人和其他老人置于同一空间中照护，这为患有认知症的老人提供了良好的语言刺激环境，防止他们感觉到被抛弃，维持其自身的自尊感。一般而言，老年人保有较良好的感觉记忆，他们可以感知身边的人和事物，因此有语言沟通的环境很重要。同时，可开展更多的线下训练，提供良好的语言环境，并保持一定的生活直径，这些对患认知症的老人的生活社交都有重要影响。

研究表明，尽早治疗认知症能够延缓疾病的发展，认知症可以干预和治疗，但至今尚未找到真正治愈的有效药物或者方法，但相关的行为管理对预防认知症有帮助。如何运用科学技术进行行为管理？其中有哪些适合老年人的技术？在将技术适配到老年人群体时，应将这一年龄群体的认知功能、可接受程度、经济状况和兴趣等因素纳入考虑范畴。例如，为认知症老人设计的供佩戴的黄手环，实际上使用率并未达到预期。据了解，黄手环并未顾及老年人的“标签污名化”作用，很多认知症患者以罹患该病为耻，非常排斥佩戴这种隐含着身份标识的物品，如果考虑将手环改成手表，则能避免这种标记产生的问题。在认知训练中，计算机的运用也较为常见。国外一个认知训练网站 Lumosity 在为老年人设计认知训练项目时，明确反对单纯把很多幼儿认知训练的 2D 图片、游戏拷贝下来，这可能会让老年人反感。因为老人的认知训练重点是挖掘他的遗忘事件，儿童的认知训练则侧重于不断促进其学习新事物，两者差异明显。很多认知研究表明，大脑需要不断锻炼，学到老活到老，良好的学习状态可以延缓大脑的衰老，受过训练的大脑可以更大概率地避免患上认知症。

总而言之，设计针对老年人的产品设备时，应特别注意以下方面：设计年龄友好产品，如使用“简单、易行”等字样，避免“老年”字样；考虑老人的不同需求，如视力下降、听力下降、手抖、记忆力下降等，关注这些需求特征，避免多界面操作，尽量单指操作，进行操作要避免限定时间或间隔时间太短等。

第三节　认知评估手段的发展和应用

不同于对物理的测量或评估方式，对认知的评估有其自身特性。①间接性。认知评估不同于对人的各项体征的直接测量，是一种间接的对人的认知能力的测量，其只能通过设立一些评估测试的项目来观察受试者对这些测试的反应来推断受试者的认知水平。②相对性。对受试者的认知评估是没有绝对的标准的，也就是说对于评估的上下界并没有一个可以直接量化的值。因此，对认知的评估往往是先收集连续的评估序列数据，将这些数据进行比较做出相应的判断。对一个人的认知水平的评估也就是看这个人处在序列数据的什么位置上，从而相对地得出结论。③客观性。认知评估的客观性实际上就是指评估的标准化问题。评估的量必须要标准化，这也是一切计量的共同要求。认知评估的标准化即指评估的内容的设置、实施、记分、解释等过程的规范性。对评估内容的结构、项目的选择必须要有根据，各部分内容的难度、区分度和评估的信度效度必须要达到一定的标准，评估的内容才是可用的。

认知评估手段目前多是采用各种认知评估量表对患者的认知能力进行评价，

为临床认知功能损害提供定位和定性诊断。这些量表通过结合一些专门的心理测验、能力测验或人格测验等方法，根据评估的结果将认知的各种程度加以量化，以代替笼统的描述，从而便于将受试者的情况进行对比，最终生成认知评估的结论。显然，这种对认知的评估是难以避免误差存在的：由于量表多需要调查人协助受试者进行评估，而不同的调查人的评分标准显然是无法统一的，即使是同一个调查人，也会因为各类因素导致评分的标准出现差异，这类与认知评估目的无关的偶然因素而导致的随机误差对于量表形式的认知评估而言是难以避免的。此外，量表测试出的认知评估水平与受试者的真实水平存在差异，由受试者的教育水平、生活区域、年龄差异等因素而导致的系统误差是客观存在的。使用认知评估量表进行认知评估需要严格遵循量表所规定的评估规则进行评分，以最大程度地控制误差。

本节将对目前较为常用的主流认知评估量表进行介绍，并简要总结各个量表的优势和不足。

一、简易智力状态检查量表

简易智力状态检查量表由 Folstein 等人在 1975 年编制完成，用于检测受试者的一般认知状态。该量表经过不断的完善和发展，现已经被广泛应用在临床认知功能的检测和人群中失智症的筛选中，是目前国内外广泛使用的认知症筛查的首选量表，该表适用于 50 岁及以上老年人，具有操作简单、容易接受、效果理想等特点，非专业医生也可通过简单培训上手使用，同时该量表只需 10 分钟即可完成测试，可应用于对中、重度认知损害的评估（Folstein，1978）。

简易智力状态检查量表通过以下 7 个方面内容进行认知评估：时间定向力、地点定向力（即刻记忆）、注意力及计算力、延迟记忆、语言、视空间。量表共有 30 项题目，每项回答正确得 1 分，回答错误或回答不知道得 0 分，量表总分范围为 0～30 分。测验成绩与文化水平密切相关，正常界值划分标准为：文盲>17 分，小学文化程度>20 分，初中及以上文化程度>24 分。简易智力状态检查量表能较为全面、准确、迅速地反映被试智力状态及认知功能缺损程度，为临床心理学诊断、治疗及神经心理学的研究提供科学依据。然而，该量表在检测早期认知症、额颞叶认知症、路易体认知症的敏感度较低；缺乏执行功能的检测项目，同时语义记忆、情景记忆和视空间检测的内容也较少；另外，简易智力状态检查量表受年龄、种族和教育程度的影响较大，且在部分国家中，简易智力状态检查量表具有版权保护，因此使用成本较高（Tombaugh，1992）。

二、蒙特利尔认知评估量表

蒙特利尔认知评估量表由加拿大 Nasreddine 等根据临床经验并参考简易智力

状态检查量表的认知评估项目和评分标准制定（Wind et al.，1997；Nasreddine et al.，2005）。最初版本的蒙特利尔认知评估量表在临床上使用并迭代超过 5 年时间，蒙特利尔认知评估量表的最终版本于 2004 年 11 月推出。由于蒙特利尔认知评估量表对早期认知症的敏感度较低，当对受试者进行蒙特利尔认知评估量表测试的结果处于正常范围时，并不能轻易排除受试者有认知障碍，这时就需要做更进一步的认知评估。蒙特利尔认知评估量表的认知评估内容涉及更多对认知域方面的考察，对于轻度认知障碍患者的识别比较简易智力状态检查量表更有优势：对于轻度认知障碍和阿尔茨海默病诊断，蒙特利尔认知评估量表的敏感度高达 90%～100%，因此，在区别正常长者与轻度认知障碍时蒙特利尔认知评估量表较简易智力状态检查量表更为准确。值得一提的是，蒙特利尔认知评估量表的使用不需要缴纳版权费用，因此使用成本较简易智力状态检查量表低（Luis et al.，2009）。

蒙特利尔认知评估量表包括注意与集中、执行功能、记忆、语言、视结构技能、抽象思维、计算和定向力等 8 个认知领域共 11 个认知评估项目。蒙特利尔认知评估量表总分为 30 分，测试结果≥26 分为正常。其对认知障碍的敏感性高，几乎覆盖了重要的认知领域，且测试时间仅需 10 分钟，适合临床运用，因此得到了国内外认知评估机构的广泛使用。但是，蒙特利尔认知评估量表也存在一些不足：其最终得分结果会受到受试者的教育程度、文化背景的影响；同时，测试者协助受试者进行蒙特利尔认知评估量表认知评估的技巧和经验、进行评估的环境、受试者的情绪状态及精神状态等均会对分值产生影响（Hoops et al.，2009）。

三、长谷川认知症量表

长谷川认知症量表是日本圣玛丽安娜医科大学长谷川和夫教授于 1974 年制定的老年智能检查量表，1989 年长谷川和夫又对长谷川认知症量表内容作了部分修改和补充，制定了改良的长谷川认知症量表（HDS-R）。长谷川认知症量表主要用于认知症的诊断，是在日本民族社会文化背景基础上编制的，因此在一定程度上比较西方国家制定的认知评估量表要更加适合于包括我国在内的东方民族的长者人群使用（陶占岐等，1997）。

HDS-R 共有 11 个测验项目，总分为 32.5 分。≥30 分为智能正常；20～29.5 分为轻度智能低下；10～19.5 分为中度智能低下；<10 分为重度智能低下。该表评分操作简单，测试者经过简单培训即可使用量表，是一种较为理想的老年性认知症筛查工具。但是，HDS-R 也较容易受测试者文化程度、年龄、情绪状态及听力等因素的影响。临床应用发现，用 HDS-R 测查出来的认知症患者，其症状大都已经比较明显，因而不能作为早期认知症的敏感性诊断量表。为了对轻度及中度的认知症受试者进行合适的评定及较客观的检测，HDS-R 量表往往需要和其他认

知评估量表结合使用，以对受试者的认知水平进行更准确的评估。

四、画钟测验

画钟测验是一种简单有效的神经心理学检测方法，早在 20 世纪 60 年代就作为阿尔茨海默病所致认知症的筛查量表而投入使用（Shulman et al.，1986）。画钟测验主要用于认知功能障碍的评价，也可用于其他神经病学和精神病学疾病如帕金森病、亨廷顿氏病等的评价（Kim et al.，2010）。画钟测验较其他认知评估量表所用的时间要少，且操作简单方便，一张白纸和一支铅笔就可完成，且无须支付版权费用。画钟测验的测试过程涉及对受试者视空间能力、理解力、计划性、视觉记忆、操作能力及抽象思维能力等多个认知功能的考察，可判断认知症的严重程度，评估病情的进展，是医学相关研究人员及其他从业人员的常用认知评估量表之一（Mendez et al.，1992；Shulman，2000）。

画钟测验要求患者在白纸上独立画出一个时钟，并标出指定的时间，如 8 点 20 分。关于画钟测验的计分方法有很多，较常用的有四分法和十分法。四分法简单方便，十分法精确，两者各有各的优点。另外，还有六分法、七分法、二十分法。让受试者画钟表是一个较为复杂的行为活动，想要完成画钟测验除了需要受试者具备一定的空间构造技巧外，还需很多知识功能共同协作，这涉及记忆、注意、抽象思维、设计、布局安排、运用、数字、计算、时间和空间定向概念、运作的顺序等多种认知功能。画钟测验操作更简单、省时，也更易为测试者所接受。相较简易智力状态检查量表中对受试者测验年、月、日和简单计算的粗浅内容，常为学识和社会地位较高的测试者感到受侮辱而拒绝回答和合作，而画钟测验则很好地改善了这一情况。当然，画钟测验也存在着一些限制和不足：首先，画钟测验不能区分阿尔茨海默病、路易体认知症和帕金森病的认知损害；其次，画钟测验对认知改变的敏感度不够高，因此不太适用于早期认知损害的检测（Cacho et al.，2005）；最后，画钟测验也是一种受受试者的语言和教育程度影响较高的一种认知评估方式（Fabricio et al.，2014）。

五、韦氏成人智力测验

韦氏成人智力测验是一种应用广泛的量表型认知评估工具。该量表主要用来测量 16～74 岁成人智力水平，量表的部分测试项亦可测试受试者的某些独特能力。韦氏成人智力测验是由美国医学心理学家大卫·韦克斯勒（David Wechsler）于 1949 年开始主持编制的系列智力测验量表，是目前世界上应用最广泛的智力测验量表之一（Satz et al.，1962）。

韦氏成人智力测验包括言语量表和操作量表两个部分，其中常识、数字广度、词汇、算数、理解、类同等 6 个分测验构成言语量表，填图、图片排列、积木图案、物体拼凑、数字符号等 5 个分测验构成操作量表。言语量表和操作量表交替进行。每个分测验的原始分设定不同，有的最高分为 90 分，有的最高只有 18 分，需要转化为标准分数后才能比较。韦氏成人智力测验对施测及记分程序都有详尽的说明和要求，因此需要受过专门训练的人员施测。其中，韦氏成人智力测验积木测验对鉴别轻度认知障碍及认知症有一定作用（Larrabee et al.，1985）。韦氏成人智力测验存在着如下不足：首先，测试难度较高，有的项目（如相似性测验）方法对认知水平低的受试者而言难以说明，所以不适合对认知水平较低者进行评估；其次，有的评估项目过多（如词汇测验），有的评估项目过少（如物体拼凑测验），存在难度分布和各项目耗时不均衡问题。

六、阿尔茨海默病评定量表-认知分量表

阿尔茨海默病评定量表-认知分量表（The Alzheimer's Disease Assessment Scale-Cognitive Subscale，ADAS-Cog）是 1983 年由 Rosen 和 Mohs（1984）编制的，自 1994 年修订后，美国和欧洲等对 ADAS-Cog 的信效度与特质的研究一度成为热点（Mohs，1996）。ADAS-Cog 在测试语言和记忆方面较简易智力状态检查量表更加全面，其主要应用于两大领域：一是阿尔茨海默病患者认知损害纵向观察；二是阿尔茨海默病药物疗效研究（Wang et al.，2004；Mavioglu et al.，2010）。

ADAS-Cog 共有 12 个项目，大概需要 30 分钟才能完成测试，其评估项目有语词回忆、命名、执行指令、结构性练习、意向性练习、定向力、词语辨认、回忆测验指令、口头语言表达能力、找词能力、语言理解能力和注意力等。评分范围为 0～75 分，分数越高认知受损越重。ADAS-Cog 较为侧重于对受试者记忆和言语的评估，对于受试者的右半球功能损害和额叶损害等敏感度较低。该量表主要用于对轻中度阿尔茨海默病疗效的评估，对极为轻度或极为重度的阿尔茨海默病患者的敏感度低（Graham et al.，2004；Monllau et al.，2007）。此外，ADAS-Cog 较简易智力状态检查量表和蒙特利尔认知评估量表的测试时间要长，这无疑对施测人和受试者要求也更高。

七、严重损害量表

严重损害量表是美国匹兹堡大学阿尔茨海默氏症研究中心医学院 Saxton 教授等于 1990 年编制的（Panisset et al.，1994），专门用于评估严重认知症患者的认知功能的量表。严重损害量表评定时间长度适中，测试内容全面，施测顺序设计合理，衔接流畅，一般受试者不会感到正在进行一项测试，从而做出相对自然的反应。

严重损害量表检查内容包括社会交际能力、记忆力、定向力、言语能力、注意力、应用能力、视空间能力、结构能力、对名字的定向力等 9 项内容。严重损

害量表有 3 个英文版本，分别是 1990 年最早的实验版、1994 年的改进版及最终版（40 个条目）（Pippi et al.，2013；Llinàs et al.，1995；Ahn et al.，2006；Suh et al.，2010）。3 个英文版本对测评的 9 项内容并未进行修改，只是对 9 项内容所测试的条目进行了删减，对评分方法进行了简化（Sverre et al.，2010），3 个版本的得分范围分别为 0～152 分、0～133 分、0～100 分，此外严重损害量表还有一个简明版本。严重损害量表总分为 100 分，评分越低认知障碍程度越重，每题评分为 0、1、2 分，回答正确得 2 分，部分正确得 1 分，不正确得 0 分。严重损害量表正如其名，主要用于考察重度认知症患者的认知水平，应用范围较窄（Pélissier et al.，2002）。

八、波士顿命名测验

认知症患者的常见症状之一就是命名障碍，而波士顿命名测验是目前最常用的检测命名障碍的方法之一（Cahill，2007；Mack et al.，1992），该方法由 Kaplan、Goodglass 和 Weintraub 于 1983 年编制而成。1983 年发表时波士顿命名测验包括 60 幅线条图，1986 年被修改为难度相等的两个版本，各有 30 幅线条图，作为患者治疗前后随访比较（Hubley et al.，1998；Lansing et al.，1999）。

波士顿命名测验对受试者进行测试时，要求受试者对 30 幅线条图形进行自发命名、语义线索提示命名和语音线索提示命名。比如，有一幅图是“飞镖”，被试者回答正确，接着做下一题，如果 20 秒内回答不正确（如回答是“羽毛”）或不能回答，就给予语义线索：“这是用来投掷的东西”，假如在语义线索提示后 20 秒内依然不能回答，就给予语音线索提示，如“这个名称是以 d 开头的单词”。波士顿命名测验对轻度阿尔茨海默病和失语的敏感度较高，对识别轻度认知障碍也有一定的辅助作用（郭起浩等，2004）。

第四节　认知评估结合数字工具的应用

纸质认知评估量表的种类多样，但是其对认知的评估方式基本上都是被动评估，即长者一般不会主动地去搜寻这些纸质认知评估量表对自身认知情况进行评估（当然，由于这些纸质量表一般需要受过训练的量表调查员协助进行认知评估，所以即使是拥有了这些认知评估量表的长者也难以正确地使用）。在大多数情况下，长者只会在认为自身认知情况明显出现严重恶化到必须去就医时才会求助医院从而使用到这些认知评估量表。正如前文所述，纸质认知评估量表需要经过专业训练的量表调查人记录并协助长者进行认知评估，这增加了认知评估结果的主观性，同时加重了认知评估工作的人力负担。因此，为提高认知评估效率、降低评估误差、简化认知评估流程、更大范围地对长者普及认知评估，认知评估相关的从业人员开始尝试将认知评估结合数字工具以优化认知评估过程。本节主要介绍目前几种结合数字工具的认知评估技术的表现方式。

一、结合数字工具的认知评估技术

随着计算机技术、通信技术和高密度存储技术的迅速发展与普及应用，借助数字化技术人们可以随时随地地获取和传递信息，利用数字工具进行信息收集逐渐成了当前收集数据的主要方式，认知评估的过程实际上也是一种对受试者认知数据的收集和处理。因此，合理使用数字工具有助于优化认知评估的过程，结合数字工具的认知评估手段也逐渐成了当前认知评估技术的研究重点之一。

二、优势

结合数字工具的认知评估技术具有如下优势。

（1）利用数字工具能够在一定程度上避免认知评估被动的问题。移动互联网终端的普及帮助长者借助身边的数字终端设备（如智能手机）便能随时随地进行认知评估，这在一定程度上避免了长者由于前往医院等可能产生的时空成本而抗拒或者延迟进行或接受认知评估和相应诊疗的情况。

（2）利用数字工具能够从多维度上对认知状况进行评估。数字工具能够呈现的内容远比纸张要丰富，可以是文字、图表等静态信息，也可以是集图、文、声、像于一体的动态多媒体信息，且各种类型的数据又可实现任意的组合编辑。同时，数字工具不仅能够收集认知相关的文本信息，通过不同形式的数字工具还能够获取到包括语音、行为等数据。相比较而言，纸质评估工具对患者的记忆、语言、执行能力、运用、失认及视空间等功能进行衡量的形式会受限于纸张本身。对于数字工具而言，评估患者的认知情况的方式可以是多角度、多维度的，通过对多维度的认知信息进行分析和合理应用，能够提高对患者的认知评估质量，进而探索出对患者认知评估更加精准敏感的方式。

（3）利用数字工具能够使认知评估过程更加规范。纸质认知评估量表需要经过训练的量表调查人参与认知评估过程，而数字工具能够代替量表调查人协助患者完成部分认知评估的工作，极大地减少了人力成本支出。通过设立合适、统一的数字工具认知评估过程标准，结合数字工具的认知评估方式可以极大地减少因调查人这一角色的存在而无可避免的主观误差。

（4）利用数字工具能够增加对患者认知评估信息的利用效率。数字工具产生的数字信息具有通用性、开放性和标准化的数据结构，同时，这些数字信息具有高度的整合性，可不受时间、空间限制，可以实现跨时空传播。患者的认知评估相关数据能够在授权范围内共享互通，促使更多医疗相关从业者能够了解和使用更大范围的数据，随着人工智能技术的发展，研究者可以使用深度学习等方法更深层次地挖掘数字所潜藏的有用信息，进一步深化认知损害相关领域的研究。

（5）利用数字工具能够促进认知评估与其他领域的融合发展。数字工具的种类多样，其与认知评估技术的结合方式也多种多样，这在一定程度上促进了认知评估技术与其他领域的融合发展，也促进了对认知评估技术的创新，使得认知评估的过程更加趋于合理化从而减少评估误差。

（6）利用数字工具能够一定程度上缓解资源浪费。数字工具产生的数字信息一般以磁性材料或光学材料为存储介质，存储信息密度高、容量大，且可以无损耗地被重复利用。对比纸质化量表可能造成的对树木等资源的消耗，结合数字工具的认知评估方式更加环保绿色；此外，使用数字工具使得对认知评估产生的数据的管理也不再受时间和空间的限制，过去对这些数据的管理需要花费大量资源在对数据的整理、分类、维护上，利用数字工具生成的数据可以直接使用数字化的数据管理方法，使得认知相关数据能够有序存储、合理分级使用，在提高工作效率的同时降低了数据遗失、损耗等产生的风险。

当然，使用数字工具进行认知评估也存在着一定风险。在信息技术发展的同时，网络信息安全等问题也随之凸显。程序的漏洞、木马病毒、黑客非法入侵等对受试者或调查者的隐私保护构成了重大的威胁，在发展结合数字工具的认知评估技术的同时，这些风险不容忽视。

三、在线认知评估系统的案例

在线认知评估系统，即将认知评估的内容转到网络平台上，使得受试者无须前往医院即可进行认知评估。在线认知评估系统可以通过统一的在线指导（语音或文字形式）来替代传统纸质量表中需要调查人完成的部分工作。显然，这种方法有助于减少长者前往医疗机构的时空成本，降低由于调查人而导致的认知评估的主观误差，同时增加了对受试者认知信息的利用效率。当然，实践对在线认知评估系统的指导能力提出了更高的要求。

CogniFit 是一家美国医疗保健公司，成立于 1999 年，由 Shlomo Breznitz 教授创立，旨在评估和改善个体认知功能健康状况。CogniFit 开发了一套认知评估系统（CAB），CAB 是一个在线的认知评估系统，可以为用户提供在线认知评估服务，还可协助专业的医疗工作人员提供精准有效的信息资源和数据使用及分析服务。医疗工作者可通过 CAB 系统，来获取对应用户的认知状况信息。

CogniFit 的认知测试可以评估不同领域的认知能力。每个领域的测试都由各不相同的认知测试任务构成，这些任务可以评估受试者在不同神经心理环境下的表现。CAB 的认知测试领域包括如下方面：①记忆领域，即非口头记忆、工作记忆、短期记忆、命名、视觉短期记忆、听觉短期记忆、情景记忆；②注意力领域，即分散注意力的能力、专注能力、抑制冲动的能力、应变更新的能力；③感知领域，即空间感知、扫视、视觉感知、心理预测。

四、纸质认知评估量表结合数字笔的案例

纸质认知评估量表中对认知评估的项目类型有许多，其中有些项目的考察形式可以与数字工具相结合，以获取更好的认知评估效果。以蒙特利尔认知评估和时钟绘图测试为例，这两种认知评估量表均需要患者绘制显示指定时间的模拟时钟表面，并复制预先绘制的时钟。如果使用数字笔（Anoto Live Pen，ALP）让受试者进行画钟的操作，就可以将数字笔绘制的内容同步传递到信息终端设备上，这有助于避免受试者在评估过程中的一些主观因素的影响。

麻省理工学院计算机科学与人工智能实验室（Computer Science & Artificial Intelligence Lab，CSAIL）的研究人员通过使用数字笔（这是一种数字化圆珠笔，圆珠笔内部装配了可快速连续拍摄的相机，可记录圆珠笔的绘制轨迹及位置，拍摄频率为每秒 80 次）获取远比普通绘图更精准的图像数据，并开发了数字时钟绘图测试（Digital Clock Drawing Test，dCDT）。dCDT 利用并分析数字笔绘图的过程和最终图画呈现大量笔画数据和图像数据。基于这些数据，CSAIL 的研究人员提取了大量数据特征，用各种机器学习技术进行数据分析，产生 dCDT 的最终得分，实验证明机器判断的得分比临床医生进行的评分更加准确。这种结合数字笔的认知评估方法使得医生不需要再对患者的画钟测试评分进行判定，这能够为神经科医生节省大量的时空资源，并且减少了人为评定认知得分造成的主观误差。

五、认知功能评估系统的案例

认知功能评估系统是一种将纸质认知评估量表与电子终端相结合的认知评估方式，其主要运行载体是个人计算机或由医疗设备公司集成的一体终端设备。认知功能评估系统旨在改善纸质认知评估量表在使用过程中存在的一些弊端，如纸质量表形式乏味且容易让受试者产生紧张情绪而导致评估结果不够准确。

有研究表明，经过特定的锻炼，人类能够通过电脑游戏来锻炼记忆力和提高处理速度，进而增强对应的认知功能（Mcpherson et al., 2008；Riesenhuber, 2004）；长者经过一段时间的语言和算数训练后，其认知能力能够提高（Uchida et al., 2008）。因此，许多认知功能评估系统将纸质评估量表的测试内容与游戏元素相结合，增强长者使用认知评估系统的意愿，从而使得认知评估的结果更加准确。

天津大学与台湾长庚大学合作开发了一款基于多媒体技术和 MSP430 单片机的交互式认知功能评估系统 FunCubes，通过游戏过程来记录长者的得分状况。根据得分来判断受试者的认知状况，这样不仅能够及早发现有认知功能障碍的长者，而且可以通过电脑游戏训练来改善长者的认知功能（Silveira et al., 2013；Mcpherson et al.，2008；Barnes，2009）。

当然，认知功能评估系统也存在一些弊端：首先，无论是个人计算机或者是医疗设备机构提供的终端机，其使用成本一般会高于纸质评估量表；其次，这类认知评估系统设备体积较大，便利性较差；最后，各家公司的认知功能评估系统产品的内容不统一，容易产生“信息孤岛”，且认知评估功能的有效性往往缺乏验证（Owen et al.，2010）。

六、移动终端数字认知评估的案例

随着移动终端设备的普及和发展，尤其是手机的普及和性能的提升，使得将认知评估工具集成于移动终端成为可能。使用手机等移动终端设备进行认知评估比使用计算机的认知功能评估系统的易用性更强。首先，计算机的核心使用人群远少于智能手机的使用人群；其次，对比计算机而言，手机更加便携方便，可以随时进行认知评估；最后，针对移动终端进行触控操作较针对计算机的操作而言难度更低，更加容易为长者所接受和使用（Bennett et al.，2006）。

Savonix 是一款基于移动智能终端的数字认知评估 App，其开发团队称 Savonix 是一种可移动、数字化且临床有效的总体认知功能测评的认知评估工具。Savonix 可以提供临床证明有效的检测结果，并可以根据测试过程生成通俗易懂的个性化报告，最后还可以将受试者的认知评估结果与标准的认知功能评分进行比较。Savonix 可以在任何 IOS 或 Android 设备上使用，其认知测试的平均耗时仅为 30 分钟。当然，Savonix 也存在着一些弊端。首先，Savonix 认知考察的难度对于某些长者而言较高，因此需要调查人协助（所需调查人的数目要少于纸质评估量表）进行认知评估；其次，Savonix 需要先注册再进行使用，这无疑加大了长者使用的难度；最后，Savonix 对认知的考察内容只是将传统的纸质认知评估量表的内容进行了移植，缺乏对移动终端设备的性能和优势的进一步利用。

七、结合人工智能技术的认知评估案例

随着人工智能在技术、产品等的不断应用，将人工智能与医疗健康相结合是目前最为热门的人工智能技术应用领域之一。在深度学习算法和大数据技术等的推动下，人工智能在提高认知评估效率等方面具有天然优势，立足于人工智能与认知评估结合的医疗健康科技公司也如雨后春笋般涌现。

Mindstrong 成立于 2014 年，是一家通过人工智能技术和移动互联技术来优化认知损害诊断和治疗的创业公司，该公司的总负责人 Thomas Insel 是美国国家心理健康研究所前所长。该公司期望通过智能手机来获取用户的认知或心理状态数据，其公司专利重新定义了对用户行为的测量方式，将移动智能终端中的互动模式转化为客观的对认知功能评估。Mindstrong 开发了一款将人工智能中的神经网络

技术应用于人类计算机交互模式的生物标记 App——Discovery by Mindstrong。这款 App 可在安装了 Android 系统的设备上进行使用，通过搜集用户关于心智健康的相关数据，这款 App 称能实现连续计量大脑功能，并对用户的生活方式和认知相关治疗干预做出反应。同时，Mindstrong 立足于临床研究，建立了可以提供实时、连续的情绪认知数据和生物标志物的人工智能技术平台（数据指标包括处理速度、注意力、记忆力和执行力等）。该公司认为现代医学是基于客观的检查数据，而认知损害也可以像糖尿病、心脏病等一样，通过客观监测获得神经精神障碍患者的数据，以取得更好的治疗效果。Mindstrong 的技术可以通过数字化工具对患者的行为和认知进行持续、客观的监测，是一种不同于传统纸质认知评估量表的认知评估方式。

八、结合生物标记物的认知评估案例

生物标记物是指可以标记系统、器官、组织、细胞及亚细胞结构或功能的改变或可能发生的改变的生化指标，并找寻与认知相关的生物标记物，通过这些标记物的指标来评估认知水平，已逐渐成为研究热点（Blennow et al., 2010）。其中，包括：①阿尔茨海默病的生物标记物研究，有研究表明血浆中的许多参与炎性反应的蛋白质，可以作为阿尔茨海默病的潜在诊断标记物；②数字化生物标记物研究。可对受试者进行认知评估而获得的各项认知能力指标、行动轨迹数据、语音数据等进行特征提取，以获得与认知相关的数字生物标记物，这些数字生物标记物与受试者的认知能力紧密相关。

第五节　认知评估的展望

在西方发达国家，认知评估相关从业人员对每个认知领域对应的最佳评估工具与对应的认知指标的选择基本上是类似的，但这些评估工具往往也是出自这些国家，其设立的内容与其地方文化息息相关，这导致了这些国家或地区的评估工具并不一定适用于所有地区，随着区域的变化，认知评估的评估信度、效度等可能都不相同。此外，现有的大部分认知评估工具均有知识产权限制。综合上述各类情况，本书认为认知评估的未来发展需要具备以下条件。

（1）融合地方文化和人群特点的认知评估方法的突破。正如上文所述，目前我国急需一款能够融合本地文化和长者人群认知特点的认知评估手段来填补这一领域的技术与应用空白，进行相对精准的认知筛查和评估。

（2）认知相关领域研究的理论突破。例如，针对阿尔茨海默病的优质数字生物标记物的发现并进一步发掘认知领域与这些数字生物标记物之间的因果关系，

这些新发现将作为未来认知评估的重要指标，推动认知相关领域研究的发展。

（3）认知医疗临床领域的突破。目前还存在着一些种类的认知症（如语义性认知症）没有标准化的认知评估测量筛查手段，未来可以从这里入手建立针对这些病症的新的认知评估工具。

（4）认知评估与人工智能相结合的理论与应用的突破。随着硬件设备的快速发展和各类人工智能技术的进展，机器学习在各行各业中将有更多突破性的表现，这也是拓宽认知评估领域的一个全新的方向。例如，标准化的评估过程虽然可以衡量受试者的认知水平但不足以反映出人作为个体的复杂特征，结合人工智能技术或许能够开发出针对不同个体的个性化认知评估方法。

总的来说，目前我们对许多认知领域及其发展特征的认识还不够深入，对认知的评估不仅需要考虑各个认知领域，还需要紧跟这些领域的发展，这是未来认知评估技术需要关注的核心问题。

第七章　人工智能在认知症领域的应用探讨

第一节　人工智能：认知症研究的革新力量

认知症作为最常见的神经系统疾病之一，严重威胁着老年人的健康，这种慢性进行性脑综合征会导致患者认知功能受损。阿尔茨海默病和其他形式的认知障碍会严重限制患者的各项功能，从而降低其生活质量。认知症患者的早期症状表现为记忆障碍，尤其是短期记忆丧失，随后语言、运动能力、物体识别和执行功能可能面临不同程度的下降。这些损伤会导致患者抑郁、丧失说话能力、社交隔离等。晚期认知症患者可能丧失独立生活的能力，且多伴有精神行为症状（Behavioral and Psychological Symptoms of Dementia，BPSD）（Dyer et al.，2018）。

认知症在对患者的自我照顾能力产生负面影响的同时，也会给患者家属带来很大困扰。这一疾病已成为世界范围内的一个重要公共卫生问题，给家庭、社会和卫生服务系统带来了严重的负担。

人工智能（artificial intelligence，AI）技术的发展和应用，结合传感器、物联网设备等硬件技术的突破，正在变革传统的认知症诊断、监护、支持和干预方式，使更安全高效、便捷智能的解决方案成为现实。本章将重点介绍人工智能技术在认知症领域的研究进展和应用现状，以期为该领域的研究者提供些许参考。

第二节　研究项目纳入过程

一、文献搜索策略

本节检索了 Web of Science、PubMed 及 IEEE 数据库于 2010 年 1 月 1 日至 2020 年 7 月 1 日发表的相关文献。检索的关键词包括“Artificial Intelligence”“Machine Learning”“data mining”“dementia*”“Alzheimer*”“cognition impairment”“Mild Cognitive Impairment”“age*”“elder*”等。

二、筛选标准

为了使结果更具针对性，本节制定了项目纳入和排除标准，具体如下所示。

如果研究项目满足以下条件，则纳入分析：①报告使用了人工智能技术；②技术应用的服务对象为认知症患者（包括轻度认知障碍、认知症等）及其照护者；③是一项真实的研究，或一个明确的项目；④该文献有英文版本。如果出现以下情况，则将文献排除在外：①该文章未报告对人工智能技术在认知症研究中的原始贡献（如只评述了其他文章，或项目尚未开展）；②该文献仅使用医学、外科、纯药理学及筛选新药的内容；③该文献不可全文使用（如会议摘要）。

本节旨在回应的研究问题为：目前人工智能技术在认知症研究中的应用现状如何？这个研究问题可被进一步分解为五个具体的问题：①认知症研究中使用了哪些人工智能技术？②使用人工智能技术进行研究，可以实现哪些功能？③研究主要针对哪些用户群体？④研究的临床试验情况如何？⑤人工智能相关技术的应用面临哪些伦理挑战？

三、数据提取与分析

本节对于纳入项目的每篇文章，都提取了以下数据：技术类型、应用类型、应用领域、辅助功能、目标群体、临床试验（定量、定性）及伦理审查情况。为了便于理解，此处先对各项数据类型进行简要介绍。

技术类型是指人工智能的具体技术，包括机器学习（machine learning，ML，即使用算法来解析大量数据、从中训练学习，然后对真实世界中的事件做出决策和预测）、自然语言处理（natural language processing，NLP，主要包括语言理解、语言生成和机器翻译）、计算机视觉（computer vision，CV，包括图像检测、人脸识别等）、自动语音识别（automatic speech recognition，ASR，即将人类语音中的词汇内容转换为计算机可读的信息）、知识图谱（knowledge graph）等。

应用类型是指人工智能技术的应用形式，一般为设备或系统，主要包括分布式系统（distributed systems）、可穿戴设备（wearable devices）、对话系统（voice activated assistants）、环境传感器（environmental sensor）、软件、手持式设备（handheld devices）、助行器（mobility aids）、特定情境机器人（situation specific robots）等。

应用领域是指人工智能技术在认知症研究中的焦点领域，包括对患者的检测、诊断、监护、支持、干预与治疗等。

辅助功能是指某技术/设备/系统提供的对认知症患者及照料者的特定功能补偿，包括记忆功能、执行功能、推理功能、语言功能、运动功能、压力水平、疼痛表现、情感功能等。

目标群体是指某技术/设备/系统设计针对的主要用户群体，包括认知症患者、各细分类别（如主观性认知障碍、轻度认知障碍、阿尔茨海默病和混合性认知症等）患者、照料者及潜在高危群体。

临床试验体现了研究是否进行以人类为受试者的临床试验、样本量、受试者的人口统计学特征，定量分析和定性分析则表明了研究结果的评估方式。

伦理审查一项用于考量研究对认知症患者的知情同意权利以何种形式进行保障，如伦理委员会的审查、患者的书面签字等。

由于本节所纳入的文献在应用类型和应用领域、辅助功能等方面的异质性较大，各项研究采用的评估方式不一，无法采用 Meta 分析对研究进行综合评价，因此采用了描述性的评述。

第三节　人工智能在认知症领域的研究现状

本节呈现了 48 项研究，具体如表 7.1 所示。通过数据综合分析，可发现人工智能技术在认知症研究中目前主要有四个应用领域：检测与诊断；监护；支持；干预与治疗。下文将依次展开介绍。

一、应用领域

（一）检测与诊断

对认知症进行有效的早期诊断具有多方面的意义：一是可以识别疾病的进展阶段，便于患者及时获得相关建议和支持，尽早开展治疗；二是能延缓认知状况恶化的进程。为了进行认知症诊断，患者通常需要接受一系列由专业团队进行的认知测试和评估。具体来说，在传统的检测阶段，补充测试主要包括分析大脑中的脑脊液样本、功能磁共振脑成像测试和血液测试（Laske et al.，2015）。这些技术一般需要配以昂贵的设备，并且会消耗检测人员大量的时间和精力。因此，研究人员一直在寻找性价比更高的评估工具，以识别认知症患者的临床前或早期临床阶段，人工智能技术的发展为这一目标的实现提供了可能。

基于人工智能技术进行的认知症早筛相关研究，主要包括以下四类：利用医学图像进行、结合传统认知测试、结合自动语音识别技术及使用自然语言处理技术。

1. 医学图像

大多数认知症识别的机器学习应用主要基于使用数字数据的生物、临床或神经成像数据构建。磁共振成像（magnetic resonance imaging，MRI）数据与有监督的机器学习技术一起用于诊断阿尔茨海默病和认知障碍患者，已经达到了一定的准确性（Dimitriadis et al.，2018）。

表 7.1　人工智能技术在认知症领域的研究现状

序号	参考文献	技术类型	应用类型	应用领域	辅助功能	目标群体	临床试验	定量评价	定性评价	伦理审查
1	Caros et al.，2019	机器学习；自然语言处理	App（对话系统）	干预（结合怀旧治疗）	认知功能、记忆功能	轻度认知障碍	10 例（5 人正常，5 人患者）；研究可接受性和可行性	BLEU 分数为 2.07	有	否
2	König et al.，2018	机器学习；自动语音识别	App（语音任务）	诊断	语言功能	主观性认知障碍患者、患者、阿尔茨海默病患者和混合性认知症患者	165 例；65 岁以上	AUC；SCI 与 AD 为 92%；SCI 与 MD 为 92%；SCI 与 MCI 86%；MCI 与 AD 为 86%	否	否
3	Saif et al.，2019	机器学习	可穿戴设备；生物传感器	预测诊断	睡眠障碍；自主神经调节障碍	AD 高风险人群	33 例（有 AD 家族史，本身无/几乎没有认知障碍）；前瞻性研究	DCCS；FIAC	随访调查（满意度问卷，27 人；1 个月和 6 个月后）	取得伦理许可；签署知情同意书
4	Delmastro et al.，2020	机器学习	可穿戴设备；App	监护	急性压力	轻度认知障碍	随机交叉试验研究；MCI；9 人（5 位女性，4 位男性）	RF 算法准确度为 85.3%；AB 算法准确度为 85.5%	否	取得伦理许可；签署知情同意书
5	McCauley et al.，2019	机器学习（无监督）	App	支持	语言功能	认知症患者；家庭照料者	认知症患者 30 人，家庭照料者 30 人	K-means 聚类	半结构式访谈（30 人）	取得伦理许可
6	Kimura et al.，2019	机器学习	可穿戴设备	诊断	通用	非认知症患者；65 岁及以上	855 例受试者（317 例男性，538 例女性）	RF 模型；线性回归模型	否	取得伦理许可；签署知情同意书

续表

序号	参考文献	技术类型	应用类型	应用领域	辅助功能	目标群体	临床试验	定量评价	定性评价	伦理审查
7	Yao et al., 2017	机器学习；射频识别技术	分布式系统	监护	活动识别	未说明	6 例（5 例男性，1 例女性）；23 种活动	F1 分数（独立于人的验证策略正确率为 70%，依赖于人的验证策略正确率为 95%）	否	否
8	Rahmanian et al., 2018	机器学习	App；传感器	支持	记忆功能	各阶段认知障碍患者	否	否	否	否
9	Das et al., 2016	机器学习	传感器	监护	检测活动错误	未说明	580 位受试者	召回率（平均 60%），精度和 F1 分数	否	否
10	Feuz et al., 2015	机器学习；普适计算技术	记忆笔记本；环境传感器	监护	检测活动转换；记忆功能	轻度认知障碍	脚本数据为 15 例健康成年人；无脚本数据为 8 例老年人	AUC 分数；TPR 和 FPR；RMSE	否	否
11	Chang et al., 2012	机器学习	记忆策略	诊断	记忆功能	AD 高风险人群（有 AD 家族史）	中年（40～65 岁）；879 例无症状高危人群，355 例无症状低危人群	$p=1.44\times10^{-5}$	否	取得伦理许可；签署知情同意书
12	Zhou et al., 2019	自然语言处理	电子病历；临床笔记	诊断	生活方式风险因素	潜在 AD 患者	260 例 AD 患者，260 例认知正常者；随机对照试验	识别准确性=74.0%	否	取得伦理许可；签署知情同意书
13	Mooney et al., 2018	自然语言处理	App	支持	语言功能	原发性进行性失语症；语言障碍	6 例（3 例男性，3 例女性）及其会话伙伴；58～80 岁	目标词数量	访谈（参与者、合作者），用户体验问卷	取得伦理许可；签署知情同意书
14	McCoy, Jr. et al., 2019	自然语言处理；转移学习	电子病历	诊断	通用	潜在 AD 患者	535 814 例（未普遍诊断为认知症的住院患者）；回顾性研究	C 指数；AUC	否	取得伦理许可；签署知情同意书

续表

序号	参考文献	技术类型	应用类型	应用领域	辅助功能	目标群体	临床试验	定量评价	定性评价	伦理审查
15	Fraser et al., 2014	自然语言处理	叙事语音样本（数字录音机采集）	诊断	语言功能	原发性进行性失语症	24 位 PPA 患者（包括 10 例 SD 和 14 例 PNFA）；16 位健康对照	PLS；选择性比率	否	取得伦理许可；签署知情同意书
16	Ng et al., 2020	计算机视觉	视频资料	监护	步态检测	认知症患者	31 例认知症患者；1066 个标准视频	POMA 步态子量表得分； POMA 平衡子量表得分； 回归 $P<0.05$	否	取得伦理许可；替代决策者提供书面知情同意书；参与者口头同意
17	Taati et al., 2013	计算机视觉	视频资料	监护	产品可用性评估	认知症患者	27 例认知症患者，老年，1350 个洗手视频	准确率（平均每帧精度）88.1%	否	否
18	Walker et al., 2020	自动语音识别	会话分析	诊断	语言功能	神经退行性认知症和功能性记忆障碍	22 例患者（ND 或 FMD）	准确率	否	取得伦理许可
19	Chen et al., 2020	自动语音识别	音频	诊断	语言功能	轻度认知障碍	70 例（28 例 MCI，42 例 CI）；平均 90.4 岁	AUC=0.77	否	取得伦理许可；签署知情同意书
20	Al-Hameed et al., 2019	自动语音识别	音频（就医记录）	诊断	语言功能	神经退行性认知症和功能性记忆障碍	30 例（15 例 FMD，15 例 ND）	平均分类准确率为 96.2%	否	取得伦理许可；签署知情同意书
21	Tóth et al., 2018	自动语音识别	音频（实验）	诊断	语言功能	轻度认知障碍	86 例（48 例 MCI 患者，38 例健康对照）	F1 分数，78.8%	否	取得伦理许可；签署知情同意书

续表

序号	参考文献	技术类型	应用类型	应用领域	辅助功能	目标群体	临床试验	定量评价	定性评价	伦理审查
22	Rudzicz et al., 2015	自动语音识别	移动机器人	支持	日常生活活动	阿尔茨海默病	10 例（AD 患者）；平均年龄大于 55 岁	准确率为 40.00%	对患者及其照料者进行访谈（可用性，可接受性）	取得伦理许可；签署知情同意书
23	Yang et al., 2020	机器学习	数据集	诊断	潜在危险因素	认知症患者	ELSAA 数据集（18111 例，其中 251 例为认知症患者）	最高准确率 93.07%	否	否
24	Liu et al., 2020	机器学习；自动语音识别	音频	诊断	语言功能	阿尔茨海默病	VBSD 数据集；Dem@Care 数据集	最高准确率 84.40%；F1 分数 0.894	否	否
25	Matsuura et al., 2019	机器学习	设备，步态数据	诊断	运动功能	认知症患者	90 例，超过 10 000 份试验	召回率为 0.753，特异性为 0.799	否	取得伦理许可；签署知情同意书
26	Chiu et al., 2019	机器学习	问卷	诊断	通用	轻度认知障碍	1354 例（NC，MCI，VMD）；40～100 岁；回顾性研究	敏感性为 0.92，特异性为 0.93；AUC：区分 NC 与 MCI:0.94；区分 MCI 与 VMD：0.88；区分 MCI 与认知症：0.97；区分 VMD 与认知症：0.96	否	取得伦理许可；签署知情同意书
27	Lam et al., 2015	机器学习	分布式系统	监护	执行功能	轻度认知障碍	1 例（轻度 AD 患者）	准确率为 97.00%	否	否
28	Themistocleous et al., 2018	机器学习	音频	诊断	语言功能	轻度认知障碍	55 例（25 例 MCI 患者，30 例健康对照者）；55～79 岁	AUC=0.83	否	取得伦理许可；签署知情同意书

续表

序号	参考文献	技术类型	应用类型	应用领域	辅助功能	目标群体	临床试验	定量评价	定性评价	伦理审查
29	Clark et al., 2016	机器学习；自然语言处理	音频	诊断	语言功能	轻度认知障碍、AD 患者	158 例（107 例 MCI，51 例正常）	AUC=0.872	否	否
30	Zhu et al., 2020	自动语音识别	问卷	诊断	通用	正常或轻度认知障碍、极轻度认知障碍、轻度认知障碍、中度认知障碍、重度认知障碍患者	6 701 例（临床和神经心理学评估样本）	准确率为 88.00%	否	取得伦理许可；签署知情同意书
31	Li et al., 2020	机器学习	环境传感器	诊断	运动功能	认知症患者	262 例（第一组共 232 例，含 7 例患者；第二组共 30 例，含 9 例患者）	第一组 AUC=0.846；第二组 AUC=0.921	否	取得伦理许可；签署知情同意书
32	Tanaka et al., 2017	机器学习；自动语音识别	口语对话系统	诊断	语言功能	认知症患者	29 例（14 例认知症患者，15 例健康对照）	AUC=0.93	否	取得伦理许可；签署知情同意书
33	Taati et al., 2019	计算机视觉	图像	诊断	疼痛表现	认知症患者	86 例（42 例认知症患者，44 例健康对照）；688 张正面面部图像	准确率为 90.20%	否	取得伦理许可；签署知情同意书
34	Akl et al., 2015	机器学习	传感器	诊断	运动功能	轻度认知障碍	97 例	AUC=0.97	否	否
35	Lyu et al., 2020	机器学习	分布式系统	干预	舒缓压力；情感需求；肺炎检测	认知症患者及其照料者	中晚期 AD 患者的家庭照料者（25～78 岁）	问卷（系统满意度调查；照料者负担清单）	访谈（家庭照料者；可用性、可读性、便利性、准确性）	签署知情同意书

续表

序号	参考文献	技术类型	应用类型	应用领域	辅助功能	目标群体	临床试验	定量评价	定性评价	伦理审查
36	Ashraf et al., 2016	机器学习；计算机视觉	洗手	监护	日常活动监测	认知症患者	27 例老年人（22 例女性，5 例男性）；64～100 岁；1 309 次试验	分类准确率 70.20%	否	取得伦理许可；签署知情同意书
37	Yu et al., 2018	机器学习；自然语言处理	音频（电话收集）	诊断	语言功能	认知症患者	214 例（72 例男性，142 例女性）；75 岁以上	AUC=0.77	否	否
38	Dawadi et al., 2013	机器学习	智能家居	监护	执行功能	认知症患者	179 例（145 例健康，32 例 MCI，2 例认知症）	AUC=0.68	否	否
39	Hamad et al., 2019	机器学习	传感器	监护	日常活动监测	认知症患者	2 个智能家庭（家庭 A 为 9 个人类日常活动；家庭 B 为 10 个人类日常活动）	准确率为 84.00%	否	否
40	Zhang et al., 2018	机器学习；自然语言处理	分布式系统	监护	日常活动监测	认知症患者	否	否	否	否
41	Jeon et al., 2018	机器学习	App（机器人平台；护理知识共享系统）	支持	记忆功能	认知症患者及其照料者	评估数据集	准确率为 90.00%	否	否
42	Kishimoto et al., 2020	机器学习	购物机器人	监护	记忆功能	认知症患者	25 例	准确率为 88.00%	否	否
43	Sheri et al., 2020	机器学习；自然语言处理	App	支持	记忆功能；推理功能；日常生活	认知症患者（各个阶段，渐进性）	否	否	否	否

续表

序号	参考文献	技术类型	应用类型	应用领域	辅助功能	目标群体	临床试验	定量评价	定性评价	伦理审查
44	Savita et al., 2018	机器学习	App	干预	记忆功能	轻度、中度认知症患者	4 例（轻度患者）；41～65 岁	满意度调查	深度访谈（四例患者，1 例照料者）	否
45	Ma et al.，2018	机器学习	传感器	干预	运动功能	认知症患者	6 例（健康男性）	分类准确率达 96.00%	否	取得伦理许可
46	Navarro et al., 2013	机器学习	手持式设备	干预	改善 BPSD	认知症患者	5 例 AD 患者（女性 4 例，男性 1 例）；65 岁以上；	ZBI 得分下降 40% 以上	对照料者进行两次访谈	否
47	Fang & Lai, 2018	机器学习	传感器；App	监护	预防走失	认知症患者	否	否	否	否

然而，医学图像数据的获取比较困难。因此，越来越多的研究者正在寻找其他方式，以期在以无创、高效的方式采集数据的同时，有效降低医疗成本。

2. 结合传统认知测试

一种可行的方式是将机器学习算法应用到传统认知测试中，来区分认知障碍的不同程度。Chang 等（2012）使用机器学习框架构建出一个综合指标，以放大无症状中年人中有阿尔茨海默病家族史和没有阿尔茨海默病家族史之间的差异。结果表明，对传统认知测试的深入分析有助于识别无症状人群中细微但潜在重要的学习和记忆差异，这些人群患阿尔茨海默病的风险不同。Zhu 等（2019）提出一个基于 Keras 框架的深度神经网络（deep neural networks，DNN）分类模型，其使用真实世界的健康信息数据集，实现了对认知障碍不同程度患者的分类，包括认知功能正常者、极轻度认知障碍、轻度认知障碍、中度认知障碍和重度认知障碍患者。

机器学习技术还被用于分析老年认知障碍的风险因素。例如，Kimura 等（2019）通过可穿戴传感器收集了 855 名老人的生活方式信息，研究与其认知功能之间的关系。Yang 等（2019）则使用英国老龄化纵向研究（the english longitudinal study of ageing，ELSA）的数据（该数据集是一个具有全国代表性的老年人样本，共 18 111 例，其中 251 例为认知症患者），从多个领域对认知症患者的各种影响因素（超过 400 个变量）进行了探索，以确定与老年认知症相关的特征。结果表明，将多个机器学习算法的结果相结合的集成模型能较好地预测老年认知症，有助于增强个体预测模型的性能。此外，他们还使用七种机器学习算法来建立预测模型并进行比较，考虑了来自六个领域的大量因素，最终确定了与认知相关的显著因素，这有助于识别认知症的潜在危险因素，发现认知症早期的警告信号。

3. 自动语音识别

语言能力作为人的一种高级认知功能，是一个复杂的过程，涉及多方面的认知能力。语音的发声过程是一个将大脑中的想法通过发声器官转化为对应的语音的过程，在这个转化过程中，大脑必须有效地管理和组织记忆、知识、语言与语义信息。因此，对患有认知障碍的个体来说，其认知能力的下降会对这一复杂的转化过程有显著影响，进而导致产出的语音出现了声学方面的变化。这意味着，通过捕捉人的语音中的病理性特征变化，并结合基于语音信号自动分析的方法，我们可以获得更多关于人的交流的信息，最终实现对认知障碍的检测与诊断。就自动语音识别的应用方向而言，目前主要包括对轻度认知障碍患者和健康人的区分，以及不同认知障碍类型之间的鉴别。

借助自动语音识别技术，患者与医生的谈话资料也可以用于区分不同认知障碍的类型。当人们访问记忆诊所时，评估通常从与神经科医生的谈话开始。在谈话中，患者会被问到一系列关于他们记忆的问题，这种互动方式有助于了解患者的认知状态。Al-Hameed 等（2019）基于患者对医生问题的回答记录，在进行预处理后提取出 51 个声学特征，并借助五种不同的机器学习分类器，来区分功能性记忆障碍患者和神经退行性认知症患者类型，平均分类准确率达 96.2%。

在此基础上，Walker 等（2020）引入智能虚拟代理（intelligent virtual agent，IVA），研究患者面对其提出的问题的反应是否与其面对真实医生的回答相似。König 等（2018）通过移动应用程序记录下受试者（165 名）完成任务（包括语言流利性、图片描述、倒计时和自由演讲任务）的声音，通过自动语音分析技术区分不同类型的认知症患者（包括阿尔茨海默病、混合性认知症、轻度认知障碍和主观性认知障碍），准确率均达 86%以上，这是一种无创的、简单的和低成本的方法。Yu 等（2018）基于交互式语音应答技术的可对话的计算机自动电话系统收集到的音频数据，探讨了使用语音特征、认知测试分数及两者相结合进行认知症预测的相对优势。值得注意的是，目前大部分基于语言分析的认知障碍诊断系统，采用的数据集规模较小、言语范式设计简单，且多以西方语言为主体。为了契合我国老年群体的实际需求，有必要针对汉语及各地区的方言特征，设计相应的言语认知障碍语音实验并建立一定规模的数据库，以开发适宜我国的早筛技术手段。

4. 自然语言处理

自然语言处理（natural language processing，NLP）是人工智能领域的另一个重要研究方向，它允许计算机从人类语言中提取并理解相关信息（Cambria et al.，2014）。在认知症领域，目前该技术主要结合电子病历、临床笔记等进行应用。电子病历（electronic health record，EHR）是指以数字格式保存的患者医疗史的综合记录（Kim et al.，2009）。临床笔记则是自由文本的电子病历，其中包含对病情的文字描述。

Zhou 等（2019）研究人员应用自然语言处理算法，使用临床笔记进行大规模的横断面研究，自动提取和评估了阿尔茨海默病患者（对比非认知症对照者）的生活方式风险因素及相应的干预策略。在一项针对 3547 人的德国健康保险研究中，临床医生报告心血管健康与突发性认知症有关（Apoliprotein，2006）。而 Wells 和 Dumbrell（2006）在对 605 份病历进行研究后发现，结合自然语言处理衍生的功能可改善对认知症患者的识别。

（二）监护

大量研究表明，允许认知症患者独立进行日常活动对保持其情绪稳定非常有用。特别是在疾病的轻度阶段，有助于帮助他们恢复掌控生活的信心。然而，认知症患者在独自生活时会面临多重风险，如忘记吃药、丢失物品及摔倒受伤。因此，若允许认知症患者独自处理个人活动时，应做好监护工作，尽量减少其发生事故。这需要对患者的自我照顾能力及智能系统的使用进行多维度的评估。可穿戴设备、环境传感器及计算机视觉技术的迅猛发展，为降低成本、提高监护水平提供了可能。

下文将从对认知症患者监护的主要方面展开分析，包括日常活动识别、步态监测、心理健康水平监测等，并介绍一些综合性系统。

1. 日常活动识别

日常活动识别主要是为了监测老年人的活动模式，并在其行为改变或发生严重事件时进行干预。Lam 等（2015）设计并开发了一个活动跟踪和监测系统 SmartMind，该系统能通过简单的设置来捕捉识别轻度阿尔茨海默病患者的日常活动，估计患者当前的健康状况，并在必要时提供紧急援助和支持。Dawadi 等（2013）使用智能家居技术评估老年人独立执行活动的能力。目前，为预防认知症患者走失而开发的系统正在不断增多。

认知症患者独立生活的一个主要障碍是他们无法轻松使用日常生活用品。计算机视觉结合机器学习技术，能够自动化评估产品的可用性。Taati 等（2013）提出了一种新的视频分析技术，对包含人与产品交互的视频进行时间分割，可以自动识别出患者在操作产品时遇到困难的具体时间段。该方法通过测量患者操作困难的频率来检测各种产品设计的可用性。为预测患者认知功能所处的阶段，可以对老年人日常生活中的常见活动（如洗手这一行为）进行基于计算机视觉的特征编码，再使用机器学习技术训练预测模型（Ashraf and Taati，2015）。或者使用可穿戴设备的传感器（一种腕带传感器）收集个体生活方式相关数据（量化对话时间，评估身体活动、睡眠/觉醒周期和社交活动），用于检测社区老年人的认知能力。

通过可穿戴式传感器来识别活动也有一些局限。首先，要求个体一直佩戴传感器设备有些不切实际；其次，传感器设备通常需要定期维护（如更换电池）。因此，在监护那些患有认知症的老年人时，基于传感器的活动识别并不总是可行（Yao et al.，2017）。基于上述原因，无设备活动识别引起很多关注。这种方式不需要受试者佩戴任何设备，取而代之的是，将传感器设备放置在环境中，然后收集并分析由监测对象的运动引起的无线电信号波动，以识别个体的活动（Seifeldin et al.，2012；Zhang et al.，2012）。Yao 等（2017）开发了一种无设备活动识别系统，通过使用射频识别技术和机器学习算法，在保留丰富信息的同时收集了个体更紧凑的活动表现，从而支持对日常活动的高效识别。

2. 步态监测

认知症会损害患者的步态控制并增加其跌倒的风险。因此，步态评估是确定认知症患者跌倒风险的重要组成标准（Morley et al.，2016）。鉴于认知症患者的沟通障碍和行动能力不足（Van et al.，2019），学界正在对步态变量和跌倒风险之间的关系进行研究（Dolatabadi et al.，2018）。人体姿势估计是计算机根据图像或视频确定人的姿势和四肢关节的能力。先前针对认知症患者在机构中的活动能力评估研究已经利用人体姿势估计来对个体的运动类型进行分类，如判断人是站立、坐着还是躺着。其他研究则使用专门的深度传感器及其骨骼跟踪功能来测量步态的时空和运动信息变量（Eltoukhy et al.，2017）。

依靠传感器进行步态监测有一定的局限性。例如，由于种种原因，在大约一半的步行回合记录中，骨骼追踪并不成功（Dolatabadi et al.，2019），传感器的佩戴使用也有碍行动便捷性，较难进行长期研究。计算机视觉的最新发展使得开放源代码的人体姿势估计算法变得可用，并且其性能在逐渐增强，这种算法可以自动估计图像中人的关节位置。因此，无需特殊传感器，只需基于常规图像或视频数据（通过常规监控摄像头获取），即可进行对认知症患者的纵向步态监测。

通过计算机视觉评估步态变量，从而评估认知症患者的活动能力和跌倒风险，将在未来进行更多真实环境下的试验，得到进一步应用。

3. 心理健康水平监测

为分析特定的康复活动（physical activity）对轻度认知障碍老年人认知能力和生理压力的影响，Delmastro 等（2020）研究人员设计开发了 m-health 应用，结合可穿戴设备进行急性压力水平的检测和评估。机器学习还在其他方面取得了积极结果，如使用智能仪表数据和神经网络检测认知症患者的睡眠行为变化，来指示其情绪抑郁状态，以及使用传感器对认知症患者的焦虑和攻击性行为进行监测（Khan et al.，2018）。Saif 等（2019）的研究证明，使用可穿戴生物传感器，通过无监督的机器学习技术，能够无创且经济有效地检测与早期阿尔茨海默病病理学相关的睡眠障碍和自主神经调节障碍，从而制定可能有助于延缓认知衰退的干预措施。

4. 综合性监护

区别于以往每个工具仅能满足一部分患者的需求，Rahmanian 等（2018）提出一种综合性、高度个性化的系统，根据特定患者的认知障碍阶段，借助智能机制从每个模块中获得定期反馈，从而动态选择最有效的治疗方案（在实施方案前经医护人员批准）。

阿尔茨海默病人工智能技术（Alzheimer's artificial intelligence technologies，

AAIT）系统旨在利用物联网、云技术、大数据和人工智能等创建一个低成本、高效可行的系统，通过收集认知症患者的行为数据，分析制订对应的解决方案，还可提供物联网服务、警报服务等。这也为护理人员提供了一个实时管理平台，如使其可在患者离开事先设定的安全区时接收警报信息并跟踪患者活动。阿尔茨海默病人工智能技术系统在识别到触发动作后，会自动控制相关的物联网设备，从而节省能源，为认知症患者的日常生活提供便利。

（三）支持

专门为认知症患者在家庭场景中使用而开发设计的智能辅助技术，目前主要用于改善患者的执行认知功能、语言功能和记忆功能，以及提供更加系统的综合性支持。

1. 改善执行认知功能

认知症通常与执行认知功能（executive cognitive function，ECF）下降有关。ECF 不足的患者最常见的症状之一是忘记日常物品被放置在何处。目前有可以追踪单个物品的产品，如专用的 GPS 跟踪器（Maresova et al.，2018）。但患者可能会丢失 GPS 跟踪器，且该产品一次只能跟踪一个物品。因此，有学者设计开发了一种独特的可穿戴设备，旨在帮助患者找回丢失物品。该设备具有如下功能：准确地进行目标检测并将信息存储在数据库中；引导患者到特定的房间位置，找到遗留或丢失的物品；基于已拍摄的大量家庭用品照片、患者的行动路线及过往的丢失习惯，进行学习训练，预测患者可能丢失的物品及位置。

通过自动语音识别技术，该设备可被用于检测和理解患有阿尔茨海默病的老年人的话语并指导其行动。这种系统的开发将使辅助机器人能够与用户进行更高效的交流，更好地理解他们的行为和需求，并有望进一步增强基于环境的智能家居系统。

Rudzicz 等（2015）使用两种语言模型（均衍生自英语 Gigaword 语料库），基于自动语音识别技术，识别出在模拟家庭环境中，阿尔茨海默病患者在与机器人交流互动过程中的沟通中断模式，从而检验个人辅助机器人的可用性和可接受性。该项目要求患者在家庭实验室中，分别在浴室和厨房完成洗手和沏茶两项任务，其中由机器人 ED 引导他们到达相应地点，并根据需要提供具体的分步提示。文本语音转换系统用于回答与任务相关的问题，并进行社交对话。未来的工作将包括对声学和语言模型的进一步修改。如果要在真实环境中使用，需要克服许多环境和背景噪声方面的问题。

2. 改善语言功能

原发性进行性失语症（primary progressive aphasia，PPA）是一种由神经退行性疾病引发的认知障碍综合征，其中语言障碍是最早也最明显的特征。针对轻度到中度的原发性进行性失语症患者及语言障碍患者，为了支持其更好地与他人进行自然对话交流，一款应用程序 CoChat 被设计开发出来。该应用可通过模拟社交网络，对照片进行即时注释，然后通过自然语言处理算法优选出单词并提示患者，相关的小型交替治疗实验设计展示了即时语言支持的可行性。这是一种有效的增强和替代交流（augmentative and alternative communication，AAC）补偿策略（Mooney et al.，2018）。

随着病情发展，患者的语言功能会逐渐发生变化，而正式测试可能无法及时反映出这一点，语言分析则有望捕获并量化患者语言功能的微弱变化。因此，未来的研究可将时间这一变量纳入考虑范围，并探索哪些参数更能指示语言功能的变化情况。

此外，语言障碍研究的最终目标是有效地开发干预性的技术，帮助患者恢复该功能或减缓其衰退。基于语音内容的自然语言处理技术可以提供疾病严重程度的敏感指标，有助于评估旨在减缓衰退的干预措施。

随着机器学习方法在神经影像学中的应用，越来越多的研究人员试图揭示连续行为变量与大脑结构变化之间的关系。以原发性进行性失语症为例，这些连续编码技术可以用来确定语言功能和大脑萎缩或活动减退之间的定量关系。随着包含来自同一受试者的语音数据和神经成像测量数据集的逐渐丰富，这些机器学习方法在阐明语言处理的神经基础方面将发挥越来越大的作用。

3. 改善记忆功能

记忆障碍是轻度认知障碍患者最早和问题最明显的症状之一，会显著影响他们的日常功能独立性（Farias et al.，2006；Schmitter-Edgecombe et al.，2009）。通过指导轻度认知障碍患者日常活动（如记住预约和日常任务）的记忆策略，有助于保持他们自身的独立性和延缓认知功能衰退（Schmitter-Edgecombe et al.，2008）。

Feuz 等（2015）将移动电子技术、智能环境和传统的临床干预结合起来，开发出一种数字记忆笔记本，其重点是通过机器学习技术和普适计算技术分析传感器数据，检测不同活动之间的转换，并在转换的过渡期内自动提示患者，以提供活动记忆帮助，同时减少照护者的工作量。该研究通过地面真实标记的数据，分别评估了监督和非监督的两种活动过渡检测算法的性能，结果显示二者都能够检测转换。当有足够训练数据时，监督学习技术的表现更佳。

有学者曾开发了一个系统，该系统可以通过购物难民支持机器人的订购记录，评估老年人的短期记忆，从而每天无干扰地检测老年人认知功能的退化程度。McCauley 等（2019）通过对应用程序使用过程中产生的事件日志数据和访谈所获的定性资料进行交叉比较分析，确定了使用该应用程序的认知症患者的四个主要行为模式。

4. 综合性支持

目前学界一般认为，阿尔茨海默病有七个阶段，每个阶段都有对应的症状。随着阶段的递进，病人的病情会随着时间的推移而恶化，他们逐渐变得完全依赖他们的照顾者。许多应用程序仅针对阿尔茨海默病的其中几个阶段，且只提供了有限的功能。

鉴于此，Sheri 等（2020）开发了一个整合多项人工智能技术的综合型应用程序——“记忆储存-AD 援助”，它能够针对阿尔茨海默病的各个阶段进行支持。它将帮助患者完成日常生活任务，并关注他们面临的问题；它提供的多种功能将有助于提高患者的生活质量。这些功能包括面部识别、健康提醒、聊天陪伴、位置跟踪、思维游戏、阅读辅助、看护模块等。Jeon 等（2018）则设计了一套认知症患者家庭护理知识系统，包括两个原型应用程序。其中，机器人平台直接为认知症患者提供帮助，知识共享系统则可以为护理人员或家庭照护者服务，帮助他们制订适当的护理计划。

由上可知，智能提示技术在为认知症患者提供支持方面已经较为成熟。但许多现有的提示技术都是为活动启动而设计的，而自动提示子活动仍是一个挑战。为避免使用任何对隐私构成潜在威胁的传感器技术，基于一类分类的算法，Das 等（2016）提出了一种无监督的自动检测活动错误的方法，这是一种有效的、非侵入性的自动提示子活动的解决方案，能将活动错误检测问题公式化为离群值检测问题。对于特定的活动，将未报告任何错误的参与者的传感器数据作为训练集，将来自犯错的参与者的相同活动的传感器数据用作测试集，以评估该活动错误检测方法的准确率。研究表明，通过机器学习技术（特别是离群点检测算法）能够从智能家居的传感器数据中识别活动误差。

（四）干预与治疗

目前通过人工智能技术对认知症患者进行干预治疗的研究，主要包括改善精神行为症状、康复训练、音乐疗法和怀旧疗法等。

1. 改善精神行为症状

对认知症患者的护理需要个性化的策略和干预措施，以应对每个人所特有的行为和生理症状。为了改善认知症患者的生活质量，同时减轻精神行为症状给照护者带来的负担，Navarro 等（2013）提出一种针对问题行为的本体表现模型（ontological representation model），其主要是通过环境辅助干预系统（ambient-assisted intervention system，AAIS）提供非药物干预。该系统可识别不同类型的精神行为症状表现特征（如游走、睡眠障碍、攻击行为等），判断其影响因素，包括环境因素（物理环境、社会环境等）和自身因素（认知症患者的健康状况、认知状况和个人特征），制定并建议对应的干预措施，并且在系统运行过程中根据情境信息及时调整服务。研究结果表明，环境辅助干预系统具有较好的可用性和可接受性，能帮助患者遵循药物治疗方案，使患者增强独立性，减少冷漠和沮丧的表现，减轻护理人员的工作负担。

2. 康复训练

有研究表明，训练上身力量可减缓记忆力衰退的进程，为了更好地测量认知症患者在进行阻力带训练时的动作强度、速度和精度，Ma 等（2018）介绍了一种新型传感电阻带，并使用人工智能技术进行了运动分类的初步试验。结果表明，该新型传感电阻带可以替代传统带手柄阻力带进行数据收集，当仅分析加速度数据时，4 种不同活动的分类准确率均达到 96%以上。

3. 音乐疗法

通过将移动设备、云技术、MAS（应用 AI 和分布式控制方案）、ANFIS（一种提高预测准确度的机器学习策略，基于自适应网络的模糊推理系统）、传感器和智能狗集成到一个系统中，Lyu 等（2020）在该系统中将音乐疗法和自动肺炎检测相结合，不仅消除了现有音乐疗法所需的大量人工干预，还降低了患者因肺炎病情恶化甚至死亡的可能性。同时，智能狗与患者互动，为其提供陪伴服务，并协助护理人员监测患者的状况，较大程度地减少了护理人员在为认知症患者提供服务时遇到的困难，同时减轻他们的情绪压力。

4. 怀旧疗法

Caros 等（2019）构建了一个对话系统，以实现对轻度认知障碍或阿尔茨海默病早期患者的自动化怀旧治疗，激发他们的记忆和改善他们的沟通能力（该对话代理可与患者基于图像进行对话，讨论其生活经历）。具体包括通过训练数据集从图片中生成相关问题，再通过训练数据集根据患者的回答生成对话。

二、技术类型

大多数研究都使用了机器学习的一种或多种算法，用于缩短大数据分析所需的时间，或识别复杂场景中人类无法识别的模式（Obermeyer et al.，2016）。机器学习在认知症研究中被应用于诊断和预测模型的开发、危险因素的识别、不同行为模式的分类及基于此的智能提示。自然语言处理技术允许计算机从人类语言中提取相关信息，在认知症研究中大多结合电子病历、临床笔记及叙述性语音文本，来对认知症状进行自动特征提取。

三、目标群体

由于不同形式的认知症和疾病进展的不同阶段可能会呈现出一些特定症状和护理要求，因此，本研究分析了技术设计师对用户群体的考虑。

大多数研究项目的目标用户群体都是广泛意义上的认知症患者，或患有神经认知障碍的普通老年人，项目主要应对与认知症相关的一种或多种功能障碍。也有研究项目主要针对认知障碍发展的特定阶段（轻度、中度和重度）或特定的认知症类型（如阿尔茨海默病、血管性认知症、混合型认知症等）进行开发设计。部分研究旨在识别无症状高危人群的患病风险，少数研究则将关注重点放在认知症照护者上，强调减轻照护负担和改善心理情绪状况。

四、临床试验

综合上述认知症研究中人工智能技术的应用情况来看，基本上都进行了以人类为受试者的临床试验。在获得临床验证的研究中，超过半数的研究都达到了一定样本量（>30 名参与者），其中有 7 项研究样本超过 500 名参与者。此外，1 项研究报告了随机对照试验，1 项研究报告了随机交叉试验，1 项研究为前瞻性研究，2 项研究为回顾性研究。

定量分析是这些研究项目选择的主要评估方式，仅有 4 项研究未报告定量分析结果。对于机器学习的不同算法（决策树、支持向量机、神经网络、朴素贝叶斯、K-均值算法等），各项研究都报告了其性能评估指标，包括分类准确率、召回率、F1 分数、灵敏度、特异度和准确率（ROC 曲线下面积）中的一项或几项。值得注意的是，虽然 ROC 曲线相较于查准率和召回率等衡量指标更加合理，但是其在高不平衡数据条件下的表现仍然不能很好地展示实际情况。因此，应结合多项指标对算法的性能进行综合考量。

定性调查研究相对较少，仅 8 项研究报告了受试者对技术的体验反馈，数据收集方式包括满意度问卷、半结构式访谈。其中，有 5 项研究不仅对认知症患者进行了访谈，还对家庭照护者/护理人员进行了深度访谈。定性调查内容包括：患者的日常活动、家庭环境设置的背景信息、护理者通常提供的帮助类型，以及使用某项技术协助日常活动的可行性和系统可用性的反馈。

五、伦理挑战

各项研究体现的伦理问题主要包括知情同意、隐私和算法歧视这几方面。

（一）知情同意

本研究分析的文献中，大部分临床研究项目经过了伦理委员会的审查，受试者在参加研究前已签署知情同意书，但仍有19项研究未报告相关审查情况。其中，仅有一项研究提及，替代决策者提供了书面知情同意书，参与的患者进行了口头同意（Ng et al.，2020）。

通常来说，伦理审查需要大量文件，这是一项烦琐耗时的行动。认知症患者属于脆弱受试者，具有认知脆弱性，即由于认知的脆弱性，不能充分理解信息，未能深思熟虑后做出是否参与研究的慎重决定。因此，当认知症患者知情同意能力不足时，应当采用代理决策的方式保障其权益。例如，可以选择家庭成员、法定监护人或其他合适的代理决策者。如果受试者存在部分知情同意能力，在代理决策者同意的前提下，应当充分尊重受试者的赞同或不赞同的决定。如果研究要在护理机构或医院进行，则还需要取得照护者、护士及其他工作人员的同意，这无疑会带来一些挑战性。从数据收集的角度来看，部分人员拒绝同意可能会有碍研究的进行，因为研究者必须为拒绝参与的人员手动删除相应的数据。

此外，很多AI系统，包括深度学习，只有通过足够多的数据来训练学习算法才有效，因此，数据已经成了AI时代的“新石油”。机器学习、大数据研究员有时会使用现成的数据集，这些数据集往往源于不同渠道，并且机器学习的模式擅长于从不同数据集之间的关系中发现问题。而这意味着其研究目标和使用方法在收集数据时并不很明确，服务用户无法在一开始就知道自己的数据未来将被如何使用及会造成何种伤害，因此履行其知情同意的权利存在较大难度（Gillingham and Graham，2017）。

（二）隐私

多项研究在参与者的自然生活环境中收集数据，这种方法可以捕捉到更真实的活动，但由于涉及隐私问题，在这样的环境中获取详细和准确的活动数据也很困难。

此外，将信息分发给第三方进行分析可能存在部分工作人员违反专业伦理的问题，即保密原则（Keddell，2015）。2018年5月25日生效的欧盟《通用数据保护条例》对隐私的要求更是对研究者收集和使用老年人的数据提出了新的挑战（Nobels，2021）。

（三）算法歧视

机器学习对世界的唯一了解就是那些提供给它的数据。因此，构建或计算有意义的数据取决于那些定义数据的价值观和假设。当数据本身存在社会偏见时，机器学习基于这些数据做出决策，并被用于指导未来活动，就形成了社会歧视的技术复制。

例如，随着临床应用中使用面部分析方法的增多，对认知症患者的疼痛评估（Atee et al.，2017）、肌萎缩侧索硬化（amyotrophic lateral sclerosis，ALS）等已有了新的进展（Bandini et al.，2018）。但是，将现有模型应用于临床人群可能有一定风险。已有研究证明性别和肤色会影响面部分析算法的性能（Buolamwini and Gebru，2018）。通常，面部识别算法对男性和肤色较浅的人效果更好。浅肤色男性和深肤色女性之间的表现差异达 30%～35%。Taati 等（2019）证明了最新的面部标志和表情识别方法中存在算法偏差，这会影响这些算法对具有认知障碍老年人的性能。具体而言，相较认知功能正常的受试者，认知症患者的疼痛程度更不容易被准确评估。于是，他们通过引入临床人群的更多数据来训练针对老年人及认知症患者的新模型。

麻省理工学院的研究团队将机器学习中的偏差来源分为六个不同类别，包括历史偏见、代表性偏差、测量偏差、聚集偏差、评估偏差和部署偏差。在此基础上，一份关于机器学习偏见来源的报告给出了更加完整的列表，其中涵盖了目前一些最普遍和最重要的偏见来源（Mehrabi et al.，2019）。

第四节　研究现实与展望

本节旨在综合人工智能相关技术在认知症研究中的文献，重点介绍当前在实践中的试验和应用。

目前该领域的研究热点主要集中在四个方面：检测与诊断；监护；支持；干预与治疗。大多数文献都集中在检测与诊断上，利用医学图像、结合传统认知测试、自动语音识别技术及自然语言处理技术，探索用低成本、非侵入性的方式，对不同认知障碍程度的患者进行早期筛查，评估不同算法的性能并改进，以提高分类准确率。对认知症患者的监护主要包括日常活动识别、步态监测、心理健康水平监测等，可穿戴设备、环境传感器、计算机视觉技术的发展，以及集成了成像传感器、物联网设备和用于智能监测的多模式融合技术的系统，正在为患者提供全方位的监护。而专门为认知症患者在家庭场景中使用而开发设计的智能辅助技术，目前主要集中在改善患者的执行认知功能、语言功能和记忆功能，以及提供更加系统的综合性支持。相较来说，干预治疗的研究起步较晚，学者在改善精神行为症状、康复训练、音乐疗法和怀旧疗法等方面进行了尝试，还需要更大、更平衡的真实环境下的数据集，进一步改善干预的效果。

认知功能衰退具有渐进性，患者的病情随时间推移而恶化。因此，除了面向普遍意义上的认知症患者，越来越多的研究者开始关注认知障碍的各个发展阶段，有针对性地进行技术开发。同时，在照顾患者的各种情况下为护理人员或家庭照护者制订适当的护理计划也成了一种趋势。

目前该领域内回顾性研究和前瞻性研究的文献较少，大部分研究都是横断面研究，存在无法明确研究因果关系的局限。如果使用严格的随机实验设计来指导进一步的数据收集，将有助于深入了解因果关系。

现有研究大部分在实验室环境下进行，受试者的行为活动、心理压力水平等可能受到环境影响，真实自然状态下的数据收集更为难得，而机器学习等人工智能技术需要大量数据进行训练学习以提高预测准确性和稳健性。因此，如何平衡详细准确的数据与侵入性、隐私之间的张力也需要进一步探讨。

此外，在认知症研究中应用人工智能技术时需格外注意伦理问题。认知症患者作为脆弱受试者，其知情同意能力可能受到影响，应当根据具体情况实施知情同意。同时，学界和业界对于机器学习等技术可能产生或放大的各类偏见需要高度关注，只有这样才能使技术真正造福于认知症患者。

第三部分　前沿科技产品的适老化发展

第八章 老龄服务机器人

第一节 老龄服务机器人的发展现状

信息技术的发展，为老龄服务供给提供了新的可能。然而，需要注意的是，当前养老信息技术的应用水平仍然较低，难以满足现阶段老年人的需求。机器人作为融合人工智能、物联网、大数据等技术的载体，正成为老龄服务产业关注的热点。麦肯锡全球研究所（2017）统计，到 2030 年全球约有 8 亿工作人员将被机器人所取代。因此，本章将介绍当前老龄服务业的机器人的发展现状，并探讨面临的挑战与机遇。

一、机器人的定义

广义上而言，机器人是靠自身动力和控制能力来实现各种功能的一种机器。机器人一般由执行机构、驱动装置、检测装置、控制系统等组成。

执行机构，即机器人本体，其臂部一般采用空间开链连杆机构，其中的运动副（转动副或移动副）常称为关节，关节个数可决定机器人的自由度。根据关节配置型式和运动坐标形式的不同，机器人执行机构可分为直角坐标式、圆柱坐标式、极坐标式和关节坐标式等类型。基于拟人化考虑，常将机器人本体的部位分别称为基座、腰部、臂部、腕部、手部（夹持器或末端执行器）和行走部（对于移动机器人）等。

驱动装置是驱使执行机构运动的机构，按照控制系统发出的指令信号，借助于动力元件使机器人完成动作。它输入的是电信号，输出的是线、角位移量。机器人使用的驱动装置主要是电力驱动装置，如步进电机、伺服电机等，还有采用液压、气动等驱动装置。

检测装置用于实时检测机器人的运动及工作情况，根据需要反馈给控制系统，与设定信息进行比较后，对执行机构进行调整，以保证机器人的动作符合预定要求。作为检测装置的传感器大致可以分为两类：一类是内部信息传感器，用于检测机器人各部分的内部状况，如各关节的位置、速度、加速度等，并将所测得的信息作为反馈信号输送至控制器，形成闭环控制；另一类是外部信息传感器，用于获取有关机器人的作业对象及外界环境等方面的信息，以使机器人的动作能适应外界情况的变化，使之达到更高层次的自动化，推动其向智能化方向发展。

控制系统有不同形式：一种是集中式控制，即机器人的全部控制由一台微型计算机完成；另一种是分散（级）式控制，即采用多台微机来分担机器人的控制，如当采用上、下两级微机共同完成机器人的控制时，主机常用于负责系统的管理、通信、运动学和动力学计算，并向下一级微机发送指令信息。作为下级从机，各关节分别对应一个 CPU，进行插补运算和伺服控制处理，实现给定的运动，并向主机反馈信息。根据作业任务要求的不同，机器人的控制方式可分为点位控制、连续轨迹控制和力（力矩）控制。

二、老龄观

当前主要有两种老龄观：老龄缺失模型（deficit model of ageing）和积极老龄模型（active model of ageing）。

在生理衰退模型的支持下，老龄缺失模型将老龄化主要视为一个功能缺失不断增加的过程。实际上，良好的社会和环境条件有助于避免这种衰退。但在实际工作中，包括很多老龄工作者，都或多或少地受到老龄缺失模型的影响，形成了老龄歧视观。相较于种族歧视、性别歧视，老龄歧视是最为广泛的一种歧视形式（Hoppenot et al.，2002），且该种歧视极易被人为忽略。

与之相对，积极老龄模型将老龄视为生命的正常发展阶段。树立和培育积极的老龄观，有利于增强全社会应对人口老龄化的信心和决心。从社会角度来看，正是老年人的辛勤劳动才积累、造就了今天的社会财富和文明进步，且很多老年人在经验、知识、技能方面依然具有独特优势，是传承优秀传统文化、化解矛盾纠纷、维护社会稳定可以依靠的重要力量。从老年人自身角度看，老年期是生命发展的重要阶段，应学会积极面对老年生活，做到老有所学、老有所为、老有所乐，保持身心健康。老有所学，就是根据社会需求和自身兴趣爱好，学习掌握一些新知识新技能，既陶冶情操又跟上时代；老有所为，就是用自己以往积累的知识、技能和经验，继续为建设社会主义现代化国家做出新的贡献；老有所乐，就是保持乐观向上的态度，通过积极锻炼身体得健康之乐，参加适合自身的文化体育活动得精神之乐。

三、老年人的需求

美国心理学家马斯洛将人的需求划分为五个层次，分别是生理需求、安全需求、社交需求、尊重需求和自我实现需求。老年人同样具有这五个层次的需求。当前的老龄服务主要注重满足老年人生理需求与安全需求，如助餐、健康关怀等，缺乏对老年人更高层面的心理与精神需求的关注。老龄服务机器人的设计亦须兼顾老年人的这五个层次的需求。

生理需求层面，老龄服务机器人需关注老年人的饮食供给、有效睡眠等需求，如烹饪机器人帮助老人完成备餐、家政机器人帮助打扫房间等。安全需求层面，老龄服务机器人需关注老年人的居家安全、身体健康等需求，如居家安全监测机器人的作用主要是监测居家环境安全，判断老年人是否出现意外等。社交需求、尊重需求和自我实现需求是心理与精神层面的需求，更应得到关注。在这方面，老龄服务机器人应注重考虑老年人的陪伴与交流需求。

第二节　老龄服务机器人的类型

当前服务机器人领域尚未形成统一的分类标准，因此，下文将从不同方面探讨机器人的分类。

从使用方式层面看，老龄服务机器人可分为自助型机器人和他助型机器人。自助型机器人指可由老年人自我操作、无须他人协助完成的机器人，如扫地机器人、康复轮椅等。他助型机器人指中度或重度失能老年人需由他人协助才能使用的机器人，如喂饭机器人等。

从功能复杂度方面看，老龄服务机器人可分为单功能机器人、多功能机器人和全功能机器人。单功能机器人多为针对老年人特定需求而设计的具有单一功能的机器人；多功能机器人指针对老年人多项老龄服务需求所设计的具有两种及以上功能的机器人；全功能机器人是指满足老年人生活照料、医疗健康、社交服务等各类功能的机器人。多功能机器人与全功能机器人的区别在于完成老龄服务的载体。多功能机器人的载体为单项功能载体的叠加，其载体为特殊化的功能性载体。而全功能机器人并不意味着其能满足老年人需要的所有服务，而是指其载体为各类功能的复合载体，可进行扩展实现不同老龄服务的供给。

从可实用层面看，老龄服务机器人可分为实验机器人与产品机器人。实验机器人指仍处于实验室研发阶段，无法实现大规模量产的机器人，当前各大科研机构与高校所研制的机器人多数为这一类。产品机器人指可大规模生产，且已投入市场销售的机器人，这类机器人的功能完成度高、可靠性较强。

从使用周期层面看，老龄服务机器人可分为全周期机器人与非全周期机器人。全周期机器人指可持续伴随老年人，并发挥其用途的机器人，如陪伴机器人等。非全周期机器人指具有特定功能，仅伴随老年人特定时期的机器人，如康复机器人等。

从空间维度层面看，老龄服务机器人可分为移动机器人与不可移动机器人。移动机器人指机器人可依据自身动力进行位移，从而完成某项功能，如扫地机器人等。不可移动机器人指无法依靠自身动力进行位移，仅能依靠外力变换位置，如市面上不具备自主移动能力的陪伴机器人。

从使用场景层面看，老龄服务机器人可分为居家机器人、社区机器人及机构机器人。居家机器人指应用于居家环境中的机器人，如家政机器人等；社区机器人指应用于社区服务中心的机器人，如康复机器人等；机构机器人指应用于养老机构的机器人，如护理机器人等。这三类机器人通常没有严格界限，机构机器人有时也可应用于社区或居家环境。

从功能层面看，依据马斯洛需求层次进行划分，包括生理需求服务机器人、安全需求服务机器人、社交需求服务机器人、尊重需求服务机器人和自我实现需求服务机器人。考虑到后三类均应对心理与精神层面需求，服务供给以交流为主，故在此将这三类合并为精神需求服务机器人。

老龄服务机器人的差异主要体现为功能的差异，其设计因功能的不同而采用不同的技术与策略。因此，下文将依据功能介绍不同类型的老龄服务机器人。

一、家政机器人

家政机器人指可以完成居家生活基本家政任务，帮助老年人独立生活的机器人，如清洁、烹饪等家务，解决的是老年人的生理需求。也有研究人员将这种类型的机器人命名为家务活机器人。依据完成的家务不同，家政机器人又可分为清洁机器人、收纳机器人、烹饪机器人、助浴机器人等。机器人的构造因所需完成功能的不同而有较大差异。

清洁机器人主要是帮助老年人完成家庭环境的清洁任务，如清扫地面等。该类机器人构造简单，如美国 iRobot 公司的 Scooba 机器人、小米公司的扫地机器人等，均为圆形构造，尺寸小，配有红外传感器、激光测距仪等，通过进行障碍物感应与悬崖监测，从而躲避障碍并防止跌落等。这类机器人的控制系统集成路径规划算法，完成自动化的家庭清洁任务。

收纳机器人帮助老年人进行物品整理、根据要求搬运或拿取物品等。此类机器人需配有臂形附件，实现物品的处理任务，移动通常依靠轮子完成。收纳机器人设计的关键在于如何有效识别物品，并将其置于指定位置。因此，该类机器人通常配有摄像头，通过采集图像、机器学习算法等识别目标物品。在控制系统方面，需要有机械臂的运动规划算法及自动导航系统，运动规划算法控制机械臂的关节移动从而拿起或放下物品，自动导航系统则类似于扫地机器人的路径规划，引导机器人到达指定位置。

烹饪机器人主要是帮助老年人完成备餐任务。该类机器人将烹饪食物过程标准化为一系列机器可完成的简单操作，如打开锅盖、放入食用油、加热、放入食材、翻炒等。这些操作可由机械臂或其他特别设计的机构完成。

除上述家政机器人外，还有若干特种类型的家政机器人，如日本 HiBot 公司设计的配备 3D 传感器的蛇形机器人 Pipetron，其能带着检测工具进到人类难以进入的地方展开工作，如到下水管道里进行管道疏通。

二、安全监测机器人

安全监测机器人指能够帮助老年人实现居家环境安全监测的机器人，如是否有非法闯入、火警、煤气泄漏等，解决的是老年人的安全需求。此类机器人需与不同类型的传感器配合使用，如温度传感器监测是否有失火情形，气体检测传感器识别空气中各类有害气体的含量，判断是否存在煤气泄漏、甲醛超标等问题。传感器与机器人本体间可采用分离式或集成式结合，其中分离式指传感器与机器人本体分属不同位置，通过蓝牙或 ZigBee 等无线传输形式进行信息交换；集成式指传感器集成于机器人本体内，通过有线或无线形式进行信息交换。机器人本体接收信息后，会对信息进行分析处理，从而判断是否有意外情况发生，若存在意外情况则进行报警决策。

非法闯入监测可通过红外传感器或摄像头完成。红外传感器无法识别具体个体，一般用于老年人外出的情形。摄像头功能较为完善，在采集图像后发送数据到机器人主体，机器人应用机器学习等算法进行图像分析，识别是否有陌生人进出。

老年人因行动能力等原因而造成跌倒是居家生活中常见的意外情况。跌倒检测主要有两类方法，即基于影像的方法与基于可穿戴设备的方法。基于影像的跌倒检测方法通过影像装置获得图像数据，并通过图像分析技术对其进行处理，从而获知老年人是否跌倒的信息。该方法要求摄像头放置在用户经常活动的区域内，无须随身携带，不影响用户的日常生活，但是对患者的衣服颜色、花纹及周边照明敏感，当被褥等外部物质遮挡患者时难以掌握患者的正确位置。同时，如果老年人未出现于摄像头监控区域，则会导致无法捕捉其跌倒行为。此外，该方法需要长时间的采集放置区域内的视频信息，这可能会侵犯用户的隐私。基于可穿戴设备的跌倒检测方法通过嵌入微型传感器的可穿戴设备来检测用户是否摔倒，如智能手环、智能手表等，传感器多为加速度传感器。在采集传感器数据后，通过信号处理技术，如频域分析、滤波、波形检测等判断是否发生跌倒。该方法没有活动区域的限制，对用户隐私实现了最大程度的保护，但需要老年人长时间佩戴设备，老年人亦可能因此产生抵触心理。

除跌倒检测外，当前还有机器人致力于跌倒预防。此类机器人一般适用于特殊场景，如老年人睡眠期间等，一般通过在床边设置特别机构，以防止老年人从床上跌落。

三、康复机器人

康复机器人指辅助患病老年人进行康复训练的机器人，用于回应老年人的安全需求。当前的康复机器人主要针对中风瘫痪患者。中风患者通过物理康复治疗可以逐渐恢复正常行为能力。另外，由于生活习惯等原因，脑中风、瘫痪发病正在趋向年轻化，40～50 岁人群已经逐渐成了主要发病人群。

从康复机器人的机构方面看，主要分为上肢康复机器人与下肢康复机器人。上肢康复机器人通过不同自由度的机构设计来辅助上肢的活动。美国麻省理工学院研制了上肢康复机器人系统 MIT-MANUS，利用一系列视频游戏，实现脑中风患者手臂肩关节及肘关节功能康复。在此基础上，他们进一步扩展功能，开发了不同版本的上肢康复机器人系统，如三自由度的腕关节康复机器人及手部功能康复机器人。日本佐贺大学研制了一种七自由度上肢康复机器人系统（Kiguchi and Hayashi，2012），采用基于表面肌电信号的控制方法（Hermens et al.，1999），在机器人转动的基座上安装图像识别系统，可自动识别左右训练臂。

下肢康复机器人的机构拟合下肢的运动，典型产品是由瑞士医疗器械公司与瑞士苏黎世大学合作推出的洛克马（LOKO 轨迹 MAT）。它是第一台外骨骼式下肢步态矫正辅助驱动装置，用于有步态障碍的神经科病人进行步态训练。坐卧式下肢康复机器人的代表是瑞士 SWORTEC 公司研发的 MotionMaker，该系统的减重由座椅承担，主要由六自由度的机械臂、座椅、底座、闭环控制系统及功能电刺激模块组成。与此同时，燕山大学和上海交通大学共同研发出了一款与 MotionMaker 类似的外骨骼型下肢康复机器人。这款机器人智能化程度更高，有软件、硬件、机械限位三重安全保护。

简单的康复机器人控制系统重点在于利用动力驱动机构运转，带动人体执行特定的康复动作。近年来，伴随物联网等技术的发展，智能控制系统逐渐成了康复机器人的主流系统。这类系统通过将传感器集成于康复机器人上，收集患者进行康复训练的力反馈数据，进行动态调整康复训练计划，并可将康复进程反馈给主治医生，主治医生可根据相关反馈及时调整康复计划。为提高康复训练的趣味性，增加个体的沉浸感，提高康复训练效率，一些康复机器人将游戏集成于控制系统中来提高用户黏性。游戏有诸多形式，如麻省理工学院的 MIT-MANUS 上肢康复机器人系统利用视频游戏提高训练效率。虚拟现实游戏因其具有良好的“沉浸式”体验、融入感与参与感，也成为康复机器人的重要组成部分。虚拟现实技术可以让使用者感受到真实情况下声音、影像组成的虚拟 3D 场景与事件情景，患者可通过交互设备与虚拟场景中的物件进行互动来操控。Song 等（2004）结合虚拟现实技术利用弹簧装置固定住自行车，开发了一套康复训练系统用于改善使用者的姿势平衡控制能力。Oddsson 等（2007）将虚拟现实技术与改良式悬吊跑步机结合，开发了一款运动平衡的康复工具，使用者均表示该系统可以有效控制姿势以维持平衡。Di 和 Abdelkader（2010）研究发现，利用虚拟现实技术进行运动训练确实可以令老年人的姿态动作的潜能得到最大限度发挥，并使其尽可能完成虚拟游戏环境中给予的挑战与任务。

需要注意的是，康复机器人面向的是老年人，故其控制系统不应过于复杂，特别是集成的游戏应易于理解和操控。Billis 等（2010）指出，有简单明确的任务目标的运动训练可以让老年人更好地了解如何利用运动设备与虚拟场景进行互动。若希望通过游戏的方式来吸引老年人或瘫痪病人进行运动训练，则在设计虚拟环境的时候不仅要考虑其肢体活动能力，更要考虑心理层面的喜好与需求。

四、健康监测机器人

健康监测机器人的主要任务是根据临床和医学知识，监测和分析身体健康状况（如体重、睡眠模式、血压等），解决老年人的安全需求。这类机器人依靠气体传感器、血压装置、生物电阻传感器、摄像头等设备采集人体相关的体征数据，并依靠数据分析判断人体的健康状况。在此基础上，可结合专家知识图，给出就诊指南或保健指南。该类机器人的优点在于可较为便捷的监测老年人若干生理指标（如血压、血糖等），形成用户健康档案，便于健康追踪。

在健康监测中，睡眠作为人体最基本的生理需求之一，是一项重要的监测指标。睡眠障碍的全球患病率为 9%～15%，包括失眠、阻塞性睡眠呼吸暂停综合征、上气道阻力综合征、不宁腿综合征、睡眠癫痫、发作性睡病等共 90 种。《2017 年中国睡眠质量报告》显示，中国有 69.4%的人睡眠质量不佳。尽管血压、血糖、脉搏等指标可由健康监测机器人评估，但由于睡眠监测是一个持续的过程，故需集成单独设备来实现。

目前的睡眠监测主要包括三种类型：可穿戴设备监测、床垫式传感器监测、多导睡眠监测。①可穿戴设备监测多是基于腕表形体动记录仪的原理实现的，体动记录仪会使用加速度计记录用户在睡眠中的运动状态来分析其睡眠状况。该类检测方法需要老年人持续佩戴设备，且准确度较低。②床垫式传感器监测一般在一条带子中集成柔性压力传感器，将该带子置于老年人睡眠的床垫下，采集个体睡眠过程中的压力数据，结合数据分析判断睡眠状况。③多导睡眠监测是最为专业的睡眠监测方法之一，一般为医院所采用。该方法检测患者的脑电、眼电、下颌肌电、口鼻气流、呼吸动度、心电、血氧、鼾声、肢动和体位等多个参数，进而分析患者的睡眠深浅周期和质量。该方法需要老年人佩戴专业仪器，操作较为烦琐，难以由老年人自助完成。

健康监测机器人的另一项重要功能是提醒功能，如提醒老年人按时服药等。该服务一般由家属或医生设置，常见为语音定时提醒。

五、护理机器人

护理机器人的主要作用是帮助护理人员为老年人提供护理服务，解决老年人的生理与安全需求问题。这类机器人多用于失能或半失能老年人，如帮助老年人如厕、洗浴、助餐、翻身等。

护理机器人中的一个重要类别是助浴机器人，主要帮助老年人完成洗浴等任务，一般分为立式与卧式两种类型。立式护理机器人适用于尚能自理的老年人，卧式护理机器人则适用于失能或半失能的老年人。另一类护理机器人是助餐机器人，该类机器人通过控制模块来辅助老年人进食。这类机器人较难实现自动化控制，一般个体的进食习惯与速度往往存在差异，因此通常设置控制模块，由老年人自主控制机器人来辅助进食。

六、伴侣机器人

伴侣机器人旨在通过提供陪伴来促进老年人心理健康，满足老年人的精神需求。许多空巢老人因为得不到有效交流，引发了一些心理问题，该类机器人的主要作用为陪伴老年人、疏导其情绪。因此，设计这类机器人的关键在于人机交互，即如何与老年人形成良好的互动。

人机交互的设计依赖于各类传感器等设备的应用。一般在机器人体表设置压力传感器，检测是否受到触摸，同时利用摄像头识别老年人的动作行为，并利用麦克风捕捉老年人的语音信息。控制系统在接收到传感器的压力信号后，可控制机器人产生动作，如挥舞手臂，或发出舒适的语音。控制系统对于摄像头收集到的图像数据，需要依据人工智能算法进行图像识别来判断老年人的动作，进而控制机器人形成反馈。控制系统对于麦克风的语音数据，则会进行语音分析，识别文字，基于语义理解技术识别老年人话语的含义，从而形成反馈，如根据老年人语音信息播放音乐等。这种互动也可在一定程度上解决老年人缺乏娱乐的问题。

伴侣机器人的另一项重要功能是为两人或多人之间提供通信功能。该类机器人也被称为远程呈现机器人，需配备摄像头与显示设备，并需接入互联网，通常还需配有语音助手。基本上用于促进与老年人的双向通信，通过视觉内容，它们可以提供比单独的语音更丰富的通信体验。沟通最重要的一个方面是联系感，帮助个体排解孤独。这些机器人为受认知障碍困扰的人们带来了便利，帮助他们更好地居家生活。

七、复合机器人

复合机器人指具有多种功能的综合性机器人，这也是目前老龄服务机器人领域的一大趋势，其中较为典型的是伴侣机器人与其他机器人的结合，如伴侣机器人与家政机器人相结合。这类机器人开发的关键在于机器人主体的复杂程度。

护理机器人与康复机器人因其特殊性与机构复杂性，并非所有老年人都需要该种类型，因此较难与其他机器人复合。此外，家政机器人中的烹饪机器人同样较难与其他类型机器人复合。

第三节　挑战与问题

根据国际机器人联盟前瞻产业研究院发布的数据显示，2019 年全球服务机器人实现销售收入 169 亿美元，个人/家庭服务机器人实现销售收入 57 亿美元，占比为 34%。《机器人产业蓝皮书：中国机器人产业发展报告（2020—2021）》指出，国内服务机器人产业发展明显受市场需求驱动。面向刚性需求、应用场景明确、市场潜力大的细分产品更受资本青睐。但是，为老年人或残障人士提供服务的康复机器人在持续增长，许多国家的研究项目都集中在这一市场，未来发展潜力巨大。但当前老龄服务机器人产品存在一些不可忽视的问题，如功能单一、产业化不足等，同时在技术、产业和接受度方面面临着诸多挑战。

一、技术问题

现实中，许多老年人对新生科技存在抵触心理，造成这一问题的关键在于现有的机器人功能仍不够完善、技术尚不够成熟。就家政机器人而言，仅具简单的清扫功能，且完成度仍有待提高，其中一个难题是如何有效躲避障碍。

对于安全监测机器人来说，面临的问题主要在于传感器的功耗与质量。譬如，气体监测过程中，如何保证传感器的续航及有效识别空气中的有害气体。更大的挑战在于跌倒检测，基于摄像头的检测存在隐私与监控范围的问题，基于可穿戴设备的检测则存在续航及长时间佩戴引起不适的问题。此外，当前这两类方法的检出率仍不够可靠，精度有待提高。

康复机器人与护理机器人属于特种机器人，即适用于特别场景的机器人。康复机器人的一个难点在于机构设计，即如何完美复原人体的四肢运动轨迹，这也是当前各研究机构关注的重点。护理机器人的机构设计同样困难，重点在于如何有效控制被护理者维持指定的动作，从而便于实施护理操作。另一个问题在智能化方面，无论是康复机器人还是护理机器人，目前均无法自动完成老年人的康复训练及护理任务，需要其他人员协助使用，且操作较为复杂，这限制了其在家庭场景中的应用。

此外，许多功能的实现依赖于摄像头，这涉及老年人的隐私问题。许多老年人并不愿意长时间处于监视状态下，因此较易产生抵触心理。目前这些老龄服务机器人在功能设计上倾向于将衰老定义为一个问题，并预示老年人的潜在残疾，因此老年人往往会表现出消极反应，导致总体接受程度较低。

二、产业问题

制约老龄服务机器人普及的另一个问题是价格，当前的服务机器人通常价格高昂，动辄几千甚至数万元。价格的降低有赖于中国机器人产业的发展，而目前中国机器人产业尚未形成系统化的研发、生产、制造、销售、集成、服务产业链，且面临着核心技术薄弱、市场份额小、发展速度慢等挑战。与此同时，中国养老服务机器人产业发展缺乏成熟的市场准入机制、相关生产标准、相应行业规范，进一步限制了产业的规模化发展。我国目前大部分服务机器人科技成果仍停留在理论研究和样机开发层面，尚未实现较好的成果转化。

三、接受度问题

实际上，老年人对服务机器人的接受度并非一个单一问题。许多情形均会影响老年人对一款机器人产品的接受程度。技术问题导致的功能不完善固然是主要原因，但还存在其他影响因素，如老龄观、产品价格、社会观念等。持有积极老龄观的老年人更乐于接受新鲜事物，他们会倾向于接受机器人，而受老龄缺失观影响的老年人则更可能持消极态度。价格方面，当前具有复杂功能的机器人价格整体偏高，超出了老年人的支付能力，而单一功能的机器人虽然价格低，但难以有效满足老年人的需求。同时，社会观念也会影响老年人对机器人的接受度。若老年人的周围人群普遍持老龄缺失观，认为使用服务机器人的老年人存在某些缺陷，则老年人自然会对机器人抱有抵触心理，从而导致其拒绝使用服务机器人。反之，当周围人群都在使用时，这可能认为是一种时尚的时候，老年人接受机器人的可能性便会增大。

第四节　建设与发展

老龄服务机器人的推广应用离不开良好的示范效应。2017 年工业和信息化部等三部委联合发布了《智慧健康养老产业发展行动计划（2017—2020 年）》，拟打造 100 个示范基地和 100 家领军企业，并在设备、人工智能和平台层面指明了智慧社区需要关注的三大领域：一是和产品、方案有关的智能化检测设备，国家对此将给予大力度资金支持；二是机器人领域，尤其是健康服务机器人发展前景广阔；三是发展健康管理数据系统，建立完善的健康生态链。

许多地区按照该计划，积极进行示范建设，如无锡市依托互联网、物联网、人工智能等技术，正在创建基于服务机器人的智慧养老平台，旨在形成“系统+服务+老年人+终端”的智慧养老服务模式，提高管理的信息化、科学化、高效化水平，解决老龄化社会带来的一系列问题，满足多数老年人居家养老的愿望（董晓丹等，2017）。

中国老龄服务机器人的发展面临着挑战与机遇，虽然当前的技术仍不完善、产业尚存在一些问题，但发展前景广阔。未来的老龄服务机器人将朝智能化、网络化、专业化、多功能化、娱乐化和数据化方向发展，从而更好地满足老年人的需求。

（1）智能化。依赖于机器学习、人工智能等技术的发展，语音识别、图像识别将更为准确，自然语言理解与人类情感识别也将更为可靠，促使机器人在陪伴老年人时将更富有温情。

（2）网络化。依赖于物联网、移动互联网等技术的发展，数据传输将更加可靠、迅速。以机器人本体为主体，配合各类功能的传感器构建家庭网络系统，形成智能环境，最终实现老年人居家的实时监测。此外，各机器人之间也将构成网络化，并接入各类智能设备，老年人可便捷地与朋友、子女、亲属等沟通交流。

（3）专业化。对于特殊场景，机器人将更为专业化。例如，健康监测方面，随着医疗器械等技术的发展，各类生理指标检测更便捷，意味着家庭化将更加普遍，在不远的将来，老年人在家庭环境中即可进行专业的健康检查。

（4）多功能化。依赖于智能化、网络化、专业化，同一台机器人可实现复杂多样的功能。例如，设计更为灵活的机械臂，配合智能控制系统，不仅可实现家政收纳服务，还能进行助餐、助浴等活动。

（5）娱乐化。娱乐是丰富老年人业余生活，提高机器人使用黏性的有效手段。配合虚拟现实等技术，增强沉浸感，老年人将更愿意与机器人进行互动，减少失落感与孤独感。

（6）数据化。随着各类数据的收集，如老年人居家行为、饮食习惯、各类健康监测指标、与机器人的交互数据等，基于大数据分析基础，可进一步挖掘老年人的需求，结合贝叶斯决策等技术，则能够实现个性化的老年人照护。

第九章　游戏与游戏治疗

游戏有着悠久的历史，它是一种结构化的游玩形式，也是一种有组织的玩耍。它与一般生活和活动中的嬉戏并不相同。虽然多数游戏是为了娱乐，但游戏也可作为一种教育工具。游戏不同于工作，工作通常是为了获取报酬或生活收入；也不同于艺术，艺术通常是审美或意识形态元素的表达。但有时候，这三者之间的分界也不一定很明确。许多游戏也被认为是作品（如专业的观赏性运动）或艺术（如拼图游戏或涉及艺术布局的游戏）。对于游戏，有些人只是纯粹为了娱乐，有些人则专注于获得成就或奖励，也有一部分人是兼而有之。游戏可以单人玩，可以多人组队玩，可以线下玩，也可以在线玩；游戏玩家的身份可以是业余爱好者，也可以是专业人士；既可以是年幼者，也可以是成年人，还可以是老年人；既可以是健康者，也可以是身患多种疾病者。年龄、性别、疾病、环境等都不会影响人类对游戏的爱好和参与度。对于一款游戏来说，其组成离不开目标、规则、挑战和互动这几个主要部分。游戏带来的刺激既有精神方面的，也有躯体方面的，通常两者兼而有之。

第一节　游戏的定义

对于游戏的定义，有一些不同观点。德国古典哲学创始人康德在《判断力批判》一书里写道："劳动是被迫的活动，而游戏则是与劳动相对立的自由活动。"精神分析学创始人弗洛伊德认为游戏是人借助想象来满足自身愿望的虚拟活动，游戏的对立面不是真正的工作，而是现实。约翰·赫伊津哈和弗里德里·西格奥尔格·荣格尔在《游戏的人》与《玩游戏》这两本书中对游戏下的定义是：没有明确意图、纯粹以娱乐为目的的所有活动。路德维希·维特根斯坦在《哲学研究》中提出了"语言游戏"（language game）的概念，认为语言是一种关于表达的活动。美籍物理学家、心理学家、传播学家威廉·斯蒂芬森根据传播中人的行为差异提出了游戏理论，他认为人类的所有行为可分成工作与游戏两种，工作是对付现实的谋生手段，是有产品的。相反，游戏基本上是没有产品的，除非是提供自我满足。（Stephenson，1964）

法国社会学家罗杰·凯洛斯（Roger Caillois）在《游戏与人》（*Les jeux et Les*

hommes）中认为游戏必须具有以下特征的活动，即趣味性、独立性、不确定性、非生产性、规则管理、虚构性。《电脑游戏设计杂志》（*Journal of Computer Game Design*）创始人、电脑游戏设计师克里斯·克劳福德（Chris Crawford）试图用一系列二分法来定义游戏这个术语。凯文·马鲁尼认为，游戏是一种有目标和结构的游戏形式。有学者认为，当你去掉体裁差异和技术复杂性时，所有游戏都有目标、规则、反馈系统和自愿参与四个特征。

第二节 游戏的使用工具与规则

游戏通常按照过程中所需的组件来分类，如微型模型、球、纸牌、棋盘和棋子或计算机等。在已熟练使用皮革制作的地方，球类一直是一种受欢迎的比赛项目，这促成了橄榄球、篮球、足球、板球、网球和排球等球类运动在世界范围内的流行。

虽然游戏常以其使用的工具来分类，但它们通常是由规则定义的。规则可能会发生变化，当变化足够多的时候就会产生新的游戏。同时，游戏的规则应与其目标相区别。在大多数竞技游戏中，最终的“目标”是取胜：从这个意义上说，“将”死是国际象棋的目标。然而，当我们谈论游戏的目标时，即为了赢得游戏你必须完成的事情。例如，足球的一个中间目标是进球，因为进球会增加你赢得比赛的可能性（但并不仅仅是赢得比赛）。目标不仅仅是一种特殊的规则，它们之间有着根本区别。一般来说，游戏规则和目标之间的区别可以描述为：目标确定了成功行动的充分条件，而规则确定了允许行动的必要条件。虽然达到目标通常需要一定程度的技巧和运气，但遵守游戏规则只需要了解规则并认真履行。

第三节 老年人与游戏

人口老龄化及其所带来的一系列医疗问题已成为世界各国不得不面对的现实问题。随着全球老龄化进程加速，认知障碍患者增速加剧。据世界卫生组织 2016 年 4 月统计数据，全世界范围内约有 4680 万认知障碍患者（其中一半在亚太地区），且每年新增约 770 万病例。我国已有超过 1000 万的认知症病例，其中阿尔茨海默病患者达 540 万人之多（国际阿尔茨海默病协会，2019）。认知障碍患者对照护有大量持续的需求，且其中晚期的精神行为症状会给照护者带来巨大困惑，这无疑给家庭与社会带来了极大的负担。

轻度认知障碍是介于正常老化和认知症之间的过渡阶段。有研究表明，患有轻度认知障碍的老人发展为认知症的风险是同龄老年人的 5～15 倍（Benveniste et al., 2010），其中有将近一半会在今后的岁月中病情逐渐恶化为认知症，因此这类人群是患认知症的高危人群。目前，在药物治疗方面，医学上并未发现特效药，这意味着认知症尚无法被彻底治愈。所以，国内外研究者大多将重点放在早察觉和早预防上，主要对患者采用心理社会干预方法。根据大脑的可塑性特点，通过大脑认知训练，刺激认知功能，可以改善轻度认知障碍患者及认知症患者的症状并延缓病情发展。

传统的认知训练方式多为线下项目，相对集中在医疗机构或者养老机构，对场地、经济能力均有较高要求，使得其覆盖面受限。能接受到传统认知训练的老年人数远低于真正有该需求的老年人。认知功能训练不仅能让老年人获益，对于认知障碍的潜在患病群体——中年人来说，及早预防和干预也非常必要，这促使民众对于认知干预的需求进一步扩大。

有研究表明，推迟并延缓认知障碍症状，可通过积极发现和有效控制部分风险因素实现。多项研究的荟萃分析显示，认知症的 9 项可控风险因素包括：受教育年限低于 12 年、高血压、肥胖症、听力丧失、抑郁症、糖尿病、抽烟、缺乏运动及社会隔离。美国加州大学洛杉矶分校和一家数据分析公司合作对已发表的文献的大数据分析显示，增加一种健康的生活习惯和方式，五年内可以减少一百万的阿尔茨海默病新增病例。当然，良好的行为及生活方式习惯需要一定的时间形成，只有不断坚持才可能推迟认知障碍症状的恶化。研究显示，如果人在中年时期匀出一定时间进行复杂的认知功能训练，则其将来患认知障碍的可能性将下降 48%。

近年来，游戏治疗不仅适用于儿童群体（如治疗儿童自闭症、抑郁症等），也适用于老年群体。多项研究结果显示，智力游戏活动对认知功能可以产生直接影响（何承林，2013），能降低认知障碍的风险（Niti et al., 2008）。McCallum（2012）指出，目前针对轻度认知障碍患者的严肃游戏按照主要目标可以大致分为三类：①以促进身体健康为目标的运动游戏，即促进身体功能或有氧运动的游戏，可以有效提高轻度认知障碍患者的自主运动控制能力，如平衡、步态等；②以改善和刺激认知为目标的认知游戏，可以改善患者的认知功能，如注意力、记忆和视觉空间能力等；③以促进社交能力为目标的游戏，可以改善患者的情绪，促进心理健康、增强社会交往。Anguera 等学者 2013 年发表在 *Nature* 上的文章中指出，视频游戏可以被用于改善和游戏密切相关的各项大脑功能，继而有望将这些认知功能转移和运用到老年人的日常生活中去。游戏治疗对认知功能的干预效果正在受到学界、科技界和市场越来越多的关注。

随着网络技术的迅猛发展，电子游戏不再为年轻人独有，老年人的游戏需求正逐渐成为电脑游戏和移动终端游戏市场的新机遇。随着中国老龄化程度的加重、老年人数量的不断增加、互联网的普及和媒体的广泛宣传，越来越多的老年人开始接触智能设备。电子游戏可以在网络平台上构建虚拟的游戏环境，使老年人获得直观和真实的游戏运动体验。因其成本低、形式灵活，且不受时间、空间限制，在临床实践中具有较高的推广使用价值。

第四节　通过游戏改善认知功能

人们正在制订各种认知和运动训练方案，以维持和改善老年人的认知功能（Gardner et al.，2000；Erickson et al.，2009；Smith et al.，2009）。与机器人和智能家居等其他技术一样，在过去几年中，游戏作为改进老年人认知功能和身体健康的工具，受到了越来越多的关注。

游戏治疗以脑的可塑性理论和大脑功能重组理论为基础理念，通过游戏活动针对老年人的认知功能状况进行治疗。认知功能包括注意力、工作记忆、执行功能、空间认知能力、快速加工等。各种游戏活动可以提高个体的整体认知水平，也可能刺激个体认知功能的一个或多个方面。

一、整体认知水平

Nouchi 等学者（2012）研究了参与“脑年龄”电子游戏（由任天堂于 2015 年发行的一款益智游戏）对健康老年人整体认知状态、执行功能、注意力和处理速度的影响。研究人员将参与者分为“脑年龄”游戏组和俄罗斯方块组进行对比研究。结果发现，“脑年龄”游戏对大脑的执行功能和处理速度有提升效果，但对整体认知水平并无明显改善。这一结果表明，老年人可以在短期的培训中增强执行功能和提高处理速度。

游戏的内容和设置对认知功能的训练会产生不同影响。Whitlock（2012）研究了一款网络游戏“魔兽世界”（World of Warcraft）对老年人认知功能的改善作用。结果显示，与对照组相比，玩“魔兽世界”的老年人的认知能力有所改善，尤其是注意控制能力和空间定向能力得到了明显提升。

当前，游戏对老年人认知功能的改善作用尚未形成一致观点。Bozoki 等（2013）测试了一些专门为老年人开发的在线游戏的有效性。测试在社区老年人中进行，主要研究游戏对认知功能的训练效果，包括思维速度、注意力、决策、工作记忆和学习能力。然而，这些游戏对以上认知功能的影响效果并不显著。因此，针对认知功能的训练游戏，是否要按照年龄来设置，是否要贴上“老年人”的标签，还有待进一步的研究。

二、记忆功能

记忆是指信息编码、存储、再提取的过程。机体衰老会导致工作记忆能力下降，因此，工作记忆缺陷在老年人中较为常见，易产生认知能力衰退。工作记忆是大脑对信息进行暂时加工和存储的一个容量有限的系统，是知觉、长时记忆和动作之间的接口，因此其是认知活动的一个基础支撑结构（Baddeley，2003）。作为一种核心认知能力，工作记忆与个体的日常生活紧密相关，如复杂任务的完成、学习、归纳推理等。

已有研究证明，游戏可以在一定程度上改善工作记忆能力。例如，有学者发现玩超级玛丽游戏可以增加与工作记忆能力对应脑区的大脑灰质。在这项研究中，实验组参与者每天玩 30 分钟游戏，共持续两个月。研究发现，右侧海马结构、右侧背侧前额叶皮质及双侧小脑结构的灰质都有显著增加，这些区域与工作记忆能力相关。而采用自适应性软件进行认知游戏训练，可以引发前额叶和顶叶皮层激活程度的提高，前额叶和顶叶皮层的激活程度与工作记忆容量呈正相关（Olesen et al.，2004）。

三、执行功能

执行功能（executive function，EF），也称为执行控制或认知控制，是一种高级认知功能，负责对各种具体的信息加工过程进行控制和协调，以产生具有目的性和协调性的行为。执行功能为多维结构，主要包括抑制、刷新和转换功能三个子成分。加强老年人执行控制能力训练对延缓其认知功能衰退具有重要意义。

游戏培训对参与者执行功能的作用效果受到多种因素影响。有研究认为，职业玩家与游戏新手在基础认知功能上的差异将导致游戏对他们产生不同的效果。对动作视频游戏、拼图游戏及即时策略游戏的研究发现，同样玩 20 个小时以上游戏，职业玩家更容易增强一些基本的认知功能，如以更快的速度追踪物体、灵活从一项任务切换到另一项任务及有效的心理旋转（mental rotation）。在严格意义上，对游戏新手而言，视频游戏对认知功能改善的程度有限，除了可以部分提高心理旋转的操作能力。年轻人在玩网络“休闲”游戏（如益智游戏或推理游戏）15 个小时后也会出现类似的效果（Baniqued et al.，2014）。因此，在选择游戏进行训练时，对参与者本身游戏基础和认知功能的评估也非常重要（Boot et al.，2008；Basak et al.，2008）。

四、空间认知能力

空间认知能力（spatial cognitive ability）是认知能力的一种。《心理学大辞典（上）》将其定义为了解和操纵环境的能力。有学者认为，空间认知能力是指人们对客体或空间图形（任意维度）在头脑中进行识别、编码、储存、表征、分解与组合、抽象与概括的能力，主要包括空间观察能力、空间记忆能力、空间想象能力和空间思维能力等（彭聃龄，2001）。根据以往大量研究，Michael 等概括出两种类型的空间认知能力：一类是空间定向（spatial orientation）能力，指主体对外界物体或现象及自身的空间位置的判断能力；另一类是空间可视化（spatial visualization）能力，指主体能通过对某个物体或图形进行心理上的旋转，而对其进行辨认，或调节一个倾斜的物体，使其与水平线之间构成垂直或平行关系（周江霞等，2007）。

有学者对关于游戏促进空间认知能力的诸多研究文献进行了综述和分析。结果显示，密集的电脑游戏有可能带来大脑神经网络和行为的改变；动作类游戏能够促进与空间认知能力相关的许多基础能力的发展，如感觉能力、知觉能力、注意能力。这些基础能力涉及空间解析、注意力、列举计算、多重物体追踪、视觉动作协调等。除了改善这些基础能力外，动作类游戏对完成复杂的视空间任务也有益处，如提升完成“心理旋转”任务过程中的反应速度和反应准确性，还能在一定程度上实现学习迁移（transfer of learning）（Spence et al.，2010）。

五、日常生活和工作

尽管当前针对认知训练对认知症、记忆丧失和阿尔茨海默病的影响及有效性研究仍在进行中，但有研究表明，认知训练不仅有助于治疗、延缓或减轻认知症，也能帮助认知障碍患者更好地管理自身日常生活和工作。欧洲的一项“生活方式管理及社交赋能减少老年人认知减退、营养不良及久坐不动的发生” DOREMI（*Decrease of cognitive decline, malnutrition and sedentariness by elderly empowerment in lifestyle Management and social Inclusion*）的项目旨在探索严肃游戏的潜力，在鼓励老人进行身体和精神活动的同时也促进健康的老化，还可以监测与评估老年人的身体机能和精神状态，为患者、照护者和医疗专业人员提供便捷支持。DOREMI 项目中，用户使用一台平板电脑，其中装载了一系列直观的游戏，这些游戏模仿了那些深受老年人喜爱的传统活动，如简单记忆测试、算术测试、拼图游戏和模式识别测试等。用户参与这些游戏的速度和准确性将被评分，以鼓励其进步到更高水平。游戏通过一个基于带宠物去到不同城市的任务的视觉奖励系统，来激励玩家完成游戏。这些平板电脑游戏还被设计用于及时发现用户认知能力的减退情况，并反馈给护理人员和提供远程护理的临床专业人员。DOREMI 项目通过游戏和可穿戴技术的结合，目的在于鼓励用户进行体育活动、健康饮食和更多社交活动。

有学者利用配备 Kinect 传感器的 Xbox-360 设备，研究电子游戏在不同时间段对患认知障碍老年人的选择性注意（selective attention）的影响作用。研究发现，较长时间玩电子游戏（实验中进行了 8 周的干预）可以对老年人产生即时的、长期的和全面的影响，而短时的干预则效果有限，仅能改善选择性注意的某些方面，并且长期效果和整体效果不显著。

Meza-Kubo 等（2013）开发设计了一套名为 Abueparty 的认知健康系统，并将其用于患有焦虑症的老年人。该系统集成了多项日常娱乐活动类的游戏，可对用户进行认知刺激和训练。结果表明，此系统易于使用且有较好效果，并获得了参与者良好的用户体验反馈。

第十章　虚拟现实、增强现实及穿戴式传感技术的老年健康与康复医疗应用发展

第一节　老龄化社会中的康复医疗

随着年龄的增长，大多数老年人的身体功能日渐衰退，多种疾病的罹患概率均在上升，包括认知症、脑中风、各种老年退化性骨关节疾病、精神疾病等。老年人在伤病后往往病程迁延慢性病化，易发多种功能障碍，因此对康复医疗的需求随之增多。在充分了解各类老年慢性病的基础上，借助新兴科学技术，有望针对性地开发出相关产品，为老年人提供合适的康复医疗与护理服务，增强其老年生活幸福感。

脑中风目前已成为我国居民的重要死亡原因，近年脑中风发病呈现“井喷”态势。国外研究显示，在脑中风后的黄金时期，进行高强度高密度的运动训练与治疗，可以促进脑神经的重塑与功能恢复，偏瘫的肢体将有机会恢复部分功能。

老年认知症在 65 岁及以上人群中的发病率约为 5%，在 85 岁以上人群中的发病率则增加至 25%。由于病程较长，患者的发病将会给其家庭成员的经济及心理健康带来巨大影响。认知症患者人数的增加，也导致家庭照料人数和看护人数成倍增长，给社会带来沉重的负担。美国联邦政府对阿尔茨海默病在经济上的支出为 1000 亿美元/年，研究拨款为 4 亿美元/年，对阿尔茨海默病患者看护和治疗的家庭费用支出为 47 000～213 000 美元/年，迄今尚无有效药物可以治愈。但是，根据英国国家健康与临床卓越研究所（The National Institute for Health and Care Excellence，NICE）失智症治疗指引，认知功能刺激（cognitive stimulation）治疗是唯一被推荐可促进认知功能及维持失智者功能的“非药物治疗”。所以，对病患实施高强度、高密度的认知功能刺激训练，将能够有效延缓病情的恶化。

在各种老年退化性骨关节疾病中，肩周炎属于其中之一。因为肩部软组织及关节囊腔等受损，患者的肩膀无法自由活动，或者因为疼痛而不敢活动，这使得患者病情持续恶化。药物治疗方面，目前大多药物只能用于减轻疼痛、消除发炎等，对一些症状比较严重的患者而言功效有限。患者大多必须接受物理治疗，撑开粘黏的关节囊，以改善肩关节的活动度及功能。例如，关节置换（包括髋关节、

膝关节等），患者在术后需要进行适当康复训练，以降低肌腱挛缩、韧带僵硬与关节粘黏。在训练中，患者常因为缺乏动机、知识不足，或术后过于疼痛而太早放弃，加之有时康复动作过于复杂，患者缺乏互动反馈而无法维持康复动机，致使整体康复成效不佳。

总体而言，上述疾病都需要康复治疗师协助病人进行康复治疗，帮助他们尽快恢复部分功能或延缓病情恶化，以提高其生活质量，让老人在有限的生命历程中仍然能够享受较高的生活品质。近年来，我国社会对康复服务的需求逐渐增多，目前康复医学的状态表现出康复医师缺口大、社会对康复医学认识不足等问题。

与发达国家相比，我国康复医疗起步较晚，虽然部分三甲综合性医院相继设立了康复科室，开展康复治疗，但公众对康复治疗的意识依然有待提高。目前，阻碍我国康复事业发展的一个重要因素是康复知识尚未全面普及，甚至大部分综合性医疗机构的医务工作者对康复知识的了解也较肤浅。另外，目前国内具有资格的康复治疗师缺口很大。2012 年 2 月，卫生部颁布《“十二五”时期康复医疗工作指导意见》，明确要提高康复医疗机构的建设与管理水平，建立综合医院与康复医院、基层医疗卫生机构间的分层级、分阶段和双向转诊的康复医疗服务体系。同年 3 月，卫生部首次召开全国康复医疗工作会议，将“康复医疗”第一次作为一项工作重点列入中国卫生事业发展规划和系列规范性文件。与会专家称，中国政府的政策推动，为中国康复医疗的发展开辟了广阔前景，未来中国康复医疗服务的提升、康复专业人才的培养及康复医院的建设将迎来前所未有的机遇。

然而，反观目前我国的康复医疗发展现状，仍然存在康复医院总量不足、康复专业人才不足等问题。国际物理医学与康复医学学会前主席励建安在中国医院院长年会康复医学发展论坛（2012）指出：我国现阶段需要康复治疗师 11.47 万人，人才缺口达 10.09 万人。统计数字显示，我国现有 3288 家综合医院设置康复医学科，仅占全国综合医院总数的 24.6%，其中仅一半开设康复病区。各类康复医院 338 所，康复编制床位 52 047 张，仅占全国卫生机构床位总数的 1.18%。康复专业技术人员 39 833 人，仅占全国卫生技术人员总数的 0.72%。20%的省部级综合医院、30%的市级综合医院和 56%的市级以下综合医院康复医学科不具备早期康复介入能力，主要以提供传统康复医疗服务为主。制约中国康复医学发展的主要因素有五个：康复医疗资源总量不足、分布不均；康复医疗服务能力不高；康复专业人才匮乏；康复医疗服务体系不完善；康复医疗配套政策支持不足。

除了受病痛困扰的老人，那些生活尚能自理的老人同样需要关注。近年来，健康老龄化的观念日益受到国际社会的关注。联合国提出，将健康老龄化作为全球解决老龄问题的奋斗目标。健康老龄化是指个人在进入老年期时，躯体、心理、智力、社会、经济五方面的功能仍能保持良好状态。一个国家或地区的老年人中若有较大比例属于健康老龄化，老年人的价值能够充分发挥，老龄化的负面影响得到制约或缓解，则其老龄化过程就可视为“健康的老龄化”，或称“成功的老龄化”。所以，如何通过积极有效的锻炼（包括身体动作功能及脑部认知功能）促进健康并延缓老化，已成为当今社会极为重要的议题。我国根据社会主义现代化建设战略目标，结合老龄工作的实际，提出21世纪前十五年的国家老龄工作宏观政策措施建议，将实施健康老龄化战略纳入了长期规划。

虚拟现实、增强现实、可穿戴传感、机器人等技术发展日新月异，在技术层面不断取得突破的同时，在经济层面也逐渐具备普及性。在此背景下，全球从事康复医疗或养老健康的研究人员纷纷抓住有利时机，尝试利用并整合相关技术手段，开发各类新颖的康复技术。

第二节　老年康复医疗相关技术

虚拟现实制造商正在寻求推动行业发展的各种途径，其中一种可能性便是眼球追踪。眼球追踪不仅为虚拟现实内容提供了一种全新的交互方式，还可以通过视网膜扫描和识别系统，规避侵犯用户隐私的问题，并为用户的体验增加一层额外的连接和反馈。

眼球追踪是一项科学应用技术，通过这一技术，用户无须与交互设备物理接触即可发送信息与接收反馈。从原理上看，眼动追踪主要研究眼球运动信息的获取、建模和模拟，其跟踪方式大致有三种：一是根据眼球和眼球周边的特征变化进行跟踪，二是根据虹膜角度变化，三是主动投射红外线等光束到虹膜来提取特征。早期眼球追踪设备的体积很庞大，类似配眼镜时的器械，价格也十分高昂。随着技术的快速发展与多次迭代，目前市场上已出现各类轻便的佩戴式设备。

眼球追踪技术应用颇广，包括医学、界面设计与评估、产品测试（广告测试、网页测试、产品可用性测试等）、场景研究（商场购物、店铺装潢、家居环境等）、动态分析（航空航天相关领域、体育运动、汽车、飞机驾驶、打字动作分析等）和人机交互等各种领域。另外，在理解人的意图的智能计算机、具有交互功能的家用电器、虚拟现实和游戏等领域也有很好的应用前景。

总体而言，眼球追踪技术的应用可以划分为两类：一是记录眼球轨迹，根据眼球运动的基本模式（注视、眼跳和追随运动）来判断用户的注意力和行为；二是用于进行控制和交互，代替手指完成操作。

在注意力判断方面，眼球追踪技术已成为用户行为研究领域的一种重要方式，在测试不同产品、产品包装、产品陈列方式等方面引起了消费者的广泛关注。例如，在商业网页的设计中，商家通过该技术观察顾客能否准确快速地看到他们所希望传递的信息，从而设计吸引顾客眼球的网页。在超市、商场等场所的市场营销中，由于超市的产品上架需要收取商家上架费，借助眼球追踪技术，管理人员能够更好地确定那些容易吸引顾客的位置。在道路交通方面，通过眼球追踪技术可以获取驾驶员在驾驶过程中注意力集中的区域，判断其驾驶行为的安全性。

在控制与交互方面，眼球追踪技术在游戏、虚拟现实、增强现实等体验中体现出独特优势，使人机交互更快速、更直观。一些系统允许用户利用眼睛控制鼠标进行操作，在最新的研究领域，已有研究者通过在移动电话和平板电脑等商用硬件上开发眼球追踪软件。

在了解基本原理后，我们将探讨如何集成这些技术帮助老人。在虚拟现实中，可以设置多种定向的刺激效果，人体会对这些刺激做出反应，出现脑电、肌肉电、眼球、生理体征信号的反应等。通过系统测量，研究者可以获得大量数据，包括传感数据、量表数据、临床主观使用感数据等。

收集分析这些数据的目的是多方面的。①进行探索，如这些科技用在老人或疾病上是否有效。②通过数据采集来分析人的行为。③建立评估和诊断模型。目前，老人的身体状况评估都由医生进行，但随着老龄化的加速，仅仅依靠医生工作量巨大。如果能用科技开发出智能的评估诊断系统，自动化地采集、分析老人的身体数据，无疑将节省可观的人力、物力和时间成本。④测量主观感知，如沉浸感、体验感等。⑤研究用户的科技接受度和使用度。前者用于判断产品设计是否符合老年用户的使用习惯，当子女给老人买智能手机等科技产品，而老人难以操作时，就涉及科技使用度的问题。

在对虚拟现实，包括模拟、仿真、交互传感技术（眼球追踪、脑电等信号）、显示器技术等有了基本认识后，我们可以进一步了解智能运算的分析方法。面对海量数据，人工智能技术的发展有助于快速处理分析，如机器学习、神经网络等。从神经网络又可以衍生到深度学习，即用计算机算法来模拟大脑的神经传感方式以进行疾病预测、地震预测等。识别正在成为庞大的产业，尤其当其被用于安全方面，如指纹、人脸、虹膜识别。

现有的新兴技术在老年康复医疗方面的应用已经基本形成了三大领域，包括神经的运动康复、神经认知训练、心理和精神医疗，下文将进行详细阐述。

第三节　老年康复医疗应用领域

（一）神经运动康复

神经运动康复，如脑卒中，这类病人在发病后容易瘫痪、出现认知功能障碍、罹患失语症、心情忧郁。这种情况是否还有机会恢复呢？研究发现，大脑不是固定的形态，具有塑性化，而且可以通过塑性化达到脑功能的重构。人的大脑有不同板块，不同区域各司其职，当大脑受损后，这些板块也会发生变化，但如果通过脑功能重构的方式把周边的脑细胞转为这个功能来代替原有区域，就有可能恢复原有功能。那么，如何帮助脑功能受损的病人重构脑功能呢？运动康复是一种较为有效的方法。对于脑卒中病人，需要通过高强度的锻炼，刺激脑区帮助其重建功能。

借助相关设备我们可以采集到不同的数据，然后需要集成数据，再通过人工智能的方法建立自动化评估诊断的模型，具体做法是将临床量表通过人工智能来做聚类分析（clustering），聚类分析就是你有一堆的数据，你想知道这类数据能够分成几类。比如，我们可以把病人分成四个类别，在采集了病人的数据指标后，标记这些数据属于哪一类群之后，再进行相应的训练。目标就是通过数据采集，再分析数据，最终形成自动化的评估诊断模型。

（二）神经认知康复

临床研究证明，人的认知功能可以通过刺激训练得到恢复。2001 年笔者导师提出基于虚拟现实技术制造一个虚拟教室，用于评估儿童的注意力集中情况。通过让儿童戴上头盔，创造一个虚拟教室课堂，同时制造多项干扰因素，评估其注意力和影响因素，同时记录下被测者的转头次数，最后分析数据并进行评估。现在我们又重新打造了虚拟教室，记录被测者的转头次数、脑电、眼动数据，透过这些数据的交叉验证，通过人工智能的方法来建立评估诊断模型。另外，还有一个针对高压力的认知功能强化训练系统，主要针对部队军人，通过虚拟现实的系统锻炼士兵在高压力状况下能否正常发挥其认知功能。已有研究证明，人在高压力状况下，认知功能会降低。

（三）精神心理医疗

最常见的是暴露式疗法或脱敏疗法，每个人都会有各种恐惧，因此我们运用虚拟现实来设计场景让被测者暴露在恐惧中，渐进式地进行训练。虚拟现实可以用于治疗各种恐惧症，也能够帮助了解相关诱发因素。例如，用虚拟现实和增强现实分别设计一个电梯场景，通过测量被测者的心电等生命体征来探索他恐惧的诱发因素。研究结果表明，虚拟现实和增强现实都可以诱发人的焦虑，增强现实的诱发效果明显于虚拟现实。除了虚拟现实，越来越多的陪伴机器人正在涌现，它们可以照顾、陪伴老人。而且，随着科技的发展，机器人的科技感会减轻、人性化会提高。

以上介绍了虚拟现实、传感技术、人工智能、机器人，下文将重点介绍虚拟现实的原理与技术，讨论技术如何更好地进行适老化开发应用。

第十一章　虚拟现实技术的适老化应用

第一节　虚拟现实的原理与技术

一、原理与元素

Ivan Sutherland 于 1968 年制作了全球第一台头戴显示器，虚拟现实技术也随之诞生。虚拟现实技术是集计算机技术、传感器技术、人类心理学及生理学于一体的综合技术，其原理是利用计算机仿真系统模拟外界环境，为用户提供多信息、三维动态、交互式的仿真体验。实现虚拟现实需要有两个重要元素：沉浸感（immersion）与交互性（interaction）。沉浸感是指计算机仿真系统模拟的外界环境十分逼真，用户完全沉浸于三维虚拟环境中，对模拟环境难辨真假。交互性是指用户可通过行为动作对虚拟世界的物体进行操作并得到反馈，如在虚拟世界中用手去抓某物体、用眼睛感知物体的形状、用手感知物体的重量，物体也能随手的操控而移动。用户能与虚拟环境进行实时人机交互，完全融入并沉浸于仿真的数字化虚拟环境。为进一步增强沉浸感和交互性，虚拟现实技术的发展主要集中于显示技术、动作捕捉技术、力反馈技术及计算机图形学与动画技术等方面。

经过数十年发展，虚拟现实技术已经成功应用于众多领域，涉及教育、医学、航天、娱乐、军事、工业等。以往由于相关硬件系统的成本过于昂贵，该技术一直无法为一般消费者所使用。近年来，伴随各式软硬件技术的进步，低成本高质量的虚拟现实设备或平台开始涌现，微软、谷歌、索尼、脸谱、三星等国际大型科技企业纷纷投入普适性消费产品的研发，因此，2016 年被称为虚拟现实元年。

虚拟现实技术主要通过视觉、听觉、触觉、嗅觉、味觉的仿真对用户进行刺激，让其产生身临其境的感觉。其中，视觉刺激可以通过显示技术、动画与游戏技术实现；触觉刺激则可以通过力反馈技术实现，力反馈有助于刺激神经元，在肌耐力的训练中也发挥着重要作用。用户和虚拟环境的实时交互主要利用动作捕捉技术实现，通过动作捕捉技术采集的动作轨迹数据是进行个体运动分析的重要依据，运动分析的结果可以作为个体动作功能评估的重要支撑。下文将为读者详细介绍显示技术、动作捕捉技术和力反馈技术。

二、显示技术

一般的显示技术所呈现的内容为 2D 图像，人们可以从心理反应、经验法则、遮蔽效应等判断 2D 图像内容物件的前后关系，但是无法从生理上直接感知判断图像内容物件的景深深度。现实世界中，人类主要依赖双眼视觉产生生理感知，从这一角度出发，虚拟现实显示技术的主要目标是诱发用户的生理感知以感知虚拟环境物件的景深深度，实现立体视觉。同时，更进一步向用户提供了环境的视觉效果，提供更贴近实体世界的视觉感知及行为模式。在多项创新性虚拟现实显示技术中，3D 显示技术（搭配 3D 眼镜）和虚拟现实头盔显示技术逐渐成为主流。这两项技术的应用变革了传统手功能与上肢康复的训练方法，创造了全新的康复手法。

（一）3D 显示技术（搭配 3D 眼镜）

立体视觉的原理在于，分别提供左眼视角与右眼视角的两张图像，用户通过脑皮层视觉区的处理而产生对深度的感知。目前市面上主要有两种 3D 眼镜，它们分别基于不同原理实现立体视觉。

第一种为分时液晶快门眼镜，基于主动快门式 3D 技术。左眼的图像和右眼的图像在屏幕上交替闪烁出现，左眼图像出现的时候，关闭右眼镜片以屏蔽右眼；右眼图像出现的时候，关闭左眼镜片以屏蔽左眼，每秒钟出现 120 帧图像，交替 60 次。当图像闪烁的频率高于眼睛的分辨率时，不仅能成功地诱发立体视觉，同时用户也不会感受到闪烁带来的不适。这种方式的最大优势就是画质无损，图像清晰度佳，同时可视角度好。其缺点是图像交替闪烁造成左眼或右眼仅能接收到一半光度，故图像感觉较暗，且硬件成本较高，无论采取哪家的方案，显示器、眼镜等设备的价格都是目前家用 3D 设备中最昂贵的。

第二种为分光偏振眼镜，基于偏振式 3D 技术。目前普遍使用的偏振方式为圆偏振技术（是在线偏振的基础上发展而来的），使用时需要分别向左旋转及向右旋转的圆偏振镜片，当两个不同方向的图像叠加在屏幕上时，左眼与右眼可以分别接收到相对应的图像，进而刺激脑皮层视觉区产生立体视觉。这种方式的优点在于：①观看角度大，能够全方位感受 3D 效果；②色彩损失小，色彩显示更为准确，更接近其原始值；③眼镜成本低、佩戴舒适、无大小限制、无电子元件、无辐射等；④避免了不舒适的闪烁现象。缺点则是屏幕图像像素分割给了左眼与右眼，水平方向分辨率减半，以至于清晰度较差。此外，因为偏振式 3D 技术对显示面板有特殊要求，不像主动快门式 3D 只要屏幕刷新率达到 120Hz 就可以导入，必须在面板外层加装偏光层，所以造成面板成本增加。

基于 3D 显示技术及动作捕捉技术的虚拟现实动作训练任务，可以实现视觉

3D 感知及动作 3D 感知的集成与交叉，让虚拟现实的动作训练任务更接近实体世界的日常生活任务。

（二）虚拟现实头盔显示技术

虚拟现实头盔是通过两个穿戴式显示器分别提供左眼和右眼相对应的图像，制造立体视觉的效果，头盔的形式可以隔绝实体世界的图像及声音，让用户完全沉浸于虚拟世界，如图 11.1 所示。用户视觉感知的图像将随着头部的转动实时改变，如同实体世界一般，进而创造出环景效果。虚拟现实头盔的显著优点是可以给用户带来高沉浸度的体验与感受，但是它的缺点是伴随而来的晕眩问题。

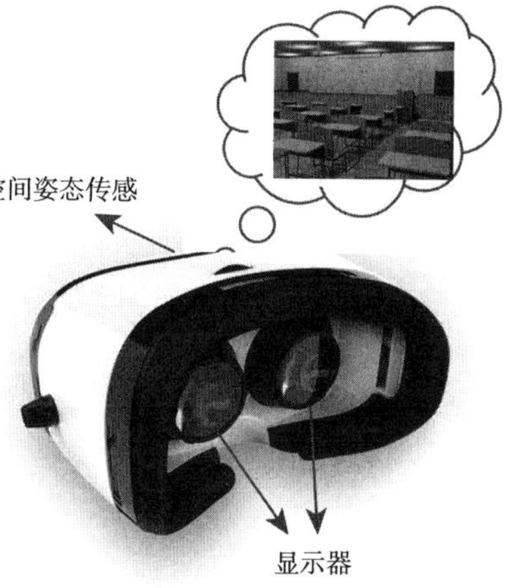

图 11.1　VR 头盔显示器

关于虚拟现实头盔质量的技术特征包括显示器分辨率、视角范围、运算能力等。人类的视角范围可以达到 180 度，早期的头盔仅能提供 35～45 度的视角范围，以至于周围有一圈明显的黑影，视觉效果如同在电影院观赏小型屏幕的电影。近年的头盔已经将视角范围提升至 100 度左右，较为接近人类真实的视觉效果。虚拟现实头盔提供的图像是基于计算机图形及动画实时运算的。当然，高分辨率图像及高刷新率（每秒图像的帧数）的屏幕效果意味着庞大的运算量。因此，为了应对庞大的计算机图形运算量，高质量的虚拟现实头盔仍然必须通过一条信号线和计算机连接。不难理解，这条连接线也大大限制了用户在实体世界的移动范围。因此，如何实现具有高效能运算能力的全穿戴式虚拟现实头盔一体机，同时满足用户获得高质量实时图像及轻量头盔的需求，成了目前技术攻关的难点。利用虚拟现实头盔良好屏蔽实体世界的特性，结合肌肉电或脑电信号的采集与识别，一些研究学者基于想象治疗、镜像治疗的概念，纷纷提出了创新的手功能康复方法。

三、动作捕捉技术

动作捕捉技术的目的是让用户通过自然的动作和虚拟环境进行实时的交互，从而完成功能性训练任务，同时，通过肢体动作数据的采集与分析，进行个体动作功能的评估。动作捕捉技术的原理可分为以下几种。

（一）基于摄像头的动作捕捉技术

该技术原理为通过摄像头采集图像并以图像处理技术实时追踪身体上的标记（marker），然后集成多个摄像头图像并运用计算机视觉技术，计算每一个标记的空间位置，达到动作捕捉的目的。

经过数十年的发展，这类技术的空间位置精度已达到毫米级，每秒钟可以采集超过 1000 个数据，基于数据的精确度及可靠度，适合用于科研方向的各式运动分析。但是，为了保证上述的数据精度及采样速率，同时应对视线遮蔽的问题，系统硬件通常必须使用多个高速摄像头，同时追踪穿戴于身体的多个标记，以至于整体系统的经济成本及操作成本都较高，不容易普遍应用于一般性的临床康复训练中。

令人欣喜的是，近年来随着深度传感技术的突破，出现了以单一摄像头结合深度传感技术，然后搭配人体骨架模型的预测算法。例如，微软 Kinect 摄像头可以实现以单一摄像头追踪身体骨架超过 20 个关节点，LeapMotion 也利用类似的技术进行手部的动作捕捉。这些技术可以应用于上肢大动作或手部精细动作的康复训练任务，如图 11.2 所示。虽然数据精度及数据采样率较低，且存在视线遮蔽的问题，不过其低廉的经济成本及操作成本非常适合临床应用甚至居家康复的推广。

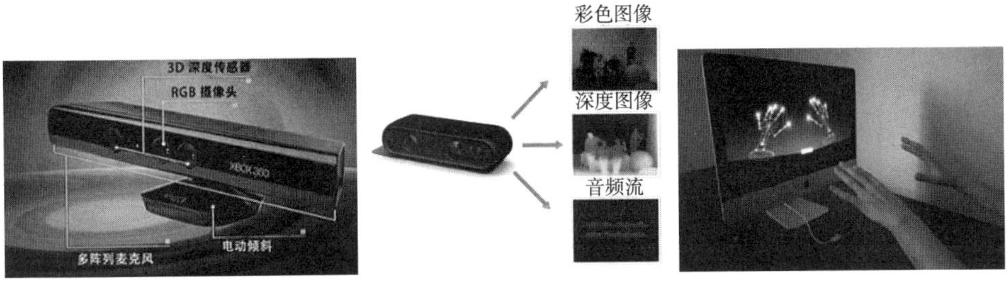

（a）　（b）　（c）

图 11.2　基于深度传感技术的动作捕捉

（二）基于九轴惯性传感的肢体动作捕捉技术

九轴惯性传感包括三轴加速器、三轴陀螺仪、三轴电子罗盘等九个原始传感数据，通过数据融合与数据代偿的算法可以得到空间姿态的三个姿态角，如图 11.3 所示。结合无线通信传输技术，如 WiFi 或蓝牙等，其逐渐发展为可穿戴的动作传感设备。它的优点是不存在视线遮蔽问题，同时对于空间姿态相关数据的采集具有较高的精确度与可靠度，如关节活动度。但是，其也存在一些缺点，如数据漂移（drift）及电池供电的问题，暂不适合长时间使用。同时，通过积分法运算的轨迹或位置数据也存在着较大的误差，轨迹或位置数据不适合用于运动分析。但是，它如果能够搭配第三方的定位系统，将在一定程度上缓解上述问题。

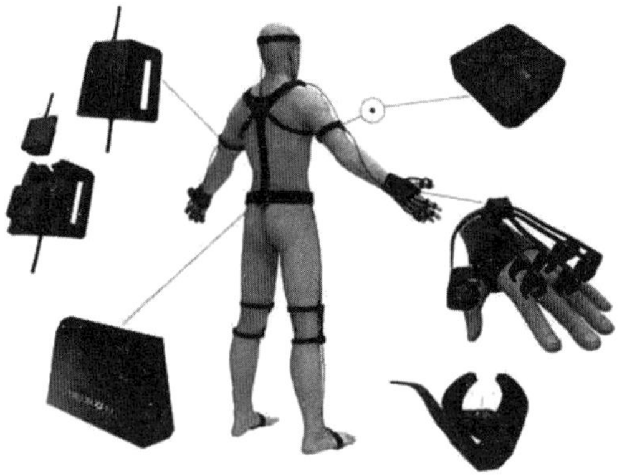

图 11.3　基于九轴惯性传感的肢体动作捕捉技术

（三）基于传感器的手动作捕捉数据手套

面向复杂的手动作与功能，数据手套集成了多样态的传感技术进行动作捕捉，如九轴惯性传感器用于手掌空间姿态或手腕旋转的动作捕捉、弯曲传感器用于手指的关节活动度量测、压力传感器用于指尖的压力传感或对指接触侦测等，如图 11.4 所示。数据手套需要攻关的技术难点在于如何集成多样态的传感器于手套上，实现多通道的数据采集与融合，同时兼顾使用性设计，如传感器与电子线路的包覆与隐藏、重量的减轻、手套的大小与舒适度等。

图 11.4　数据手套

四、力反馈技术

通过力反馈向用户提供触觉感知，一方面符合实体世界的经验法则，有助于提升用户的沉浸感；另一方面有助于神经元的刺激，促进患者的康复。除此之外，按照个别患者手功能的灵活程度，可以运用力反馈提供不同的康复手法，对于缺乏自主运动能力的患者，可以提供助力以完成虚拟现实训练任务；对于具有自主运动能力的患者，可以提供阻力以训练肌力与耐力。触觉感知的模拟主要通过力反馈设备及力学模型的结合来实现，力反馈技术有以下几种类型。

（一）连杆机器臂

连杆机器臂如同一个小型的机器手臂，通过机器或液压的方式控制力量的输出从而产生三个自由度或六个自由度的力量，如图 11.5 所示。这类设备的工作范围及力量输出都比较小，适合应用于手功能的康复训练，但是经济成本比较高。

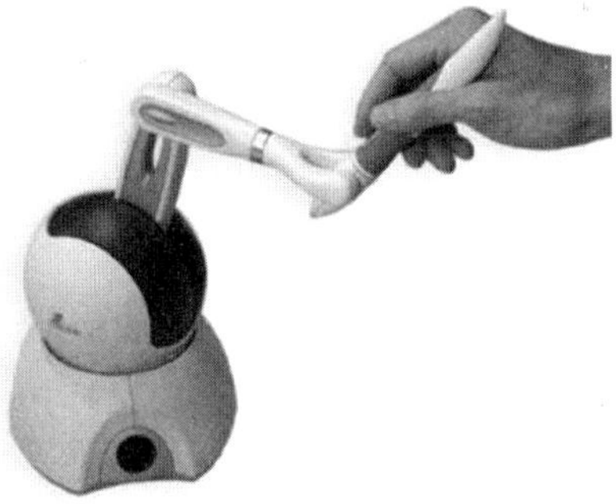

图 11.5　连杆机器臂

（二）机器手套

机器手套运用作动器（actuator）以外骨骼的形式提供个别手指力量反馈，每一个手指力量输出的大小与方向可以通过编程进行调控，以模拟虚拟世界中对于虚拟物件的触感。这类设备的经济成本比较高，相关器件比较重，会增加用户额外的重量负担。

（三）人工肌肉手套

新型的人工肌肉手套的材料可以通过电压的驱动而变形，这类材料一般用于仿生机器人的开发，也可以应用于助力手套，通过人工肌肉材料的收缩变形，给予手掌助力以抓握实体物件，其可以结合虚拟现实技术进行康复训练。基于人工肌肉材料的助力手套质量很轻，不会增加用户额外的负担，但是助力的方向目前仅限于带动手指的弯曲，还无法带动手指的伸展。

第二节　虚拟现实结合可穿戴传感技术于神经康复的应用趋势

一、虚拟现实的优势

随着虚拟现实技术和可穿戴生理传感技术的兴起与发展，研究康复领域的学者逐渐发现，虚拟现实的技术特色可以更好地满足个体功能性任务训练的需求，多项研究表明，虚拟现实技术应用于神经康复具有下列优势（Reinkensmeyer et al., 2012；Sucar et al., 2014；Kwakkel, 2009；Alankus et al., 2010；Subramanian et al., 2013；Adamovich et al., 2009；Merians et al., 2002）。

（一）生态效度

通过虚拟现实技术仿真各种形式的日常生活任务，结合自然的人机交互方式，患者置身于一个更为接近实体世界的虚拟环境，进行基于日常生活任务的功能性任务训练，这样的训练环境具有较高的生态效度，有助于患者将临床的训练成果转移至实体世界以应对日常生活的挑战。

（二）可控与连续性

基于虚拟现实的训练任务是一个完全数字化的系统，通过软件可以较好控制训练任务的内容，如训练的种类、次数、强度、密度等，精准地实施康复训练方案，减少人为误差。

（三）渐进性与分层式设计

通过多个物理参数的排列组合，可以调控虚拟现实训练任务内容的难易度。基于此，针对个别的训练任务可以设置一系列分层式的任务内容库，一方面能够满足各式不同功能高低的患者，另一方面可以让患者以渐进的方式进行相对应难度的功能训练。

（四）用户表现反馈

根据患者的任务表现，数字化的虚拟环境可以智能地提供不同形式的用户表现反馈，包括文字、图像、语音等，以达到环境感知或鼓励患者的目的。许多研究指出，用户表现反馈有助于康复成效的提升。

（五）安全性

相较于真实世界的实体训练任务，数字化的虚拟现实任务训练系统具有更高的安全性，同时数字化的虚拟环境可以有效避免训练过程中意外情况的发生。

（六）用户引导

数字化的虚拟现实训练任务系统，能够通过文字、图像、语音等提供训练过程中的提示或引导，扮演着虚拟治疗师的角色，让患者自主或半自主地完成整个训练任务，降低患者对临床治疗师协助的需求。换句话说，临床治疗师在同一个时间段可以同时协助或照顾多位病人，以应对临床治疗师不足的现实状况，未来也有望应用于居家康复中。

（七）趣味性与动机促进

虚拟现实训练任务可以融入游戏的元素，通过任务设计以及视觉与听觉的刺激，让用户沉浸并专注于训练任务，加上奖赏机制的设计，结合不同难度的任务内容，提升训练任务的趣味性及挑战性，达到康复训练的目的。

（八）可复制与推广

数字化的虚拟现实康复系统可以通过软件的形式进行复制，无论复制的数量多少，系统运行的质量是完全一样的，不仅易于推广，更可以确保临床应用时的稳定性与一致性，以达到预期的康复成效。

二、神经运动康复的应用趋势

神经运动障碍肇因于脑部皮质运动区的受损，随着神经科学及动作控制理论的发展，相关研究发现人类的大脑具有神经可塑性，而且重复的、高强度及渐进性的功能性任务训练，可以有效促进脑部塑性化（Reinkensmeyer et al.，2012；Tanaka et al.，2006；Raghavan et al.，2006）及脑部的皮质重组，因此，近年来基于功能性任务训练患者的治疗模式（task-oriented approach）备受关注（Winstein，1999）。全球康复领域的许多学者纷纷尝试运用虚拟现实技术开发各式新型康复系统（Kwakkel，2009；Alankus et al.，2010；Subramanian et al.，2013；Adamovich et al.，2009；Merians et al.，2002；Shin et al.，2015），随着相关技术的成熟与普及，家用型虚拟现实康复系统（Mao et al.，2014；McEwen et al.，2014；Shin et al.，2014）和商用游戏康复系统（Standen et al.，2015；Rand et al.，2014；Pompeu et al.，2014；Goble et al.，2014）也开始出现。

三、神经认知康复的应用趋势

系统性回顾研究已证实，在阿尔茨海默病临床前期若能给予明确诊断，即在轻度认知障碍期被诊断为该病，早期给予药物与非药物的治疗，患者的症状将有机会获得改善，从而推迟病程的进展。研究显示，即使在发达国家，也只有 1/5 到 1/2 的阿尔茨海默病患者,可以在初期医疗中被发现并确诊(Valcour et al.,2000; Wilkins et al.， 2007；Boustani et al.， 2005)。多数阿尔茨海默病患者一旦被发现，往往已经到了中晚期，而错失了早期治疗的机会，晚期再介入治疗，往往效果不佳。因此，阿尔茨海默病重在早期诊断、早期治疗。既往研究也提出，应用生物标记技术早期诊断失智病的方法,如标记脑脊髓液特定抗原(Mattsson et al.,2013; Frigerio et al.,2013),或是血液中的特殊血浆蛋白(Soares et al.,2012;Doecke et al., 2012)，但是，这些方法必须通过侵入式的方式采集标本，属于有创性操作，患者接受度低，同时阳性率不高。近年来，有研究提出以非侵入式的脑机接口方式开发失智病的诊断方法，如利用功能性磁共振成像来观察大脑活动（ Hampel，2012)，或是通过脑电波的信号分析，评定认知功能区域的活动度（ Wang et al.，2015；Elisa et al.，2016)，从而发现异常活动的脑区来辅助诊断早期阿尔茨海默病。这类基于脑机界面的非侵入式方法，被认为是具有发展潜力的方向之一。

阿尔茨海默病的治疗主要包括药物治疗和非药物治疗两类方式。其中，现今应用于临床的药物均只能控制症状，无法抑制病情的进展，同时长期服药导致的药物耐受性和不良反应也是困扰临床治疗的主因之一。例如，donepezil、rivastigmine、galantamine 等药物被许可用于轻度到中度的阿尔茨海默病，memantine 可用于中度到重度的阿尔茨海默病（Raschetti et al.，2007)。关于非药物的治疗方式，研究显示高频的重复性跨颅磁刺激可以增加突触可塑性（ Siebner et al.，2003)，有效改善阿尔茨海默病患者的认知功能（ Cotelli et al.，2008；Haffen et al.，2012)。跨颅直流电刺激（ transcranial direct current stimulation ）被认为具有安全性的神经调节能力，甚至可以增强健康人群的注意力与记忆力（ Coffman et al.，2014)。基于虚拟现实的多任务认知刺激，被证实可以有效提升健康人群的认知功能（ Anguera et al.，2013)。同时，这些数字化且精准的刺激调控，体现了精准医学的理念，也节约了治疗师的人力成本，在临床应用上具有可行性。

国内外已有多项研究将虚拟现实技术应用于阿尔茨海默病患者的认知评估和训练。Schreiber（ 1999 ）采用新开发的软件系统 MULTI TASK 模拟现实生活中的一些家庭场景，大多为患者较为熟悉的客厅、卧室、浴室等。在实验中，他让 14 例认知症患者从中找出目标物或目标场景并重复刚完成的任务,以计算机游戏的形式不断增加任务难度，训练认知症患者的实时记忆和延迟记忆功能。Optale 等（ 2010 ）将虚拟现实与音乐疗法相结合，应用到产生记忆障碍的老年人中。

Anguera（2013）的研究结果显示，运用虚拟环境驾驶任务的多目标任务训练，已被功能性磁共振成像分析结果证实可以有效提升老年人的认知控制能力。Lesk（2014）开发了基于虚拟现实的早期侦测系统，通过虚拟寻路任务作早期阿尔茨海默病诊断并初步验证了其系统的潜力。Tarnanas 等（2013）利用弧形背投屏幕、动作捕捉设备等构造虚拟现实的日常生活场景，比较健康组、轻度认知障碍患者组和轻度阿尔茨海默病患者组在场景中细微的操作表现差异。Grewe 等（2013）的研究则以虚拟超市为任务平台，针对患者认知作业执行功能进行训练，并通过训练过程行为与路径数据的采集及分析，开发轻度认知功能障碍的筛查工具。Zygouris 等（2015）证实了健康人和轻度认知障碍患者的 VSM 训练表现存在组间差异，并且验证了 VSM 诊断结果与神经心理学的认知测试结果具有一致性。2015 年 Manera 等借鉴之前将虚拟现实技术应用到促进正常老年人记忆力恢复的经验，将虚拟现实与典型的移除测试相结合，虚拟场景为研究对象熟悉的广场，任务是从广场上活动的人群中筛选出设置好的目标项。Zygouris 等（2017）验证了在没有医护人员陪同下使用平板设备上的 VSM 应用（VSM tablet application）远程进行轻度认知障碍检测的有效性。Belchior 等（2016）回顾了针对阿尔茨海默病的非药物治疗（行为干预、认知训练、认知刺激等）的发展情况，指出认知训练的前景较好，虚拟现实也逐步被应用于认知训练。Coyle 等（2015）对计算机认知训练和虚拟现实认知训练作了系统性的回顾，文章指出，二者对认知功能的执行功能、视觉和语言记忆和注意力有较明显的积极效应，同时可以缓解抑郁和焦虑症状；此外，长期持续的训练能得到更好的效果。Glen 等（2018）提出利用虚拟现实显示器和跑步机构成的系统展开认知功能执行力训练，并结合日常生活活动量表和脑部磁共振成像图像评估训练效果。Martínez 等（2015）设计了基于交互式视频的“买面包”认知复健任务，并将用户的眼动信号和任务表现作为评估标准。Simona 等（2018）针对失智患者的认知障碍，提出结合虚拟现实技术日常生活场景训练失智患者的运动能力和认知表现。

第三节　虚拟现实神经康复训练系统案例

一、虚拟现实上肢功能训练系统案例

上肢与手功能的康复策略一般从近端到远端，即从肩与上臂开始，然后是前臂与手腕，让上臂、前臂和手腕发挥固定与支撑的作用，最后进行精细手功能的锻炼，每一部分又可以细分为多个动作功能模块。虚拟现实康复系统的设计，也是按个别动作功能模块分别设计康复模块，然后集成所有的康复模块成为一个完整的康复系统，达到最大程度覆盖上肢与手功能康复的目的。每一个虚拟现实康复模块的设计，都包括下列几个核心元素。

（1）目标动作功能：每一个康复模块必须设定一个确定的目标动作功能。

（2）任务内容：按目标动作功能的设定，设计基于生活经验的任务内容。许多研究显示，相较于无目标重复性的动作锻炼，贴近生活经验的功能性任务训练，能够更为有效的促进脑部塑性化及脑功能重组，达到康复的目的。

（3）虚拟现实系统设计：根据功能性任务内容的设计，虚拟现实系统将搭配合适的视觉显示技术、交互技术及力反馈技术，实现基于生活经验任务内容的感知与交互，诱发用户的目标动作功能。

（4）难易度调控物理参数：为了适应各种不同功能程度的患者，达到个性化的精确康复目的，个别功能性任务必须具有不同的难易度，让康复医疗人员可以按需实施康复规划与设置。任务的难易度可以通过多个物理参数进行调控，物理参数的选择必须和目标动作功能的高低具有相关性，物理参数的尺度设置必须映射动作功能的高低尺度，所以，物理参数的选择与尺度设置应通过临床试验验证其可靠性与有效性。

（5）数据采集与用户反馈：虚拟现实康复系统的交互技术可以采集大量的动作轨迹数据及力量数据，通过原始数据的采集可以进一步提取相关的运动指标及动力指标，这些指标将是进行动作功能评估的重要依据。

该系统完整覆盖了上肢与手功能的动作功能模块，同时充分运用了多种虚拟现实技术，本节将以该系统作为案例，根据上述康复模块设计核心元素进行案例说明。

（一）肩与上臂康复系统案例

1. 上臂屈曲与偏移

上臂的屈曲与偏移如图 11.6 所示，相关的生活任务包括举臂取物、挂衣服等。

图 11.6　上臂屈曲与偏移

1）任务内容

任务设计为一个投篮运动，用户首先将手移至腰部前方的一个中性位置取篮球。这个中性位置的设计是为了保证每次的上臂屈曲与偏移动作都有一个固定的起始点，然后通过上臂的屈曲与偏移将篮球移动到任务设置的一个目标空间位置，这个目标空间位置通过一个半透明红色的球提供用户明确的视觉表征，当篮球移动至半透明红色球内且停留时间达到一个预先设定的时间周期（如 2 秒），即判定完成这个任务关卡，篮球将自动投出并投进篮筐，作为用户任务关卡完成的视觉反馈，这个预先设定的停留时间周期是保证用户的动作确实到位，避免只是上臂挥舞刚好通过目标空间位置。任务关卡结束后，下一个关卡的篮球又出现在中性位置，用户必须将手移动至中性位置取球，然后进行下一个关卡，如此周而复始直到完成所有关卡。

2）虚拟现实系统

根据任务的内容设计，用户必须进行三度空间的上臂屈曲与偏移以完成任务，本系统通过微软 Kinect™ 进行动作捕捉，实现三度空间的动作交互。同时，虚拟环境中的目标空间位置也是三度空间的设置，为了提供用户视觉上的深度感知，本系统配置 Viviteck 的 3D 投影仪及 3D 眼镜。整体系统配置如图 11.7 所示。

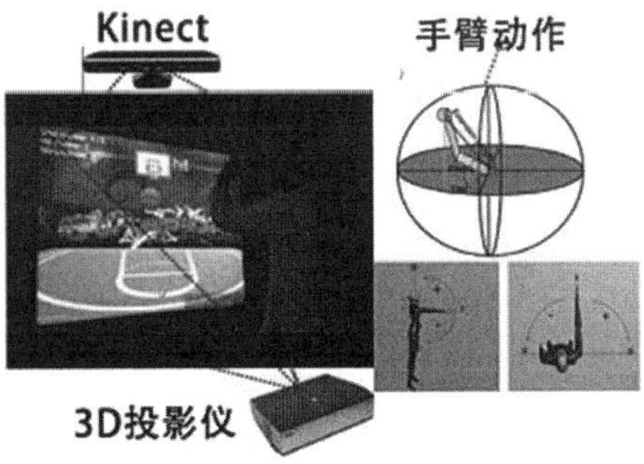

图 11.7　提篮任务

3）难易度调控物理参数

本系统的难易度主要取决于目标空间位置的设置，目标空间位置通过手臂的屈曲角度、偏移角度及手臂延伸长度等物理参数进行设置。

2. 上臂对角线运动

上臂对角线运动如图 11.8 所示，相关的生活任务如刷油漆、擦黑板等。

图 11.8　上臂对角线运动

1）任务内容

任务设计为一个擦窗户的运动，用户手持一个具有压力传感的无线装置，通过反复的上臂对角线运动，擦拭虚拟窗户上显示的污渍（以绿色为表征）。擦拭过程必须以手掌施加压力才能去除窗户上的污渍，施加力量的强度则依照污渍的厚度有所不同，污渍的厚度依照亮度提供用户不同的视觉表征，颜色越暗代表污渍越厚，对于较为厚重的污渍，用户必须施加更大的力量强度或是来回反复多次才能去除，如同物理世界的行为一般。

2）虚拟现实系统

本系统以投影机将虚拟窗户投射于墙壁上，用户手持一个压力传感的无线装置，同时以 Kinect™ 进行手部的动作捕捉，系统整合并同步手部的位置信息以及压力信息和虚拟环境进行实时交互，如图 11.9 所示。

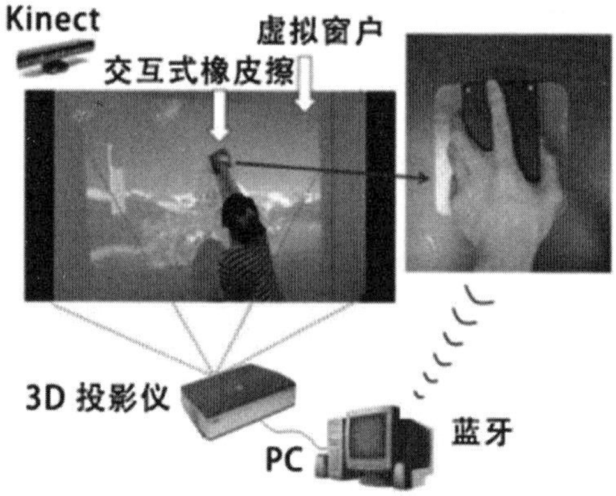

图 11.9　擦窗户任务

3）难易度调控物理参数

任务难易度可以根据窗户污渍的数量、污渍分布的范围及污渍的厚度进行调节，较多的污渍数量，较大的污渍分布范围或是较厚的污渍都可以有效提升任务难度。

（二）手腕与前臂功能康复系统案例

前臂旋前与旋后如图 11.10 所示，相关的生活任务如发动汽车、开门等。

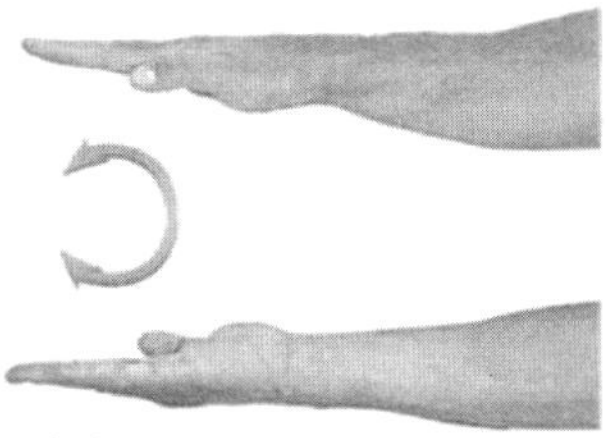

图 11.10　前臂旋前与旋后

1）任务内容

任务设计为一个飞机驾驶任务，虚拟环境中用户从第三视角控制飞机的翻滚，面向迎面而来不同翻滚角度的长方形框架，通过前臂的旋前或旋后实时调整飞机的翻滚角度以穿越长方形框架。

2）虚拟现实系统

本系统并联两台力反馈设备 Novint Falcon 以提供用户不同的力反馈模式，包括引导模式、阻抗模式及中性模式。引导模式提供用户助力带动前臂的旋前或旋后，适应于低功能的患者。中性模式不提供任何力量反馈，适用于中度功能的患者。阻抗模式提供用户阻力，可以进一步锻炼肌肉耐力，适用于高功能的患者。另外，本系统设计了独特的力反馈设备连接装置，一方面通过连接装置两端的物理高度转换为翻转角度以进行交互，另一方面连接装置的握把设计以保证用户前臂的旋前与旋后角度与飞机的翻滚角度一致。另外，本系统搭配 3D 显示器和 3D 眼镜为用户提供深度感知，让用户通过视觉深度感知飞机和长方形框架的接近速度，以敏捷地进行前臂旋前与旋后。系统布置如图 11.11 所示。

3）难易度调控物理参数

任务的难易度通过长方形框架的翻滚角度及飞机飞行速度进行调控，较大的长方形框架翻滚角度代表较大的前臂旋前或旋后角度，较高飞机飞行速度意味着用户必须以更快的旋转速度完成任务。

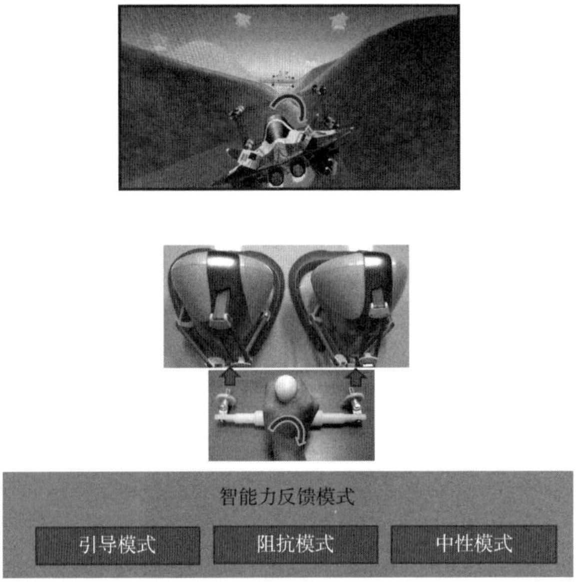

图 11.11　飞机驾驶任务

（三）脑卒中精细手功能康复系统案例

1. 手掌抓取

手掌抓取如图 11.12 所示，相关的生活任务如抓放球等。

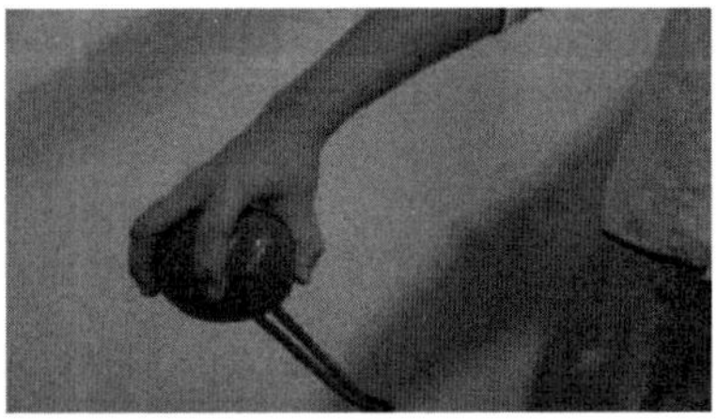

图 11.12　手掌抓取

1）任务内容

任务设计为一个简单的打蟑螂游戏，虚拟环境中有一只蟑螂及一块石头。用户通过手掌的抓取拿起石头，然后移动至蟑螂上方，通过手掌的打开，让石头落下击打蟑螂。

2）虚拟现实系统

根据任务内容的设计，本系统通过 Leap Motion™ 进行手部动作的捕捉，进一步识别手掌的闭合及手掌的打开，让用户以手掌的闭合或手掌的打开和虚拟环境进行交互，如图 11.13 所示。

（a）手掌闭

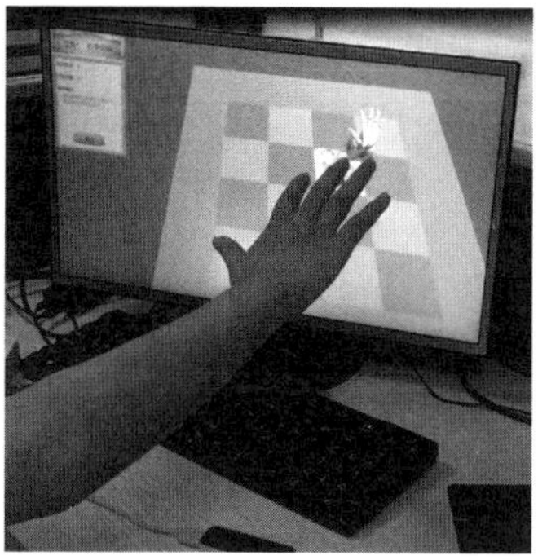

（b）手掌开

图 11.13　抓取任务

3）难易度调控物理参数

本任务系统通过手掌打开程度或是手掌闭合程度以定义任务的难易度，而不是从任务内容定义难易度。

2. 指腹夹捏

指腹夹捏如图 11.14 所示，相关的生活任务如夹取饼干、夹取硬币等。

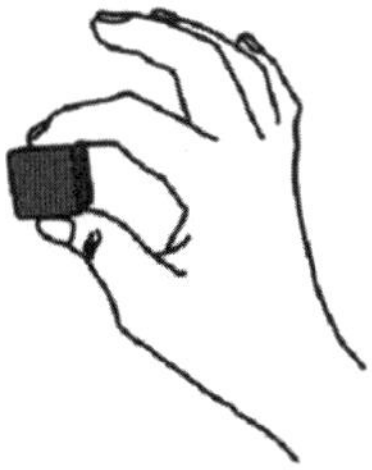

图 11.14　指腹夹捏

1）任务内容

任务设计为用户通过拇指和食指的协同运作，夹取虚拟环境中的箱子并抬起向上至一个设定的高度。任务过程可以区分为三个运动阶段：首先，拇指和食指必须协同运作，通过触觉感知选定双指指腹在箱子两侧的接触点；其次，双指同步输出力量加压于箱子两侧，产生足够的摩擦力，逐渐将箱子抬起脱离地面；最后，双指在承受箱子重量的状况下，平稳地将箱子抬高逐渐升至目标高度。

2）虚拟现实系统

根据任务内容，用户运用两台力反馈设备 Novint Falcon 并结合自行设计的指套型人机界面和虚拟环境进行交互，通过拇指和食指的夹捏动作完成任务。两台力反馈设备的端点可以捕捉拇指和食指的空间位置，并将双指空间位置输入虚拟环境并同步，用户通过视觉感知双指在虚拟环境的空间位置。同时，根据双指和虚拟环境箱子的接触侦测，两台力反馈设备输出力量作为反作用力以模拟触感，当箱子离开地面时，两台力反馈设备同步输出向下的力量以模拟重量感。另外，本系统搭配 3D 显示器和 3D 眼镜为用户提供深度感知，让用户通过视觉深度感知双指在虚拟环境的精确位置，有助于双指指腹在箱子两侧接触点的选定，如图 11.15 所示。

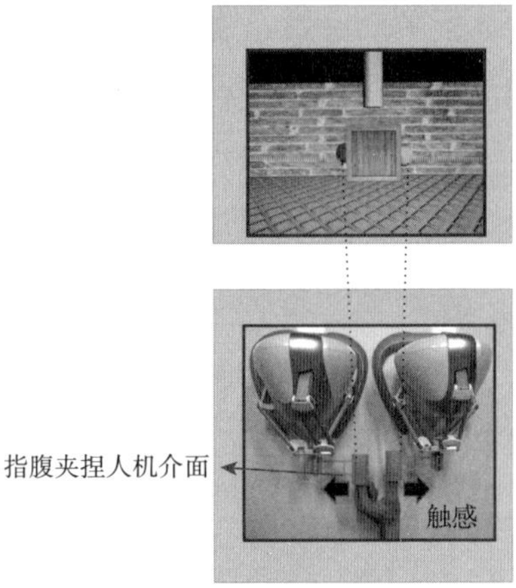

图 11.15　指腹夹捏任务

3）难易度调控物理参数

任务内容通过多个物理参数调控任务的难易度，这些物理参数包括箱子的大小、箱子的重量、目标高度。双指打开的幅度取决于箱子的大小，双指打开的幅度越大难度也就越大。双指夹捏的力道受到箱子重量的影响，对于越重的箱子，双指必须施以更大的夹捏力量。目标高度决定了双指指腹夹取的持续能力，较高的目标高度意味着更长的持续时间。

3.对指运动

对指运动为人类高阶精细动作，意指拇指指尖可以准确触觉其他手指的指尖，对指运动如图 11.16 所示。

图 11.16　对指运动

1）任务内容

任务设计为通过用户拇指与其他四指的对指运动，模仿虚拟环境的手部对指动作。任务内容以颜色提供用户指示，拇指必须和与拇指相同颜色的指头进行对指运动。

2）虚拟现实系统

根据任务内容的设计，本系统通过 Leap Motion™进行手部动作的捕捉，识别每一根手指，进一步侦测手指与手指的接触，如图 11.17 所示。

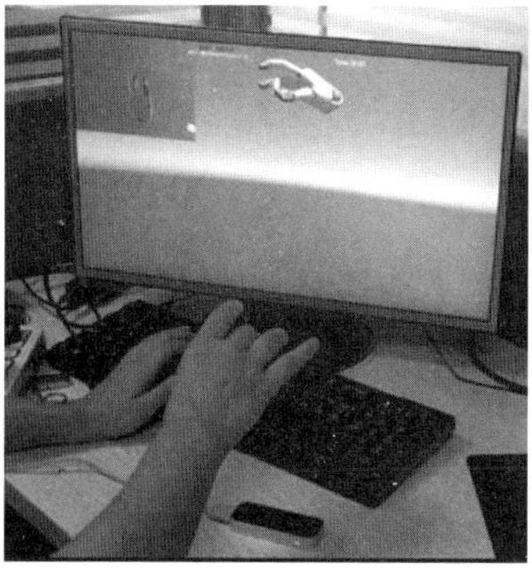

图 11.17　对指任务

3）难易度调控物理参数

虚拟环境手指的接触侦测，根据指尖的碰撞球大小决定难易度，碰撞球的半径越大，指尖接触的灵敏度越低，任务也就相对容易；反之，任务也就相对困难（图 11.18）。

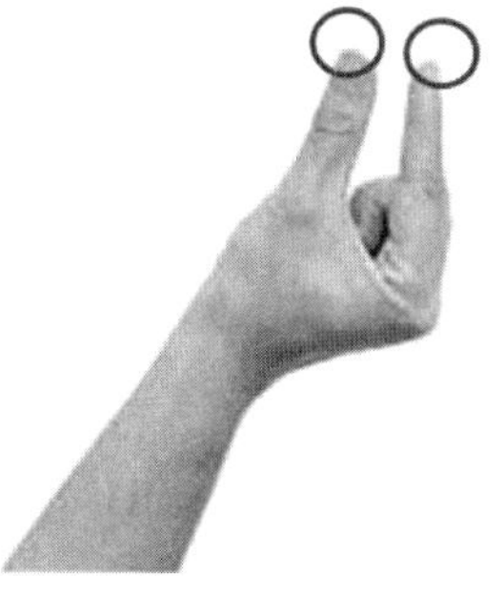

图 11.18　手指的接触侦测

二、虚拟现实认知功能训练系统案例

有学者运用虚拟现实及可穿戴生理感测技术，面向不同维度的认知功能，即计算力、记忆力（工作记忆、感觉记忆、情景记忆、陈述性记忆/非陈述性记忆等）、注意力、执行功能、视空间能力、逻辑判断能力等，将设计模拟的日常生活活动作为任务，开发了一系列认知功能刺激模块，包括虚拟超市、虚拟注意力室、视觉空间时钟重建、都市迷宫、心理旋转、轨迹追踪等。

每个认知功能刺激模块里面，分别设计了多个子任务，如表 11.1 所示。

表 11.1　虚拟现实认知功能刺激模块与细分任务

认知功能刺激模块	子任务
虚拟超市	记忆购物列表；超市行进探索寻找物品；根据货架目光寻找物品；结账
虚拟注意力室	Audio 测试；CPT 测试；威斯康辛卡测试；数字倒序排列
视觉空间时钟重建	提示时钟重建；无提示时钟重建
都市迷宫	驾驶找路；行走找路
心理旋转	重叠任务；判断任务
轨迹追踪	静态同像追踪；静态镜像追踪；动态追踪

每一个虚拟现实认知功能刺激模块都结合穿戴式传感技术，同步采集神经认知行为数据，包括眼球追踪轨迹、路径轨迹、空间旋转轨迹、空间动作轨迹、头部转动轨迹、脑电波等，同时采集任务表现，包括反应时间、正确率、完成时间、完成次数等。根据用户的神经行为数据与任务表现，设计并提取与认知功能相关的行为特征，根据行为特征量化用户的认知功能，作为临床认知功能评估的依据。

每一个任务刺激模块都包含不同的环境参数，可以实施不同种类、强度、难易度或密度的认知刺激，达到不同条件下神经行为数据采集的目的。

第四部分　从社会工作出发的科技创新

第十二章　适老科技的社会工作研究视角

人们对于老龄化的研究始于 18 世纪末，但当时老年人群体尚未受到足够关注，自 19 世纪五六十年代开始，情况才有所改观，这与西方社会的老龄化进程紧密相关。

社会工作本身是一门关注人在不同时期、不同地方和不同文化中的社会互动的实务性和研究性学科，讨论文化与社会对人类的观念、价值观和行为等方面的影响，还涉及政治、经济等领域。其中，“人”的概念尤为重要，不同文化程度的人，处于不同文化和社会的社群，对待自己和社会的认知可能存在明显差异，这种认知的差异还会体现在群体行为上。

社会工作的研究主题往往是为人们所熟悉的，因此，在进行专业学习之前，人们对相关知识或多或少都有一些自己的认知和理解，而在学习专业知识之后，则会衍生出一些新的想法。鉴于此，我们需要保持客观冷静的头脑，反思哪些东西是从专业学习中获得和养成的，哪些东西是在生活中感知到的，尤其要注意区分外来观念与本土现实。在做老年人的相关研究时，尽量将自己原有的观念暂时抛开，采用新的视角，通过“穿他们的鞋”来感受他们的世界，即从研究对象的角度理解他们的话语和行为。此外，除了要研究老年人所表达的内容，也要审慎体察自己的感受并详细记录，从主客观两方面考虑问题，在此基础上，还要进一步结合当地的实际情况。

为了更好地理解和研究老年人与技术的关系，在调研过程中应有意识地处理好各类事件。作为一个投入到新场景中的研究者，要分别从个人视角和专业视角看待这个事件，感受自己的经历和生活认知是如何影响这个过程的。当老年人不懂使用方法或在操作上遇到困难时，研究者需要思考当事人是如何体会这项技术的，困难之处是在于功能障碍还是在于存在畏难情绪。在进行实地访谈前，先要梳理自己过往类似的经历和体会，预判被研究者会如何看待自己的身份。例如，在访谈中，被访谈者常常会问研究者从哪儿来、为什么做这项研究，这些都需要认真回答。总而言之，研究过程也是一种人际交往，对建立和维护研究关系非常重要。

第一节 老年社会价值观

从社会工作视角出发对适老科技产品进行研究，先应对老年社会价值观有所思考与探索，这一点十分重要。

究竟如何定义老年？不难发现，老年的概念在不同时期、不同地域有所差异。在 20 世纪八九十年代的上海郊区，人们认为 50 岁左右就已经是老年人了，因为“身体不好、退休了、有了第三代”。这里，机体功能、社会角色、是否有第三代被用来定义老年。从年轻人的视角看待老年人，他们大多是头发花白、身体孱弱、处境糟糕。世界卫生组织将老年人定义为“65 岁以上”的成人，联合国也将 65 岁确定为老年的划分标准。而在日本，一项由厚生劳动省实施的有关老龄社会的意识调查结果显示，四成日本人认为 70 岁以上才算老年人。因此，《老龄化社会措施纲要》（2018 年 2 月日本内阁审定）及日本老年医学学会建议，将 75 岁或以上的人群定义为老年人。健康寿命的提高让很多日本老人退而不休，积极回归社会，从事司机、教师、服务员等力所能及的工作。在韩国，老人开设的杂货店、洗浴店、咖啡馆随处可见。同样，很多欧美老人自我感觉状态非常良好，认为 80 岁才算老，他们也将晚年生活当成人生的“第二春”，热衷于参加各类文体活动。中国老年学和老年医学学会科学养生专业委员会名誉主任郭锋提到，越来越多的老人在享受健康长寿的同时，积极投身社会活动，在志愿活动、交通协管、社区服务中都能见到老人的身影。未来，老年人的能量和价值将得到极大释放。

然而，不少老年人目前在面对现代化的科技产品时常常感到焦虑和压力。心理学家把老年人对新科技排斥和恐惧的心态，称为“科技恐惧症”（technophobia），又称“技术恐慌”。这虽然与老年人的学习动机减弱、学习能力下降有关，但也跟高科技产品的“老年市场空白”不无联系。目前市场上推出的高科技产品主要面向年轻一代，在先期设计上没有充分考虑老年人的需求与能力。这意味着，对年轻人而言方便快捷的电子产品，可能对老年人并不那么友好。除了上述原因，对老年人科技适应能力的理解，还至少应该考虑文化与社会因素。

人们在身体老化过程中会发生一系列自然变化，逐渐从“满面朝气”到最后“失去牙齿、失去视觉、失去味觉”。尽管无法希求享有和年轻时一样的生活质量，但这并不意味着老年人应该理所当然地舍弃生活中的美与温度，仅仅为了“活下去”本身而存在。这就要求老年科技产品的设计者不仅要考虑功能性，更要从老年人的心理接受度出发。

适老化产品的开发效果，主要取决于我们的老年社会价值观，以及如何对待老年人这一群体。是将老年人安置在一个时刻照看、零风险的隔离空间中，还是为他们寻找机会继续融入与他人共同生活、工作、社交的空间，并期待他们继续做出贡献？现代的老年公寓中，很多设计优良的电器产品通过模块化的触摸式交互器对老人的生活起居提供服务，如洗碗机、洗衣机和冰箱等。每天护理人员和机器人会在固定时间来清洗衣物碗筷与填充冰箱，所有日常生活需求都能及时被满足。但这种公寓似乎更像一个豪华牢笼，无形中使住户更加孤立隔离。当老人连下楼买面包的需要都没有，又如何期待他们与人进行社交呢？而另一些老年公寓则会在公共空间设计适合不同年龄层的健身娱乐设施，促进跨代间的聚集共融，为老年人开展交流活动提供机会和条件。

经过多年发展，日本的居家型机器人产业已较为成熟。许多老人并不希望被外来移民劳力照护，在一项调查中，当被问及"你想要被人类照顾还是机器人"时，有近四分之一的老人选择机器人。和从前相比，这一代老人与科技产品的关系已悄然发生转变。当然，对于科技介入生活，我们也应保持清醒认知，需要警惕"人与人"之间的联系被其他方式过度替代的问题。科技养老应寻找人文关怀与科技创新的平衡点，用有温度的技术承载更有质量的生活。

在社会学领域，技术被用于指代人类发现并使用的某种工具。它既可以是手机和助听器这一类装置设备，也可能是文字、图案等符号，因此，我们应把技术的范围理解得更宽泛些。技术的发展和应用要顾及用户的年龄与需要，而非旁人认为的需要。谈到工具，我们拥有古老的技术，也不乏现代化的技术。但只有真正站在用户的立场，才能谈论其本体性。

因此，从社会工作视角出发研究适老科技，讲究以人为本地了解老人，从老年人的需求出发去分析其群体特征，从而更人性化地指导科技服务创新，更好地为老人提供服务与支持。

第二节　研究方法与数据收集

从社会工作视角出发设计为老服务技术，一般而言可以参考以下几个步骤：首先，探明老人的需求，并确定其优先级；其次，从这些需求中，找到研究者的兴趣所在和能力可及之处；再次，观察老人们如何使用现有技术，并记录其使用体会；最后，若希望设计一款为老服务产品或制订服务方案，需要在此基础上进行系统研究。

相应地，研究涉及很多方法。每一种研究方法中，研究者的角色和自我认识各有不同，以下简要介绍常用的几种方法。第一种是以社区为本的参与性研究（community-based participatory research），这种研究以社区为中心。研究者应考虑与什么人、在什么场所中跟他们交流，发现他们的问题，并思考解决方案。研究者可能需要跟社区中所有的老人交流，因而可以有计划地先和一些思路比较清晰的老人沟通，再和其他老人进行交流。其基本流程包括，提出问题——进行设计——执行调研——开展评估。在这个过程中，社区团体常成为共同研究者或共同参与者。第二种是行动研究（action research），由研究者在社区中做倡导，找出与社区需求最为匹配的行动干预，并进行相应的评估。在交互过程中找到最符合社区人员需求的实践方式，进行行为干涉，最后评估问题。第三种是实践研究（practice research），这种研究过程中，通常是他人进行干预，研究者观察，并完成研究报告。同时，研究者也可以跟其他人一起参与到行为干涉中。

研究中如何积累数据，如何开展访谈、录音，如何进行观察、摄影，都需要提前做好详细方案，对于要询问的问题应列好提纲，并考虑好顺序和重要程度。进行访谈的时候，要管理好访谈者的表情，尤其不能对受访对象表露出厌烦的情绪。同时，需要讲求沟通方法，把握整体节奏，避免让聊家常占用太多访谈时间。访谈应遵循基本的研究伦理，若进行录音和摄像，应提前说明并征得受访对象的同意。

数据收集应做好准备工作，考虑到技术或设备的使用，如预先给录音设备充电、带好纸笔。关于某些用户体会的访谈，摄像能起到更好的保留一手资料的作用，在视频拍摄过程中，不仅要体现访谈者的看法，也要从他人的视角表达他人的观念。在后续进行整理时，录音记录需要先排列顺序，再转录成文字稿，照片和视频则要在排序后标注清楚每张照片和每段视频的信息。在深入整理以上数据时，要根据研究重点学会取舍，扎实有序的基础工作将为之后进行的材料编码工作提供极大便利。

第十三章　家庭技术专家：同代与隔代

我国民众的基本养老观念倾向于居家养老，随着全球老龄化进程的加快，需要照顾一位或以上老人、失能人士的家庭数量正在不断增多。居家养老无疑会给家庭照顾者带来多方面的负担。“照顾者负荷”（caregiver’s burden）一词由 Grad 等于 1966 年首次提出，指在照顾服务中，家庭所承受的负担。Rymer 等（2002）进一步把照顾负荷定义为客观因素、外界压力源和主观认知动态结合的产物。照顾者长期承担较重的照顾负荷，会产生一系列负面影响。研究表明，长期负荷不仅会降低照顾服务质量，而且容易引起照顾者的心理问题，他们易表现出疲倦、忧郁的情绪。重视照顾者的心理状态，预防新的心理问题的产生，可以提高家庭照顾的质量，减少对医疗服务的需求，使照顾服务更好地进行（王春燕等，2017）。

近年来，养老科技领域对家庭照顾者的关注正在日益增多，许多技术革新力图通过为他们提供支持、拓展其能力或提高老年人的独立生活能力以减轻照顾者的护理负担。然而，在实际运用中，技术所面对的挑战主要在于，如何使孱弱的老年人群及正在老去的照料者更乐于接受并使用辅助产品。这类人群往往受教育程度不高，或对技术发展知之甚少，因此较难适应新技术。对他们而言，接受并应用这些新技术的过程非常具有挑战性。许多精心设计、价格昂贵的小工具，可能放在工具箱里从未被打开使用，究其原因是，它们提供的技术难以让用户方便快捷地使用。

这一背景使得“家庭技术专家”角色的出现几乎成为必然。在很多家庭中，当电脑突然停止工作、网络信号不佳或电视遥控器无法使用的时候，家庭成员通常会求助一位 20 岁左右的青年人。当科技介入老年人的照料服务时，同样有必要请一位技术专家去对接年老者的家人和照顾者，帮助他们接受并使用那些能减轻照顾者负担的技术产品。家庭技术专家的引入，应考虑老年人的需求和时机，在进入老年期之前的预防性训练将达到事半功倍的效果。此外，家庭结构和家庭关系在生命历程中具有多样性与复杂性，与增龄相关的情景化需求也应在技术普及过程中予以审慎考虑。

第一节　技术可预见的老年人普遍需求

随着年龄的增长，人们常借助技术产品或服务支持来满足生理、心理和社会需求。家庭技术专家通常比较了解人体随年龄增长产生的常见变化，能将有用的技术同无用的技术相分离。在下述案例中，如果配备真正有效易用的技术产品，或许可以在一定程度上避免悲剧的发生。

王婆婆是一位八十多岁的老人，自丈夫去世后，她就开始独居生活。女儿一家住在另一个市区。王婆婆自理能力一直良好，有一天，为了擦拭高处的相框，一个趔趄摔在五斗柜旁，头一晕便失去了意识，再次醒来已经是两小时之后。由于腿疼得站不起来，她用了 1 个小时爬到餐桌旁拿起手机，拨通了女儿的电话，等女儿一家心急火燎赶过来再到医院就诊，已经错过了最佳治疗时间，骨折造成了腿部组织部分坏死，未来只能依靠拐杖和轮椅生活。令人嗟叹的是，王婆婆的女儿曾特意为其配备了“平安钟”项链式呼叫器，但是王婆婆没有将其挂在胸前，导致她醒来后仍无法立刻使用该设备呼救。

衰老使得身体方面的需求急速增加，而这常与机体灵活度的降低有关。王婆婆的跌倒和后续行动状态很可能是平衡、反应时间、力量、耐力、骨骼强度和运动范围的弱化综合造成的。这些功能的弱化可以通过家庭设施的改造来弥补，如升降椅、扶手、坡道等辅助设备。除了这些简单的辅助技术外，运动传感器技术可以监测老年人在家庭环境中的活动状态，确保他们能进行正常的日常生活。如果王婆婆一直佩戴 GPS 设备，或者在家里安装了传感器监控系统，当意外发生时，她的家人能及时收到警报信息，并马上呼叫王婆婆，而当呼叫没有被应答时，就会开始后续行动。这样，简单的辅助设备和精心设计的传感器技术可以在保护老年人隐私与尊严的同时提供安全及保障。

目前，已有各种各样的设备用于帮助老年人应对常见的认知能力变化。随着年龄增长，典型的认知变化包括处理速度变慢、反应时间变慢以及与年龄相关的短期记忆缺陷。许多老年人可以用幽默来面对正常的、缓慢发展的认知变化，并通过增加完成任务的时间来弥补该变化。也有不少老年人利用数字设备和应用程序来进行线索提示、语言辅助提醒。值得注意的是，预防性地采用游戏或其他新颖的形式进行认知训练，能帮助老年人未雨绸缪，让他们在真正需要之前，就接纳和使用这些技术。因为在老年高龄阶段，人们对新技术的适应和应用能力会有所降低。如果将这项技术引入到未老期人群的娱乐项目中，并以辅助的目的经常使用，则在将来有需要时可以降低使用门槛（Lorenzen-Huber et al.，2011）。

第二节　与老化相关的情境化需求

虽然正常老化的各类需求大多已有对应的技术研发，但个体化和高度情境化的老化需求往往更加多样化。对虚弱患病的老年人的照顾，也会挑战包括家庭照顾者在内的整个照护系统。

随着年龄增长，个体的需求会发生较大改变。原有的传统照料方式无法再起太大作用，防跌倒助行器和改善与家人沟通质量的字幕手机无法解决认知障碍带来的新的难题。这提醒我们，与疾病相关的需求可能在类型和严重程度上瞬间改变，如同骨质疏松症导致髋关节断裂，致使老人由原先的健康管理需求发展成需要康复和家庭护理，甚至可能发展成需要住院治疗。由于大多数慢性疾病，如心脏病、阿尔茨海默病、哮喘、糖尿病等无法治愈，并且其严重程度会随着时间推移进一步增加，因此老化需求也会不断增多。配偶和成年子女等家庭照顾者在遇到自身照料能力之外的情况而不知所措时，往往会寻求技术支持。

老年人并不排斥他们认为立即有用的技术（Lorenzen-Huber et al.，2011）。然而，技术是否能立即起效，通常受到老年人功能能力、偏好及对使用过程的熟悉度等方面的影响。以家庭传感监测器为例，接受护理的老年人及护理者都希望可以控制监测器的设置，以减轻老年人始终被监视的感受和值班的护理人员要始终关注监测的压力。同时，很多老人对功能缺失并没有预见性，在他们使用传感器之前，他们可能从未意识到自己有此类需要。因此，要考虑到技术可能提供给老年人当前和未来需求的帮助，在事实和预期的基础上审慎引入合适的技术。

第三节　在地养老可能是另一种“监禁”

拥有较好的生活质量、维持自我尊严（Carstensen et al.，2003）、相对院舍养老更加低廉的费用，基于以上几点，大多数老人更希望在地养老。但这种安排和判断并非适用于所有情况。如果高龄独居老人因为失能而安装高速互联网、电子警报和监控摄像头，家人几乎每天探望，经济成本和照料成本都非常高昂，这种情况下，在地养老的优势并不突出。

根据美国学者的一些说法，老年人在地养老的愿望可能在一定程度上“监禁”了他们。他们提醒人们，在家居住时，进行社会互动和获得医疗服务等各种机会，可能比机构照料模式要减少很多。在关于在地养老的讨论中，人们几乎没有认识到，照顾一个虚弱且年迈的亲人，对于许多家庭而言是难以长期承担的重任。

第四节　引入技术的方法要点

与年迈的亲人一起接受和使用新技术可能是一件富有挑战性的事情。年长的成年人可能会坚持认为他们不需要这项技术，或表达对成本及隐私的担忧。家属可能也会关注成本，特别是在老年人寿命并不明朗的情况下。引入新技术应该解决老年人和看护团队共同关心的问题，包括失去人际联系、增加成本（包括支持和维护的成本）、侵犯隐私、使用年限等。

大多数情况下，老年人不愿意为任何类型的技术付费，他们更喜欢接受家庭成员的照顾，并且认为自己当下不需要任何帮助。与此同时，家人则会考虑使用效益，比较老年人余生的时长、替代照顾的成本等（Schulz et al.，2015）。在一套智能家居产品的推广过程中，一家大型企业开发了一套技术完备的智能家居监测系统，包括报警、睡眠、健康管理等多方面产品。然而，有的老人拒绝安装，给出的理由是："如果安装，我每个月要多支付几元的电费"。就当前民众生活水平而言，老年人并非没有支付能力，而是没有个人支付意愿，这里有场景技术要解决的问题，也有设计者在研究养老科技产品和服务都需考虑的支付端的问题，这与前述章节的支付意愿的情景化管理要结合起来考虑。

此外，技术的友好化设计也不容忽视。就防止老年人跌倒的技术而言，许多设计是为了防止跌倒或在跌倒发生时提供护理提醒。然而，警铃声设计不当可能导致过度报警，容易引发老年人的心脏不适。完成一个护理目标，带来的副作用是引发老年人的焦虑情绪，甚至可能会导致意想不到的负面结果。这就要求技术也必须在设计上坚持用户友好的理念，尤其是做到适老化设计。

好的技术不仅不会取代人与人之间的交流（Lorenzen-Huber et al.，2011），反而能够促进和优化人与人之间的关怀。虽然传感监控可能减少呼叫或者检查，但它也可以和放在办公桌上的相框一样被关注到，传感器的屏幕状态图标时时提醒着人们家人的存在，暗示他们适时打电话给他。科技的使用也常常鼓励人们一起学习，技术专家的持续支持、培训等通常需要照料者和老年人共同参与，在那种场景下，新技术为看护者和老人提供了一系列交流的话题，因此，技术培训、支持的过程可以是充满趣味和温情的，也成了"如何"引入技术的要点。

总之，一项新技术的引入必须考虑到与人的交互、成本和隐私等相关问题。在经过权衡利弊后发现利大于弊，那么就有引入的价值。此外，技术引入后还要做好跟进服务，特别是技术使用的培训和维护，要向老年人及照顾者提供持续性的指导。说明书或者指导手册对老年人的重复训练大有裨益。针对更复杂的技术，可能需要开发一系列简短的训练课程，这些课程要做到可以便捷地访问或使用。

第五节　家庭照料者及家庭照料辅助技术

无论在中国还是在西方国家，大多数失能老人都是由家庭照顾者在社区中进行照料和给予支持，只有少数人由专业机构或专业护理人员照料。朋友、家人和邻居构成了非正式护理的主力。护理的内容主要包括协助洗浴、饮食、药物服用、交通出行、购物、协调照顾和情感支持等。随着照料工作负担的加重，提供护理的亲属很可能会借助辅助技术来照顾老人。独生子女通常单独照料老人，与多个兄弟姐妹及其配偶分担照顾责任的情况也很常见，而且轮流照顾者之间的交流也会借助技术发挥重要作用。

为了减轻照顾者的负担，新技术和新产品不断涌现。其中，有一些设备可以监控药物和食物的摄入量、帮助摔倒的老人打电话求助等。智能手机和可穿戴技术在提供照顾服务和支持方面具有良好的发展前景。这些技术的发展常常仅把老年人作为终端用户聚焦，同时还应该针对家庭照顾者的需要和能力来设计开发，因为家庭照顾者在技术的接纳和使用过程中发挥着重要作用（Adler and Mehta，2014；Lorenzen-Huber et al.，2013）。

第十四章　老年人使用技术的社会环境

社会环境在老年人的晚年适应过程和健康衰老过程中起着重要作用。已有研究表明，社会关系与老年人的健康和生活满意度显著相关（Holt-Lunstad et al.，2010）。因此，人们期待技术产品能促进老年人的日常社会参与和交流。

尽管老年人在日常生活中正在越来越多的应用创新技术，但我们对技术与社会环境的有益影响如何相关知之甚少。研究发现，晚年技术的使用与老年人的情绪、社会功能指标之间存在正相关关系（Cotten et al.，2013；Hogeboom et al.，2010）。相关研究还指出，有必要更好地理解技术是如何以及在何种情况下增强了社会环境的潜在益处。关于这一方面，有两个相关的问题和挑战亟待回应：技术应如何进步，以更好地支持与社会环境的交流？社会环境如何激发或促进技术的适应性使用？

第一节　老年人的社会环境

社会环境包括不同的动态过程和关系系统，可以从个体的即时人际环境延伸到整个社会的社会结构。从人际关系的角度来看，社会环境即两个或两个以上的个体相互交流和参与社会互动。在此，首先提出两个与论证思路相关的命题。第一，由于交流和互动通常发生在日常生活中不同的物理空间场所内（如家庭或社区），因此，不同的地点对社会关系的调节有重要影响。第二，社会环境是动态发展的，具有可塑性。社会护航模型（social convoy model）解释了个人交际网络结构在人一生中不断变化的状态（Antonucci，1990）。随着年龄的增长，一些关系结束了，新的关系又开始形成，而有些关系可能会持续人的一生。证据表明，在社会护航模型中存在着与年龄相关的差异：人在早期生活中会有更多的关系，在成年后期交际网络会缩小（Carstensen et al.，1999）。从这个意义上说，社会环境是具有不同结构或关系的动态、交织的系统。在社会环境的调节中，是什么构成了年龄相关的差异？针对这一问题，关于衰老的心理学和社会理论已有不同阐释。

社会环境的调节会给老年人带来许多挑战，同时建立和维护关系需要投入诸多资源。当面对身体上的衰老和功能衰退时，社会交流的要求和环境的变化将对老年人产生更多挑战。面对这些困难和需求，应如何提高社会环境的有益效果？

选择、优化和补偿的生命理论模型针对这一问题作了阐释（Baltes and Baltes，1990）。

选择是指老年人在社会环境中选择不同的机会，该选择为有助于增进关系的调节过程指明了方向。选择在面对新的挑战和需求时发生，例如，人们搬到另一个新地方时可能需要在保持现有朋友关系的同时结交新朋友。此外，疾病和健康水平下降可能会限制个体与他人及社会接触的机会。在这种情况下，就要决定如何将时间和精力分配在调节社会环境上。

通过优化，老年人可能保持甚至改变他们的社会环境。研究表明，老年人愿意为维持社会关系投入个人精力和资源（Lang et al.，2013），以改善关系质量或与新朋友接触，即便在生命最后阶段，他们也愿意参与活动或去结交新朋友（Lang，2000；Menec，2003）。

补偿与人们在社会环境中应对损失和负担的方式有关。例如，当产生不愉悦的交流或冲突时，关系会面临困难或风险（Rohr and Lang，2009）。维持挑战性或威胁性的关系，需要一些策略，以便减少社交中的负面影响（Sorkin and Rook，2004）。另外，不可预知的变故，如失去配偶或在长期护理中被禁锢在疗养机构，会使老人的孤独感更明显（Savikko et al.，2005）。此外，正常的生活过渡（如退休）或健康状况的下降也可能限制个人接触社会的机会，这就需要建立新的社会参与方式。

选择、优化和补偿原则相结合，有利于发挥社会环境的有益作用，但这主要取决于个人和环境的可用资源（Freund and Baltes，2002）。

第二节　技术如何提高人与社会环境的良性互动

讨论技术在老年人有情感意义的积极互动这个领域的潜在作用，首先需要了解老年人如何利用产品和解决方案来调节他们的人际关系。将选择、优化和补偿的原则纳入考虑中，可以加深人们对这一问题的认识。

首先从选择原则来看，老年人能主动利用科技来塑造他们的社会环境。Melenhorst 等（2006）在一项焦点小组访谈中研究了老年人使用通信技术的动机。结果表明，老年人使用科技的意愿取决于该科技是否能带来老年人与社会环境的良性互动，而成本花费多少在老年人的决策中并不是重要考量因素。老年人认为互联网有利于社交（Gatto and Tak，2008），尽管网络使用中会涉及各种障碍（如技术挫折、网络安全问题等），72%的受访者仍会每周至少上网五六次。这些发现表明，当社交的潜在好处显著时，老年人会有选择性地参与技术使用。

网络社区是另一个说明老年人如何利用科技促进社会环境塑造的例子。

Nimrod（2013）提出，老年人有选择地参与满足其情感和心理需求的交流，有助于其应对在健康、家庭和退休等方面与年龄相关的挑战。此外，研究发现，参与网络游戏等老年人网络社区讨论的频率与老年人愉快的互动和分享积极经历呈正相关（Nimrod，2011）。因此，社交媒体的使用对老年人来说具有重要意义。

优化原则是指技术对行为资源的投入会加强老年人对社会环境的良好调适程度。事实证明，信息和通信技术改善了老年人的社会接触与参与度。Litwak（1960）在其改善多代大家庭沟通方式的研究中提出，通信技术的发展使得家庭成员可以克服空间距离进行自由沟通。在过去的几十年里，随着大多数老年人拥有了智能手机或开始便捷地上网，网络交流机会大大增加（Rainie and Zickuhr，2015）。数据显示，相当一部分老年人在公共场合使用手机来安排会面，这表明，移动设备有效地创造了社交机会。而祖孙之间的见面与手机的使用频率呈正相关，这一发现说明老年技术不仅起到弥补性功能（如针对不常交流的独居群体），还优化了交流质量（Quadrello et al.，2005）。除此之外，互联网还提供了各种机会，包括电子邮件、即时消息、社交网络、论坛和博客等，来维护和加强社会关系（Leist，2013）。老年人非常重视互联网的这种潜力（Cotten et al.，2013；Nimrod，2013），比起非互联网用户，50岁以上的互联网用户与家人和朋友的联系更加频繁（Hogeboom et al.，2010）。

补偿原则是指利用技术来弥补社会环境中的缺失体验，如补偿老年人由于独居、孤独、身体缺陷和慢性疾病而受限的社交机会。临床研究证据表明，助听器治疗能改善社会情绪功能和减少抑郁（Yueh et al.，2003）。因年老产生视障的人群使用视力辅助技术能逐渐降低抑郁程度（Horowitz et al.，2006）。还有通过技术援助来提高老年人活动能力的例子（Toosizadeh et al.，2014），一些老年人由于健康状况下降导致活动性受限，放弃了驾驶，但是会通过各种助行设备（如电动小摩托）来保持日常活动和社会参与水平（May et al.，2010）。另外，远程医疗干预、智能家居技术在监测和管理疾病与慢性病方面的应用也越来越多。

综上所述，关系调节的适应性过程能促进社会环境的积极影响。从这个角度来看，技术可以通过三种方式来影响日常生活：第一，应该根据特定年龄的需要，对社会环境进行积极塑造。第二，应在能提高交流质量和建立有意义的关系所必需的资源上加大投入。第三，技术需聚焦成人期个体可能面临的损失和负担，提供弥补方案。因此，提高社会环境积极影响的技术潜力不仅与关系调节的过程有关，还需要对环境需求和资源有更进一步的理解。

第三节　社会环境如何支持技术的使用

本节将通过回顾理论和实证文献，说明社会环境如何帮助老年人适应技术的使用。总体而言，老年人采用新技术的速度比一般人群要慢。如前文所述，老年人是否采用技术的首要决定因素是产品或服务的益处而不是费用（Melenhorst et al.，2006）。当然，如果不考虑不同社会环境下的挑战和机遇，很难评估产品和服务的价值。因此，老年人在日常生活中是否使用技术，取决于是否存在与符合其需求偏好的特定社会环境相关的益处。

个体、环境及技术的关系可以互相促进：一方面，个体必须不断地适应特定社会环境的挑战；另一方面，个体在适应过程中的努力会进一步刺激技术进步或增加技术的使用。投入技术帮助个体适应环境的过程显示，科技使老年人更加以自我为中心。例如，和孙辈面对面交流的频率与电子邮件的使用频率呈负相关，与孙辈距离较远的祖父母会更多地使用电子邮件和晚辈沟通，这也突出了客观环境条件的现实意义（Quadrello et al.，2005）。也就是说，老年人如果拥有更多个人能力或资源（如高活动能力）和处于不那么具有挑战性的社会环境中（如有物理位置上的便利条件），技术使用带来的好处就不是必需的。

家庭成员是使用技术的潜在支持力量的一大来源（Selwyn et al.，2003），许多老年人通过亲戚和朋友的帮助获取网络信息、接触通信技术。因此，研究显示，家庭的支持和网上学习的效果及网络相关的自我效能这三者之间呈正相关关系（Chu，2010）。Selwyn（2004）在一项针对老年人的定性研究中发现，当在家庭内部使用的设备变更时，参与者经常由家人引导着使用电脑或互联网。这表明，家庭环境是促使人们在晚年更多使用科技的社会环境之一。

对技术创新潜在益处缺乏认知、对使用技术存在操作困难，是技术推广的两大主要障碍（Broady et al.，2010）。因此，针对老年人的技术培训项目和网上学习课程正在不断增多（Gardner et al.，2012；Githens，2007）。国内已出现不少老年电脑培训机构，如老小孩网站、夕阳再晨社会工作服务中心等。研究表明，老年人能够从专业指导和培训中获益，提高自己的技术使用水平（Woodward et al.，2011）。下文将以夕阳再晨社会工作服务中心为案例，介绍该机构基于社区的项目，这些项目在加强老年人技术使用方面作用显著。

第四节　案例：夕阳再晨社区服务助力老年人数字融入

由非营利组织或政府机构发起的以社区为基础的项目，在塑造老年人学习技术的社会环境中发挥着重要作用。随着信息化发展战略上升到国家战略高度，我国已经有诸多社工机构在老年人数字融入方面进行了有效探索，其中的典型代表之一是北京夕阳再晨社会工作服务中心（以下简称夕阳再晨）。夕阳再晨是旨在帮助老年人数字融入的助老公益组织，其主要模式是对老年人进行信息技术普及教学辅导，该中心成立 4 年就已累计服务万余人次，帮助了大量老年人学会使用电脑、智能手机等现代科技设备。

截至 2020 年，夕阳再晨已经为我国几十个地区的老年人提供了大量免费课程，突出地完成了项目目标，并取得了很好的社会效益。该中心在北京运营一个以技术为主题的老年人社区中心，并且开发了一个广受欢迎的网站（网址为 www.bjseeyoung.com/），该网站为上网的老年人提供相关指导页面，其唯一身份访问者数量平均每月超过 100 000 人次。这个社区中心每年吸引大量老年人，并管理着一个由 24 所技术实验室组成的全市性网络组织。

夕阳再晨成立于 2011 年，该中心发起“老年人科普计划”以帮助老年人更好地融入信息科技社会，组织大学生志愿者拿着电脑走进社区，通过科技大讲堂和一对一教学相结合的方式教授老年人学习电脑、智能手机等电子科技产品的基本使用方法，学习电脑网上购物、网上挂号和手机拍照、微信聊天、建立微信群等技能。项目执行过程中高度重视包括教室环境、社区中心、家庭和社交网络在内的社会环境建设。这些项目为服务老年人的非营利组织提供了一个重要的联系渠道，很多其他机构和街道、部门与夕阳再晨合作，包括赞助培训项目、为计算机实验室提供场所空间、协助拓展新的参与者、筹集资金。项目还提供聚会餐食和其他相关社会服务项目，社区老人通常会愿意在这样拥有政府赞助的服务和膳食的社会环境中参加课程。

这些课程是由夕阳再晨的教师（非志愿者）教授的，每节课限制参课人数，尽量小班化教学。介绍性课程主要关注计算机或 iPad 的基础知识，一个课程基本持续一个月。教学方法具有高度的参与性，通过讲座、演示、作业等形式进行，并辅以小组讨论和答疑。同时，课程非常注重老年人本身的能力赋权，鼓励比较有经验的老年人在课堂上非正式地参与指导其他学员。通常情况下，课程报名是由社区合作组织统筹招募。

夕阳再晨的“老年人科普计划”免费课程吸引了很多老年人，尤其是独居、收入较低的老年人。2018 年，夕阳再晨与全国多所高校的志愿者组织合作，在各地开展老年人的数码赋能，与社区志愿培训者一起帮助低收入老年人克服社会孤立。复旦大学研究人员评估了该项目的干预对老年人数码疏离的影响。夕阳再晨教师志愿者提供项目设计、能力培训、指导和连续的课程模块，教师与数名老年人共处一个学期（为期 3 个月），使用平板设备（如 iPad）和宽带连接作为与朋友、家人、社区机构及其他上网的老年人建立关系的平台。项目鼓励老年人将学习技术技能的体验（如 iPad 使用、网站浏览、电子邮件管理、应用工具使用等）与一些目标（如加强社交网络、增加社区活动意识、与类似团体和组织建立关系、指导通信技术和社交技巧、解决老年歧视等）结合在一起。尽管参与者付出了大量的时间并且面临学习新技术的挑战，他们仍然非常投入地坚持完成了项目，还接受了项目干预前后的评估。

为了进一步研究信息技术普及活动对老年人数字融入和数字赋权的长期影响，评估团队选取了 60 名项目学习中表现较为活跃的老人，开展了为期一个学期（3 个月）的跟踪调查，并对前后两次调研数据进行比对。结果显示，这些老年人在数字融入和数字赋权两方面均有明显改善（表 14.1，表中只选取 52 名有效数据的老人信息）。从量表均值来看，数字融入量表均值由 35.41 提升到了 66.59，前后差异显著；而数字赋权量表均值由 41.41 提升到了 51.50，也有明显改善（石珂，2018）。

表 14.1　两个量表前后均值分布（n=52）

测量时间	平均值	
	数字融入量表	数字赋权量表
前测	35.41	41.41
后测	66.59	51.50

进一步采取独立样本 t 检验发现，除产品占有、时间支配态度不显著外，其余因子全部显著增加（表 14.2）。其中，①产品使用后测比前测均值增加 7.80；②数字社交后测比前测均值增加 5.69；③数字娱乐后测比前测均值增加 3.48；④数字生活后测比前测均值增加 6.29。这表明夕阳再晨的项目干预取得非常好的效果。

表 14.2　两个量表前后测 T 检验结果

量表	维度	前测		后测		t 检验
		均值	标准差	均值	标准差	
数字赋权量表	自我效能感	20.04	2.85	22.51	2.23	0
	社会融入	20.51	2.56	22.67	1.88	0
	边缘化与排斥	8.15	1.29	9.04	0.87	0
数字融入量表	产品使用	15.22	5.83	23.02	3.11	0
	数字社交	7.80	2.94	13.49	3.24	0
	数字学习	6.25	2.34	9.09	1.48	0
	数字娱乐	5.56	2.24	9.04	2.43	0
	数字生活	7.69	3.32	13.98	4.27	0
	产品占有	1.45	0.57	2.22	1.30	0.219
	时间支配态度	3.27	1.43	4.27	1.74	0.144
	经济消费态度	2.28	1.40	3.98	2.63	0.007

夕阳再晨的成功可以借由前述理论进行分析。首先，它承载了老年人社会环境中的支持性资源。与当地政府、相关机构积极开展合作，开设了遵循老年主体老年赋权理念的探索中心，搭建了满足特定目标群体兴趣的网站，还考虑到参与者学习能力差异和社会经济不平等等因素而量身定制课程，该项目的可见性和可获得性很高。根据生态学结构理论，当环境资源与老年人的各项需求和能力相匹配时，老年人就能够成功地利用环境资源。其次，因为老年人获得了恢复和改善其社会环境的新方法，参加课程的收益非常丰富。这个课程不仅包括技术学习，还包括加入一个小群体班级，这会成为参与者社会环境中紧密相关一部分。

综上所述，这些基于社区的干预措施表明，让老年人参与和技术有关的培训或社区建设活动可以塑造他们的社会环境。当项目在一个支持性的、精心设计的环境中开展时，老年人往往会渴望学习新技术。随着老年人对技术熟练程度的提高，他们的社交水平通常随之提高，并且社会效能得到提升，其社交范围及质量便能得到显著提升，孤独感会进一步减少。以这种方式，技术就可以有针对性地处理老年人的关系和互动，从而使他们积极参与社会环境的塑造。科技培训和项目活动本身也成了老年人社会环境中的一个重要介质。例如，90%的项目参与者表示在项目中结交了至少一个新朋友。通信网络技术将服务组织互相链接，以支持全市数十个地点的技术培训，成为激励老年人努力改变他们的社会环境并加强支持系统的新途径。

第五节　总　　结

本章回顾了通过技术促进老年人与社会环境的良性互动的相关理论、实证与应用案例。表 14.3 整合了关于晚年生活中技术使用和社会环境的概念模型。首先，有利的社会环境将依据特定年龄的需要而有助于人际关系调节。这意味着，在整个成年期，人们越来越倾向于选择积极的、有情感意义的社交活动。老年人社会关系调节的结果通常与亲密度调节的机制和指标有关，如关系的质量或亲密度。

表 14.3　晚年生活中技术使用和社会环境的概念模型

社会环境加强技术使用的潜力	技术增进社会环境有益效果的潜力	关系调节的结果
需求：社会环境中能促进技术使用的挑战 资源：社会环境中能推动技术使用的机会 相互作用过程：需求和资源产生的影响取决于个人	选择：支持社会环境的主动塑造 优化：增加投入并寻求方法以改善社会环境 补偿：提供方法来弥补社会环境中的损失和负担	目标：使社会环境中的积极体验最大化 结果：关系的质量和感受到的亲密度增强

该模型建立在几项假设之上，其中一项假设是，技术主要从三方面支持对人们社会关系的适应性调节。第一，它在日常生活中主动参与塑造社会环境。事实表明，老年人会以与年龄相关的社会动机的变化相一致的方式来主动地使用技术。从这个角度来看，老年人有能力投入社会环境的调节和管理中，如选择不同的社交机会。第二，技术促进了调节和建立关系所需的行为资源，如前文所述的通过增加行为资源的投入来改善社交的产品和方法。第三，技术弥补了社会环境中的损失和负担，将个体受孤立的风险最小化，也可以弥补因社交减少而造成的身体机能的退化。

另一项假设是，技术调节关系的潜力取决于社会环境的特征。例如，社会支持可以激励技术的使用。基于社区的培训项目为老年人引入计算机和互联网，也为他们的社会参与和社交活动提供了新机会。此外，有意义的关系有助于老年人对技术产生正面的认识，从而影响老年人的使用决策。当在特定的社会环境中技术没有任何意义时，技术的正面效果就不太可能普及。正面效果取决于人与环境需求和资源之间的相互作用过程。例如，学习计划或培训的效率与个体间学习能力的差异有关（Broady et al.，2010），因此教育项目对具有更高学习能力的个人来说可能无关紧要。同样，仅仅考虑需求，对是否使用技术的决策几乎没有影响。例如，经常出门的精力充沛的老年人能够更好地应对异地关系的挑战，因此他们可能觉得那些用来保持联系的技术并无太大用处。

表 14.3 中的概念模型在理论和实践上都具有重要指导作用。如前文所述，人们对技术如何在老年时期加强与社会环境的有益互动知之甚少。因此，需要考虑以下问题：技术产品或方案在调节社会关系方面的具体功能是什么？在日常生活中，影响技术使用的具体需求和资源是什么？个体之间又有何不同？参与者的社会动机有哪些差异？解决这些问题有助于更好地理解晚年生活中使用技术的利与弊。

此外，研究结果也对老年技术的发展有启发性意义。医学研究通常关注与年龄有关的认知及身体机能衰退，这可以帮助研发人员在产品开发中提高对与年龄有关的特定困境的理解。然而，也有必要考虑老年人在个人意义和生活管理方面的优势和潜力。随着年龄的增长，老年人使用技术的决定在很大程度上取决于与情感支持相关的益处。老年人使用新的产品或解决方案的一个重要动机是能帮助自己更好地调控社交环境。因此，对用户需求的评估应考虑个体化需求，这与社会环境的需求和资源紧密相关。显然，在生理、认知和动机资源方面存在着很多个体及年龄差异，这些差异会影响晚年生活中科技的使用（Kamin and Lang，2013）。这启示我们未来的研究应着眼于个人资源和社会环境调节之间的联系，例如，为什么一些老年人不愿意参加培训课程？为什么即使人们很清楚某一产品能提升社会支持但仍拒之门外？另外，研究老年技术使用的个体间差异还应该考虑到环境资源乃至需求的作用。

综上所述，本节对相关理论进行了整合，用以分析老年人如何利用技术来调适其所处的社会环境，未来的研究应更多探索相关调节关系的效益机制。

第十五章　老年电子内容消费品案例——年轮学堂的产生

第一节　文化电商与老年人知识消费需求

2013年是声线电商的元年，文化产品也随着声线电商的发展引起了人们的关注。在老龄人口持续增长的大背景下，体现精神层次需求的老年教育市场逐渐显现。老年人的电子文化产品潜在需求很大，但当下优质供给相对稀缺。在老年文化需求领域，传统老年大学主要靠政府财政扶持，大多数费用较低，但无法给高层次老年用户带来满意的体验；商业性的老年教育机构大多处在跑通模式阶段，线上为主的模式覆盖地域广，但用户体验浅、黏性低，线下为主的模式虽然用户体验佳、黏性高，但扩张慢，尚未具备向庞大的老人群体输出足够品质与数量的老年教育产品的能力。

中国每年的人均阅读量为4.6本，而犹太每年的人均阅读量是64本，两者存在巨大差距。阅读对于民族文化建设具有深层次的影响，为了推动文化的传承与创新，应大力提升民众的读书意识，营造良好的全民阅读氛围。而在当下的知识经济时代，纷繁复杂的资讯给广大读者尤其是老年人带来了不少困扰，包括如何选取优质读物、如何摄取读物中的优质知识等。基于这样的需求，年轮学堂创业团队发挥自身能力帮助用户选书，然后用精简的篇幅概括每本书的精华，从而为用户排解知识焦虑。在整个产品开发过程中，年轮学堂的作用在于帮老年人选书和精华解读，减少他们选择的困扰，提高他们的精神生活品质。

相对于其他人群，老年人的知识需求状态是独特的，他们没有学习和工作的竞争压力，退休后阅读时间较为充分。采访结果发现，两类老年人幸福指数较高，一批老年人是广场舞者，另外一批是老年大学的学员，他们均因为有自己的生活而开心满足。结合心理学和社会学知识对这些老人进行深刻分析，可以发现大多数老人都有一些负面情绪。过往生活中的遗憾会令老年人产生抑郁情绪，未来对疾病、衰老的担忧使他们焦虑不安，现在缺乏有意义的生活、难以获得朋友的陪伴等因素则会让他们感到被孤独侵袭，这些情绪都会对老年人产生或多或少的负面影响。正如年轮学堂创业团队的调查分析，对老年人而言，职场提升需求、竞争压力都相对减弱，因此纯粹技能性、知识性的课程并不是这一群体的刚性需求。而从心理层面走近中老年群体，会发现他们处在人生重要的转折点上，比如身体频繁出现各方面的健康问题，孩子离开家庭去上大学或参加工作后，原先以家庭为中心的生活出现断层，于是出现巨大的社会、心理需求。年轮学堂创业团队根据以上情况将老年群体的三个最大心理需求归纳为健康焦虑、孤独感和价值实现。在把握这些需求的基础上，团队决定打造以智慧、快乐、有价值为内核的教育产品，线上以小程序“樊登年轮学堂”平台提供权威、丰富的音视频课程体验，线下通过各种比赛、课堂、聚会活动等形式搭建丰富的社交场景。这类文化产品试图激发老年人兴趣，通过学习、展示、比赛、自组织等各种途径让他们参与学习和社交，从而获得持续不断的优质体验。

第二节　年轮学堂的开发案例

着手开发年轮学堂时，樊登读书会已有 1500 家分会，很多省市级分会都成立了线下读书会推动周边人群读书，其服务的主要人群年龄为 20～45 岁。扩展到老年人群，其实是在原有会员规模的基础上，通过形式多样的知识传播方式推动会员整个家庭的学习，帮助一家人更好地生活、工作和调节内心。除了邀请相关的业界名人等增加影响，以吸引并稳定地发展用户，各分会再逐步通过组织优秀的线下读书活动来发展和巩固会员。年轮课堂的可行性分析从老年人上老年大学的动机开始。虽然政府开办的老年大学发展迅猛，但往往名额有限、报名困难，难以满足大部分老年人的需求。而类似的“爆款产品”——广场舞，由于加入容易，并且费用低廉，因此广受欢迎。老年大学和广场舞的共同之处是同时满足学习和社交两大需求。产品开发若能结合线上和线下则可事半功倍，如 O2O 模式[①]的老年大学，在线上满足用户的学习需求，线下以小组形式鼓励老年人自发地社交、互动学习。“每天听”“每天看”“一起学”这三个模块主要包括美文、资讯、智慧书社，书社内容又包括心灵类、健康类、技能类、家庭类、兴趣类等，注重高质量内容的产出。

老年消费群体付费意愿较低一直是限制老年产业开发的瓶颈之一。我国素有过年过节送老人礼品的习俗，但目前市面上可选择的优质产品并不多。年轮学堂考虑到这一现状，敏锐关注到知识输出这个对老年人的生活品质有明显改善作用的产品，并预测到未来巨大的潜在市场。年轮学堂的前身“樊登老同学”是基于小程序的在线学习平台，其试验性地尝试了老年化产品的三部分内容开发：一是以广播形式每天推送音频内容，包括美文、兴趣爱好、政府政策、养生保健等话

① O2O，即 Online to offline 的模式，把线上消费者带到现实商店中。

题；二是书籍解读，尤其是老年人爱看的书籍；三是推动在线学习课程的同时，着重根据老年人的社会性需求和学习特征开发线下学习活动。

以“一起学”这个模块为例，在总体产品发展规划框架下，每个阶段会有不同内容，主要分为四个阶段。0～6 个月是第一阶段，从家庭关系（父母子女共同需求）、认知升级（老年人需要的技能类知识）、老年人兴趣学习（或展示）三个维度，制作三门核心课程，并全网分发，进行渠道测试。同时搭建小鹅通店铺，使自有店铺加入社交功能（同一门课程学员加群互动），深度了解用户需求。7～12 个月为第二阶段，增加了 3～5 门课程，丰富小鹅通店铺内容和数量，完善功能服务，开通会员体系。13～18 个月是第三阶段，上线独立小程序，完善服务功能及内容，逐步开展线下社交服务。19～24 个月是第四阶段，上线 App，完善服务功能及内容，进一步开展线下社交服务。

最初 1.0 版本以小程序的方式供老年人使用，产品的盈利模式主要是会员年费、部分高端课程单独收费等，营销渠道主要是子女端、客户端和政府机构。很大一部分用户和客户是分离的，大多数老年人用户是由子女作为客户代为购买会员资格，因此需要先打入年轻人市场，第二步才是拉动老年消费者生根。有些产品平台起步早、内容丰富、有一定的用户基础，比如上海的“老小孩”网站和 App，但是也通常存在交互界面不够适老化、老年付费率低、未真正激发老年人的使用意愿等问题，这为年轮学堂提供了发展空间。年轮学堂产品的竞争优势主要是线上和线下相结合的学习及社交模式，适老化、简单的交互界面，以及从情感陪伴、视野开阔、认知升级、兴趣培养、社交互动五个方面提供全方位多维度的服务，核心解决老年人孤独问题。值得一提的是，年轮学堂的核心理念是助人自助，激发老年人自身的内在生活动力，而非单纯的授人以鱼，因此具有良好的可持续性。

第十六章　适老科技的社会工作研究案例

本章将详细介绍两项适老科技的社会工作研究：第一项为老龄社会产业与技术发展的实地研究，主要调研机构老年群体的需求、老年群体数码共融的现状；第二项为老年群体数码增能的社会工作干预研究。这两项研究从调查到实践层层推进，展现了社会工作视野中的科技服务创新的逻辑步骤。

第一节　老龄社会产业与技术发展的实地研究

调研活动采取质性研究与量化研究相结合的方式。质性研究适合对陌生场域进行探索性研究，研究者可以综合运用多种资料收集方法，对研究对象进行整体性探究。课题组的调查人员选取南京、上海两地的养老机构，并兼顾了高端和中低端养老机构与社区，主要采用观察法与访谈法，对管理人员、护理人员和老人进行访谈。调研机构包括南京市 YHA 养老院、南京市 YXS 老年服务中心、南京市 JLEC 居委下辖社区、上海市 WT 社区长者照护之家、上海市 JFJ 养老院、上海市 YK 老年公寓、上海市 LF 社区医院。通过与养老产业一线服务和管理人员的深入访谈，以及对老人日常起居生活的观察，课题组对养老产业目前发展的需求及痛点进行了梳理总结。在前期探索性研究的基础上，课题组进一步开展了量化研究，与质性研究相比，量化研究更适合那些人们较为熟悉的场域，常常被用于探讨变量之间的关系。调研组设计了包括个人及家庭情况、互联网与智能工具使用情况、需求情况等方面的问卷，随后按照概率抽样的方法对 341 名老人进行了访问调查。

一、养老机构老年群体的需求调查研究

养老机构是高龄老年人群的重要生活场所，机构照料也越来越多地依靠技术发展。Alderfer（1969）在马斯洛的需要层次理论基础之上，提出了“生存-关系-成长需要”理论，他认为人有三种核心需求：生存需求、关系需求和成长发展的需求。基于这一理论，课题组在 2017 年 11—12 月开展了一项研究，访谈了上海

市的4家养老机构共计16名老年人，其中男性5人，女性11人[①]。从生存需求、关系需求和成长发展需求三个方面来考察老年人的需求，一方面为我们了解老人生活中遇到的困境提供了结构化的视角，另一方面也为解决方案的提出指明了方向。

（一）生存的需求困境

1. 饮食需求困境

饮食营养是现代化老年照护的基本要求，但很多机构都面临众口难调的现实问题。受访机构大体上都有意识地为入住老人提供合理营养和均衡膳食，其基本配餐包括一大荤、一小荤、一素菜及汤，不过大多数老人对菜肴并不满意。一方面，老人的口味难以调和，机构在协调众多老人的饮食喜好方面有心无力。另一方面，老人可食用的菜品难以调和。由于老年人的身体机能逐渐退化，每个年龄段可食用菜品的软硬程度也各不相同，但又不能全以最“软”的食物（影响口感）作为标准进行提供，特殊老人还需要由医生根据病情决定饮食种类。

其中与c12老人的交流显示，较好掌握信息技术的老人在满足自身饮食需求方面具有更多优势。

“我去了很多的养老院，发现伙食都不是很好。所以我老叫外卖，大多自己用手机软件叫的。在这里还有一个办法就是在餐厅叫小锅菜。我就只能等子女来看望我的时候改善一下伙食。”（case12）

2. 就医需求困境

老年人通常患有多种疾病，对医疗资源的需求量较大。尽管养老机构为入住老人配备了全科医生，能够提供基本的医疗卫生服务，但相对而言救治手段有限，因此老人们仍需要经常到医院就诊。老人的就医频率高，而养老机构、医院、社区等各部门之间条块分割，彼此信息隔离，这给老人带来了较大麻烦。调查显示，交通不便、看病手续繁杂是造成老人“就医难”的两个关键因素。接受访谈的老人们或多或少都表达出了目前对“看病难”的担忧和困扰。

“院内老人看病不方便。”（case9）

“我觉得主要是这个地方太偏僻了，离医院也远，不太方便。我一年住三次医院。过去还可以自己走，现在越来越走不动了，1号线很远，3号线走过去要50多分钟，就叫出租车，有时候用Uber。”（case14）

“当时我就看出了老人最大的问题就是看病。”（case4）

---

① 这16名被访对象依次编号为c1-c16。

3. 安全稳定需求困境

老年人适应新事物的能力相对有限，对熟悉、稳定的环境有更加迫切的需要。同时，稳定的环境还和老年人的交往需求、情感需求相联系。此外，老年人由于疾病困扰，生理面临风险，对于精神上的安全感需求更加强烈，而安全感则和一个稳定、安全、熟悉的环境相关联。由于老人在夜间出现意外的风险非常高，并且通常处于睡眠状态，难以通过肉眼识别。因此，除了白天的护理，到晚上也需要有足够的工作人员巡视。从访谈结果来看，老人更加青睐长期稳定的养老机构，希望配备充足的有专业知识的护理人员。

"之前社区考虑是每位老人可以居住 3～6 个月，这样保证每个老人都有入住的机构。虽然 6 个月以后还是可以递交申请续签，但是很多老人觉得不能长期居住都撤回了申请，他们觉得在一个地方住惯了，半年就要离开还需要找新的地方，接受不了。他们更想找长期的，临终的养老院。目前很多老人来咨询过，60%～70%得知这里不是长期签约的，就放弃了。"(case1)

"住在这个机构最好的就是自己不用操心了，而且身边总是有人，护理员虽然不进来，但你知道他们就在外面，有事情的话可以找他们，我在家的话不行，小孩她不可能整天都在家里的。"(case12)

4. 护理需求困境

访谈中，有众多老人表示护理人员的护理效果一般且存在懈怠工作的倾向。但将这单纯归咎于护理人员本身的工作能力、工作态度或许不合适，因为护理效果差可能是个结构性问题。一般机构的护理人员，薪资水平低（月薪平均 3000～4000 元）、社会地位低（老人对护理人员的专业性不认可），但工作强度大（通常早晚班，两班倒，一班 12 个小时；一人负责七八位老人）、工作内容繁重（擦身、处理排泄物、喂饭、洗衣等）、精神压力大（承受老人的打骂、无间歇负责老人的安全等）。由于行业吸引力弱，年轻人宁愿选择其他行业，留下来的人员普遍年龄偏大、护理知识欠缺。上述因素共同导致了机构的护理人员技能不足、服务质量低下等现象，使得老人的护理需求无法得到较好满足。这也是我国目前养老机构护理人员的现状，人员平均年龄高，劳动负荷高，工资低。

"护理马马虎虎吧，这里护理人员少，他们忙不过来。五个阿姨，一个生病了，就四个了。我们都是自己做的，坚持自己做。还好我基本上生活能自理。"(case2)

"很多护工在这里待两个月，就走了，以前的阿姨还好，你把垃圾放门口，她帮你收走，现在你不提醒她，她不收。"(case15)

（二）“关系”的需求困境

人是社会关系的总和，由于子女通常白天在外工作，或者只身入住养老院，老年人的孤独感往往比较显著，他们有强烈的情感需求，特别是对亲情的需求。

“你们现在年轻感觉不到，我现在儿子女儿不给我打电话，心里也会觉得空落落的，也不是要他什么东西，就是给我打个电话会很开心的。多关心关心，天气冷了，多穿些衣服，这样我们会很开心的。老人是很需要陪伴的，最想要的其实就是有人说说话。”（case3）

“我在美国也不习惯，白天他们都上班去了，家里也没有人。现在我儿子、女儿和孙辈都在美国，我由于身体原因一个人在上海，但还是有点怅然。虽然我髋关节开刀之后不太好，但我渐渐好起来之后，我每年还是坚持飞十五六个小时，要去一趟美国看看他们。”（case13）

传统孝文化与家庭功能下降的现实之间的张力正在逐渐增大。孝文化使得子女更期望将老人留在家中，但现在大部分家庭已无法为老人提供完善的养老支持。这种结构性的冲突体现在老人身上，就是他们与家庭成员的沟通陪伴越来越少，与同窗同事、亲朋好友的交流也因为出行不便而降低频率。这种事实上的社交隔离导致老人更易心情压抑、产生孤立无助的感觉。

“很多老人其实最后时间住满了都不愿意走。有的老人的孩子非常孝顺，都不愿意让老人住在养老院，但是奶奶们都觉得在家里非常孤独，每次子女接她们回家，她们都想回来。”（case1）

（三）自尊与成长发展的需求困境

自尊与成长发展在“生存-关系-成长需要”理论中处于最高层次，与其他年龄段无异，老人对自尊、成长发展有着同样迫切的需求。例如，许多老人在自己能够自理的情况下，往往有不给别人添麻烦的想法；再比如，在护理方面，男性老人在被女护工护理时会觉得不方便。成长发展方面，随着智能设备的普及，越来越多的老人尝试利用手机、iPad 等新媒介学习新鲜事物。

“我们这里有一位老人之前因为小儿麻痹症留下了后遗症，总是感觉自己不如别人，不太愿意说话。她自己能做的事情，从不愿意别人帮忙。”（case1）

“我有用微信，我还订了一些益智杂志，上面很多题目，我每天都做的，我还有一个 iPad，如果开发一个这种小游戏，倒是蛮好的。”（case15）

“我对智能手机特别是微信的使用还是比较熟练的。只是新的 App 或程序的适应过程需要有人手把手教。我之前还经常用电脑打游戏。”（case16）

（四）启示与建议

综上可知，老年人具有多方面、多维度的需求，而尚未满足的痛点则为老年产业的发展提供了空间。对机构老人的访谈结果还显示，老年人最关注的适老科技产品集中于医疗保健类，他们普遍表达出对行动能力下降的担忧，害怕有一天行动不便或失去自理能力，因而希望科技产品的研发能够在生活照料和医疗保健上提供一定帮助。

除此之外，许多老人对于各类保健产品也十分感兴趣。课题组调研员发现，对于部分并不富裕的老人来说，有些甚至愿意花费几万元购买理疗产品，但最终这些产品对自己身体的康复和保健作用几乎为零。访谈对象中，有很多老人向调研员反映曾经有过“上当受骗”的经历：花费高昂的保健器械并没有给身体状况带来明显改善。这一方面反映了老人对医疗康复类的保健科技产品的消费意愿，另一方面也折射出当前的适老科技产品市场并不规范。

二、老年群体的数码共融状态调查研究

（一）研究概述

此次调研，共对 341 名老人进行问卷调查，访谈机构 7 家，调研地点分布在南京、上海两地。受访老人的选取遵循概率抽样的原则，具体操作方法为：将南京的居民小区大致分为新小区、旧小区、介于新旧之间的小区三类，选取三类小区中有代表性的小区，分别为 JWC 居委、JLC 居委、BTQ 社区居委及 MFXL 社区居委，再根据社区 60 岁及以上居民名单进行等距离抽样。同时，在等距离抽样的基础上，当名单中的受访者涉及以下情况时予以排除：因身体状况无法接受访问的；人户分离，且现居地较远的；配偶已被选中为受访对象的；明确表示拒绝参与访问的。

老年机构的选取同样遵循分层抽样的原则。上海市 LF 社区医院（静安区），上海市 WT 社区长者照护之家（黄浦区）、上海市 YK 老年公寓（杨浦区）、上海市 JFJ 养老院（金山区）这 4 家机构分别位于上海的中心城区（静安区、黄浦区）、近郊（杨浦区）、远郊（金山区）。南京市 YHA 养院（秦淮区）、南京市 YXS 老年服务中心（鼓楼区）、南京市 JLEC 居委下辖社区（原下关区）兼有养老院、服务中心、社区等不同形态，确保了访谈机构的多样性和层次性。

为保证调查的科学性，在访谈及问卷调查前，均已对访谈提纲及问卷进行试调查，并根据试调查情况调整了访谈提纲和问卷。调研过程基本统一，在对养老机构管理人员进行访谈时，调研员首先询问机构的基本情况和运营状况，之后向其展示 2017 年 11 月 17 日由工业和信息化部办公厅、民政部办公厅、卫生计生委办公厅发布的关于《智慧健康养老产品及服务推广目录》（见附录三），并根据目录所列科目，让其展开介绍该机构的智能养老产品使用状况。在对机构护理人员和入住老人的访谈中，主要询问其本人基本信息、收入情况等，之后与访谈对象

就照护/被照护过程中面临最大的困难进行交流。由于问卷题量较大，且对老人具有相当难度，填答过程采取工作人员辅助填答的形式（工作人员询问并帮助老人填答），调查员从在读硕士研究生中选取，且在正式调查之前对访谈员进行了系统的问卷培训。对于问卷资料，课题组运用统计软件对 341 份问卷数据进行了录入及分析。对于访谈资料，课题组依循编撰、解组、重组、诠释以及结论五个阶段（Yin，2010），对所得素材进行了处理分析。

（二）主要发现

1. 人口学特征

表 16.1 是对调查对象的人口统计学特征的总结。其中 50～59 岁共 29 人（*n*=340），占总人数的 8.5%；60～69 岁共 168 人，占总人数的 49.4%；70～79 岁共 112 人，占总人数的 32.9%；80～89 岁共 30 人，占总人数的 8.8%；90 岁及以上 1 人，占总人数的 0.3%。中国共产党党员 95 人，占总人数的 29.5%；民主党派 2 位，占总人数的 0.6%；群众共 225 人，占总人数的 69.9%。婚姻状况（*n*=334）为单身的老人有 5 位，占比 1.5%；已婚老人 274 位，占比 82.0%；丧偶老人 47 位，占比 14.1%；同居老人 1 位，占比 0.3%；离婚/分居老人 7 位，占比 2.1%。

在居住状况安排中（*n*=334），与配偶居住的老人有 159 位，占比 47.6%；与子女居住的老人 44 位，占比 13.2%；与配偶和子女共同居住的老人 84 位，占比 25.1%；与亲友居住的老人 2 位，占比 0.6%；独居老人 33 位，占比 9.9%；其他居住情况的老人有 12 位，占比 3.6%。小学及以下学历的老人占 22.1%，初中学历的老人占 32.1%，高中学历的老人占 22.1%，中专及大专学历的老人占 17.0%，职/技校的老人占 0.6%，本科或以上学历的老人占 6.2%。

现在或退休前从事非技术工人/保安员/小贩/杂工/散工的老人有 71 人，占比 20.9%；从事器械操作员及装配员的老人 20 人，占比 5.9%；从事工艺技术人员的老人 66 人，占比 19.5%；从事服务工作及商业销售人员的 35 人，占比 10.3%；从事秘书/文员的老人 5 位，占比 1.5%；从事经理/行政的老人 26 位，占比 7.7%；从事政府职员的老人 13 位，占比 3.8%；从事专业人士/教师/律师/医生等职业的老人 27 人，占比 8.0%；从事其他职业的老人 75 位，占比 22.1%。

有 91 人认为个人月收入完全满足月开销，占总人数的 28.0%（*n*=325）；认为个人月收入比较能满足自己月开销、无困难的老人有 82 位，占比 25.2%；认为个人收入对自己月开销可以“基本满足，困难不大”的老人有 83 位，占比 25.5%；认为个人收入对自己月开销可以“偶尔满足，有时不满足”的老人有 34 位，占比 10.5%；认为个人收入不能满足自己月开销，生活有困难的老人有 35 位，占比 10.8%。

表 16.1 机构入住老人的人口学特征汇总

类别	n	占比	类别	n	占比
年龄			最高学历		
50～59 岁	29	8.5%	小学及以下	75	22.1%
60～69 岁	168	49.4%	初中	109	32.1%
70～79 岁	112	32.9%	高中	75	22.1%
80～89 岁	30	8.8%	中专及大专	58	17.0%
90 岁及以上	1	0.3%	职/技校	2	0.6%
总计	340	100%	本科或以上学历	21	6.2%
党派归属			总计	340	100%
中国共产党	95	29.5%	现从事的职业或退休前从事的职业		
民主党派	2	0.6%	非技术工人/保安员/小贩/杂工/散工	71	20.9%
群众	225	69.9%	器械操作员及装配员	20	5.9%
总计	322	100%	工艺技术人员	66	19.5%
婚姻状况			服务工作及商业销售人员	35	10.3%
单身	5	1.5%	秘书/文员	5	1.5%
已婚	274	82.0%	经理/行政	26	7.7%
配偶已去世	47	14.1%	政府职员	13	3.8%
同居	1	0.3%	专业人士/教师/律师/医生等	27	8.0%
离婚/分居	7	2.1%	其他	75	22.1%
总计	334	100%	不适用	1	0.3%
居住情况			总计	339	100%
与配偶居住	159	47.6%	收入是否可以负担月开销金额		
与子女居住	44	13.2%	完全满足，有富余	91	28.0%
与配偶和子女共同居住	84	25.1%	比较满足，无困难	82	25.2%
与亲友居住	2	0.6%	基本满足，困难不大	83	25.5%
独居	33	9.9%	偶尔满足，有时不满足	34	10.5%
其他	12	3.6%	不满足，生活有困难	35	10.8%
总计	334	100%	总计	325	100%

注：本表的数据未经修约，可能存在比例合计不等于 100%的情况

2. 互联网与电脑的使用情况

在接受访问的老人中，有 47.2%的老人使用过台式或笔记本电脑，80.1%的老

人使用过智能手机，32.7%的老人使用过平板电脑。约1/4的老人属于“脱网人口”，即从未使用过电脑、手机或者平板电脑。这项调查研究给我们带来了一些关于老人与技术的关系的发现。

智能手机在老人中的接受程度超过其他任何一种互联网设备。一方面，智能手机的渗透率超过8成，而电脑的渗透率只有约4成。另一方面，在170位使用过电脑的老人中，五年前及更长时间以前就开始使用电脑的老人占70.6%，而使用智能手机达五年及更长时间的只有37.1%。当然这与智能手机上市时间有部分关系，但从近3个月的日活跃（daily active user，DAU，指一天之内登录了或使用了某个产品的用户数）数据来看，每日都使用电脑的人数只占17.9%，而智能手机的日常使用占比已经上升至69.9%。

知识与指导资源的匮乏，制约着老人对科技产品的接受程度。在341位受访老人中，84位老人表示从未使用过台式电脑或笔记本电脑、平板电脑或智能手机，但在被问及为何从未使用这些设备时，只有17.9%的老人表示自己“没有需要”，相反，高达79.8%的老人是因为“不懂得怎样使用”而成为“脱网人口”。结合对养老机构的访谈，我们发现，很多时候，老人并不希望成为新科技的绝缘体，但在新科技面前往往心有余而力不足。一方面，他们自身的身体条件与知识水平，决定了接受新事物会格外吃力；另一方面，他们缺乏有效的外部指导，造成了大量老人面对新科技时存在畏难情绪。

电脑及互联网的可及性处于较高水平，但公共资源利用率不佳。随着科技的进步，电脑已从原来的稀罕物品走进千家万户，在245户有电脑的家庭中，92.2%的老人其家中最常用的电脑是自己或家人购买的一手全新电脑，约八成老人表示能够负担购买或维修电脑的费用。94.8%的老人能够在自己需要时自由地使用电脑。接入互联网的费用及稳定性也维持在较为合理的水平，合计93.7%的老人表示自己“完全能够负担”或“能够负担”上网费用，与此同时只有约7.8%的老人表示在过去一年内因故障而停用网络两星期或以上。虽然电脑及互联网的可及性处于较高水平，但多数老人的上网行为发生在家中，全部时间只从家里上网的老人占总数（n=143）的72.7%，大多数时间在家里上网的老人占比为16.8%，这两部分合计约九成。与此同时，使用过免费公共设施上网的人数只占4.5%，这侧面凸显了公共网络资源的低利用率（表16.2）。

表16.2　互联网使用方式及周平均时长

项目	使用情况	n	占比	平均每周活跃使用小时数/小时
在过去几个月内，您使用过搜寻/阅读信息，不包括职业/生意有关的工作？	是	190	82.3%	6.93
	否	41	17.7%	

续表

项目	使用情况	n	占比	平均每周活跃使用小时数/小时
在过去几个月内，您使用过传送或接收电邮、飞信、iMessage 等（单向性的）通信？	是	39	16.9%	16.00
	否	192	83.1%	
在过去几个月内，您使用过网上论坛/聊天室、报告栏及网上互动？	是	32	13.9%	0.32
	否	199	86.1%	
在过去几个月内，您使用过交友网站？	是	36	15.6%	0.12
	否	195	84.4%	
在过去几个月内，您使用过网上即时通信？	是	181	78.4%	9.79
	否	50	21.6%	
在过去几个月内，您使用过网上购物？	是	80	34.6%	1.51
	否	151	65.4%	
在过去几个月内，您使用过网上服务？	是	57	24.7%	0.55
	否	174	75.3%	
在过去几个月内，您制作和设计过网页？	是	26	11.3%	0.03
	否	205	88.7%	

注：本表的数据未经修约，可能存在比例合计不等于 100%的情况

老人自评网络知识水平偏低，多数人从未接受相应培训。总体而言，老人普遍认为自己对电脑及互联网的知识水平偏低，认为自己“比较熟悉”及“非常熟悉”电脑知识的老人合计只有 8.1%，认为自己“比较熟悉”及“非常熟悉”互联网知识的老人合计只有 11.0%。与这一现象呼应的是接受电脑及互联网应用课程的现状，在填答的 338 位老人中，从未参加电脑与互联网应用课程的老人占总人数高达 83.1%。

多数老人对互联网持积极态度，但使用体验有较大差别。由表 16.3 可知，在 336 位老人中，对自己使用互联网的状况持非常不满意和不满意态度的老人分别占总人数的 1.2%和 6.5%，持一般/很难说态度的老人占总人数的 38.1%，对自己使用互联网状况持满意和非常满意态度的老人占总人数的 49.4%和 4.8%。其中，选择“不满意”的部分老人中，65.2%的老人之所以不满意是因为“没有足够的相关使用知识”。

表 16.3　互联网使用情况等综合表格

项目	n	占比	项目	n	占比
互联网设备使用情况（n=341）			主要上网设备（n=207）		
使用过台式或笔记本电脑	152	47.2%	台式电脑/笔记本电脑	22	10.6%
没有使用过台式或笔记本电脑	170	52.8%	智能手机	179	86.5%
使用过平板电脑	110	32.8%	平板电脑	6	2.9%
没有使用过平板电脑	225	67.2%	从未使用互联网设备的原因排序（n=103）		
使用过智能手机	258	80.1%	不懂得怎样使用	67	65.1%
没有使用过智能手机	64	19.9%	没有需要	15	14.6%
从未使用过以上任何设备	83	24.3%	其他	13	12.6%
第一次使用电脑的时间（n=170）			没有兴趣	7	6.8%
一年前	4	2.4%	设备太贵	1	1%
两年前	13	7.6%	是否参加电脑与互联网应用的课程（n=338）		
三年前	13	7.6%	曾经参加	57	16.9%
四至五年前	10	5.9%	从没有参加	281	83.1%
五年以上	120	70.6%	对自己使用互联网状况的满意度（n=336）		
记不清楚	10	5.9%	非常不满意	4	1.2%
第一次使用智能手机/平板电脑的时间（n=251）			不满意	22	6.5%
一年前	34	13.5%	一般/很难说	128	38.1%
两年前	36	14.3%	满意	166	49.4%
三年前	49	19.5%	非常满意	16	4.8%
四至五年前	35	13.9%	过去 12 个月是否使用过智能手机/平板电脑（n=340）		
五年以上	93	37.1%	有	249	73.0%
记不清楚	4	1.6%	没有	11	3.2%
过去 12 个月内是否使用过电脑（n=333）			不需要填答	80	23.5%
有	118	35.4%	互联网知识水平情况（n=337）		
没有	135	40.5%	没有相关知识	114	33.8%
不需要填答	80	24.0%	知识掌握较少	98	29.1%
电脑知识水平情况（n=335）			一般水平	86	25.5%
没有相关知识	151	45.1%	比较熟悉	30	8.9%
知识掌握较少	75	22.4%	非常熟悉	7	2.1%
一般水平	75	22.4%	不知道/很难说	2	0.6%
比较熟悉	20	6.0%			
非常熟悉	7	2.1%			
不知道/很难说	7	2.1%			

注：本表的数据未经修约，可能存在比例合计不等于 100%的情况

3. 对于科技产品的接受度

在科技产品的使用方面，使用电脑的老人占总人数的 47.2%，使用智能手机的人数占总人数的 80.1%，使用相机的人数占总人数的 33.2%，使用智能家居产品的人数占总人数的 18.3%，使用智能监控设备的人数占总人数的 9.6%，使用医疗辅助设备的人数占总人数的 61.8%,使用文化娱乐设备的老人占总人数的 3.7%。

使用智能手机的人群中,能够熟练使用微信聊天和观看新闻的人群比例最高，分别达到了 70.3%和 66.8%，且使用智能手机的老人几乎 100% 能够独立进行操作。与电脑及互联网的掌握程度类似，老人间的评价情况存在较大差异。在 335 名老人中，觉得自己对使用科技产品完全不熟练和不熟练的老人分别占总人数的 14.6%和 18.8%，认为自己熟练程度一般的老人占总人数的 39.1%，认为自己比较熟练和非常熟练的老人占总人数的 23.9%和 3.6%。

在购买与学习使用科技产品方面，个体与环境的因素并重。具体而言，在购买行为方面，自己购买科技产品的老人占总人数的 44.7%，通过子女购买获得科技产品的老人占总人数的 59.6%，说明科技产品主要来自子女赠予和自购。在学习行为上，通过自学使用科技产品的老人占总人数的 47.7%，通过向子女学习来使用科技产品的老人占总人数的 54.8%，通过向朋友学习来使用科技产品的老人占 10.9%，通过培训班学习使用科技产品的老人占总人数的 13.1%，这说明在学习使用科技产品方面，老人有依赖环境的一面，但也具有自主学习的潜力。同时，不难发现，子女在老人接受科技产品方面发挥着关键的作用。

产品操作复杂与缺乏人指导，成为制约老人使用科技产品的主要“拦路虎”。在回答“可能阻碍您接受科技产品的因素有哪些？”题项时，认为“产品价格高”会阻碍自己接受科技产品的老人占总人数的 19.5%，而选择“产品操作复杂”的老人占总人数的 59.8%，选择“产品没有针对老人特殊情况的设计”的老人占总人数的 20.1%，还有 37.5% 的老人因为“缺少人指导使用”而放弃使用科技产品。由此可见，价格并不是最大的阻碍因素，产品操作复杂与缺乏人指导才是阻碍老人使用科技产品、拥抱现代化生活的“拦路虎”。并且，产品操作复杂也可被视为缺乏人指导的一种表现形式。反之，在回答“可能推动您接受科技产品的因素有哪些？”题项时，选择“产品简单易上手”的老人占总人数的 60.6%，选择“产品针对老人特殊情况做出优化”的老人占回答该题总人数的 26.7%，还有 41.5% 的老人表示“有人指导使用”更能推动自己接受科技产品。

医疗健康、社会交往、休闲娱乐是科技产品的潜在突破口。在回答“您认为老人在哪方面最需要科技产品的帮助？”题项时，认为在“医疗健康”方面需要科技帮助的老人占总人数的 55.8%，在“社会交往”和“休闲娱乐”两方面拥有科技需求的老人分别占 37.3%和 36.1%。表 16.4 汇总了老年人使用科技产品的情况。

表 16.4　老年人使用科技产品的情况

项目	*n*	占比	项目	*n*	占比
使用科技产品情况排序			学习途径排序		
智能手机	258	80.1%	向子女学习	176	54.8%
医疗辅助设备	199	61.8%	自学	153	47.7%
电脑	152	47.2%	培训班	42	13.1%
相机	107	33.2%	其他	39	12.1%
智能家居产品	59	18.3%	向朋友学习	35	10.9%
其他	35	10.8%	阻碍因素排序		
智能监控设备	31	9.6%	产品操作复杂	196	59.8%
文化娱乐设备	12	3.7%	缺少人指导使用	123	37.5%
可熟练使用的功能排序			产品没有针对老人特殊情况的设计	66	20.1%
微信聊天	220	70.3%	产品价格高	64	19.5%
观看新闻	209	66.8%	身体条件不佳	52	15.9%
浏览网页	161	51.4%	身边没有其他老人在用	20	6.1%
观看电影/电视	124	39.6%	推动因素排序		
手机支付	83	26.5%	产品简单易上手	200	60.6%
棋牌游戏	76	24.3%	有人指导使用	137	41.5%
网上购物	76	24.3%	产品针对老人特殊情况做出优化	88	26.7%
其他	66	21.1%	产品价格适中	81	24.5%
阅读电子书/有声书籍	65	20.8%	身体条件好	50	15.2%
智网上就医	19	6.1%	身边有老人在使用	42	12.7%
科技产品使用熟练度自评			老年人自评需要科技帮助的方面排序		
完全不熟练	49	14.6%	医疗健康	184	55.8%
不熟练	63	18.8%	社会交往	123	37.3%
一般	131	39.1%	休闲娱乐	119	36.1%
比较熟练	80	23.9%	生活照料	83	25.2%
非常熟练	12	3.6%	其他	25	7.6%
科技产品来源排序			情感慰藉	24	7.3%
子女购买	192	59.6%			
自己购买	144	44.7%			
其他	28	8.7%			
亲朋好友赠送	7	2.2%			

注：本表的数据未经修约，可能存在比例合计不等于 100%的情况

4. 机构：呼唤简单、适老、低价的老年科技产品

根据养老功能进行划分，养老机构大致可分为三类：第一类是接收身体健康、行动自如老人较多的养老院、老年公寓；第二类是具有医疗康复功能的，收治大病初愈、身体障碍老人的康复医院；第三类是作为老人生命最后旅程的临终关怀疗养院。不同类型机构的需求重点也略有不同，养老院和老年公寓的成本控制更加严格，对科技产品的实用性和价格更加敏感，其中需求主要集中在行动监控、健康状况监测管理、日常照护辅具等方面。

7 家受访的养老机构都曾使用或试用过科技公司推广的适老产品，如 WT 长者社区照顾之家购置了自动升降座椅、吸氧机、腰膝关节热敷、身体机能检测机、言语训练卡片等设备，YK 养老机构安装有睡管家、远程监护仪、关开门监测器等辅助设备。在他们看来，在可以预见的未来，老年科技如智能健康监测系统、防走失设备等将大幅提高机构的管理能力，虽然不免前期投入较大，但从长期来看能够有效降低运营成本；智能监控设备的运用也有利于机构实时掌握老人的个体健康状况，对异常情况进行及时预警。

当前老年科技产品层出不穷，但也存在一些问题，其中最突出的一点便是适老性不足，缺乏针对老人的特殊设计。以智能防走失手环为例，许多老人在佩戴之后感觉不舒适，常常摘下甚至丢弃手环，因而也就无法起到应有的监控效果。另外，以 JFJ 养老院为例，该机构新近购入了一台全自动洗澡机，然而老人接受情况并不乐观，他们更习惯在自己的房间由护工帮助清洁。对于大部分身体健康的老人，自动洗澡机的舒适度不可控，水温高低和水势大小的调节与人工调节相比并没有明显优势。对于另一部分行动不便的老人，全自动洗澡机依然要求老人以站立或半坐立的姿势进行清洁，因此卧床老人或无法长时间站立的老人几乎不能使用这一设备。

护理人员与机构老人有较多的交集，随着科技的进步，护理方式的更新换代也势在必行。一些机构负责人提到部分护理人员对科技产品存在抵触心理，如让护理人员使用 iPad 跟踪老人的情况并且进行实时操作，试用的结果表明许多护理人员认为这种管理方式极不方便，随身携带设备也是一种负担，“日常的照料工作已经非常烦琐，这些新设备操作复杂，学习起来十分困难”。原本被设计用来提高生产力的科技产品反而被视为“威胁”“负担”，这与其初衷背道而驰。究其原因，主要在于护理人员的日常工作较为繁重，文化程度较低，而科技产品没能根据该群体特点与使用场景进行个性化的设计。护理人员也是适老化科技创新产品的重要用户，因此“适应”护理人员的需求也非常关键。

养老机构管理层普遍对适老科技产品的前景给予了充分肯定，也积极参与产品的研发。事实上，养老院和老年病房已经引进了许多发展相对成熟的康复产品，这些产品定价合理，技术附加值不高，可重复使用率高，维护成本低，普适性也

好，广受机构和老人的欢迎。但就更广大的市场而言，许多老年科技产品只是“看起来很好”，但往往并不能满足老人及护理人员的实际需求；或者虽然能满足需求，但适老性存在短板；又或者有实际需求，适老性也做得不错，但操作难度太大，不适合推广；当然，价格始终是老年科技产品市场推广面临的最大问题，用一位受访对象的话来说：“我们就希望老年科技产品简单点、实用点、便宜点”。

在提供适老科技产品上，企业应在为老人提供服务发现需求后，精准地转化科研成果，使其能直接融入养老服务链里对接需求，并同时兼顾养老机构对产品持有的简单、低价等的期望。

5. 子女：推动老年科技使用的关键力量

正式支持与非正式支持构成了老年人的社会支持系统，前者包括国家、社会、组织机构及专业人士，后者则主要指家属、朋友、邻居等，将作为社会网络的社会支持功能分为三类：情绪性支持（如情感倾诉）、工具性支持（如生活照料、经济资助）、信息性/知识性支持（如告知信息）。在科技产品的使用方面，子女能够为老人提供信息性支持，并在知识上进行反哺。

本研究统计结果显示，通过自学使用科技产品的老人占总人数的47.7%，通过向子女学习来使用科技产品的老人占总人数的54.8%。通过自己购买获得科技产品的老人占总人数的44.7%，通过子女购买科技产品的老人占总人数的59.6%。可以看出，子女对老年科技产品使用的态度是非常重要的因素，无论是科技产品购买还是学习使用科技产品，子女已然成为老人最重要的支持力量。

另外，老人的态度也再次印证了上述推断，在“可能阻碍您接受科技产品的因素有哪些？”题项中，认为“缺少人指导使用”会阻碍自己接受科技产品的老人占总人数的 37.5%，而“可能推动您接受科技产品的因素有哪些？”这一题中认为“有人指导使用”会提高科技产品接受度的老人占总人数的41.5%。

由此可见，子女不仅能够提供工具性支持（通过给予经济支持），更重要的是他们可以提供一定的信息性支持，对于科技产品的使用指导有助于老人克服“科技恐惧症”，帮助他们学习和理解新事物，逐渐树立使用科技产品的信心。

（三）思考与讨论

1. 老年科技：看上去很美？

为什么精心设计的防走失手环无法吸引老人使用甚至常常遭遇丢弃？为什么护理院投入巨大成本安装的助浴机，没有如预期那样受老人欢迎呢？以上两个现象清晰地展现了老年科技产品发展过程中的尴尬现状——产品设计的初衷很好，但老人不喜欢。这类产品只是看上去很美，投入实践的检验才发现并不符合老年人偏好。在产品设计领域，有“伪需求”一说，与伪需求相对的自然是真实需求。

在设计产品之前，需要弄清楚用户的真实需求是什么、用户有哪些特征，才能拿出真正受欢迎的解决方案。

老年人生理、心理的特性同样要求科技产品的适老化设计。针对老年人的认知特点，黄光磊（2015）提到过“认知负荷理论”（cognitive load theory），该理论认为人类的认知能力是有限度的，老年人因为感官退化使得外界信息无法有效转化为知觉，因此，他主张在产品设计当中应降低老年人的认知负荷，具体而言可以从简化界面交互流程、设计易于理解的界面信息、不同场景下推送合适的内容等方面入手。有研究指出，大概 50%的老年人存在注意缺陷，通常表现为注意力不集中、活动过度等，因此，当同时出现几个刺激物，或者连续出现某种刺激时，老年人比年轻人更难实现并完成产品操作。据此，他提出两点建议：第一，采取简化的交互流程，让老年人一目了然，不必过多分散注意力；第二，通过使用鲜艳的颜色或加粗加大的字体和图标来吸引老年用户的注意力，从而增加刺激强度（燕永栋，2015）。

2. 老年人：“不想”还是“不能”？

科技能否真正帮助老人改善生活质量？这一议题可谓仁者见仁智者见智。而其讨论的背后往往混淆了“不想”和“不能”两个概念。本次问卷调查的三百多个样本中，约 1/4 的老人从未使用过电脑、手机或者平板电脑。大众很难将老人与科技联系在一起，不少人视老人为科技的绝缘体，但事实上，在这 1/4 从未使用过电脑、手机或平板电脑的老人中，只有 8.3%的老人是“不感兴趣”也即“不想”，而“不懂得怎样使用”的占到近 8 成，也即“不能”。另外，大部分的老人对互联网及智能设备的使用持积极肯定的态度。这说明，并非老年人排斥科技产品，相反，是知识的缺乏将他们排斥于使用科技产品的大门之外。这一问题在问卷的其他部分得到了佐证，在能够使用互联网的老人中，70.3%的老人能够熟练运用微信聊天，51.4%的人能够熟练浏览网页，但除这两项应用外，老人对互联网的其他功能掌握程度有限，整体来说，老人对互联网的掌握水平还处在初级水平。在自评对互联网应用掌握水平时，认为自己“比较熟悉”或“非常熟悉”的老人仅占总体的 8.1%。无独有偶，研究团队在 YK 养老院的访谈中接触到几位八十多岁的老年人，他们每天都在网上和外界尤其是海外亲属交流，他们非常需要互联网的相关应用知识，还经常在与朋友吃饭后使用微信支付平台买单。因此，当前许多老人对老年科技产品的使用并不是想不想，而是能不能的问题。有必要通过多种形式，提高老人的相应知识水平，增强其接受新科技产品的信心，赋予他们使用科技产品的能力。

（四）老年科技产品的发展策略

老年人呼唤简单、适老、可支付的老年科技产品。随着年龄的增长，老年人的学习能力和接受能力逐渐弱化，这就要求老年科技产品在设计上应做到简单易操作。设计老年科技产品应当从老人的真实需求出发，并根据老年群体的实际情况进行适老化改造。同时，老年科技产品应当考虑到老年群体的经济承受能力，一般而言，老人对价格较为敏感，因而产品的定位应尽量做到物美价廉。除此之外，这类产品研发应当注重实用性，研发重点集中在医疗保健和日常照料这两大方面，同时要兼顾价格因素，能够尽可能减少老人及其子女的经济负担。

从痛点入手，满足老人普遍存在的需求。从需求层次来看，老人在吃穿住用行，从生存生活、到自我实现存在着立体化的需求困境，而这些需求困境恰恰是老年科技可以有所作为之处。研究结果显示，老人最希望科技在医疗健康、社会交往、娱乐活动这三方面改善自己的生活。而痛点也意味着机遇，访谈中，老人普遍反映的问题有“看病难”“出行难”。显然，这些老大难的问题，如果得到切实解决，将使老年产业的发展迸发出灿烂前景。不少老人为购买保健品不惜花费数万元，这也侧面反映了老年人的需求与供给的不匹配之处。

通过各种途径普及相应培训，增强老人操作能力，帮助老人树立使用科技产品的信心。本次调查结果显示，大部分老年人对互联网及科技产品持积极态度，但不少老人存在不自信、担惊受怕的表现，出现所谓的“科技恐惧症”（techphobia）。更有些老人在试用几次新产品遇到挫折后产生心理落差，放弃使用科技产品，从而无法享受到科技进步带来的福利，这对于个人、社会或是国家都是一种遗憾。在本次调研的所有“脱网人口”当中，六七成的老人并非对老年科技产品不感兴趣，而是“缺少必要的知识”。不难想见，面对日新月异的产品，许多功能年轻人也需要时间才能学会使用，更不用说基础薄弱的老年人。因此有必要在老人使用新产品时给予必要的指导，例如在老年大学成立专门的智能手机培训班、微信培训班，都是很好的尝试，只不过其面向人群、课程设置、教学方法等都还需要不断调整和完善。

总之，从技术上来说，无论是平台还是产品，都已经发展到一定的水平，但是需要相应的系统调节和管理，与其他的行业同生共长。

第二节　老年群体数码增能的干预研究

基于上述调研的结论，专业人士及研究团队尝试从社会工作的实践角度开发相关服务。社会工作的增能干预可以有效增强用户自信心，进而满足自身需求（个人权能）和提高影响他人的能力（人际权能），从而提升其影响资源分配的权能

（Payne，2005）。对老年人进行数码增能干预，能够帮助他们在数字时代获得自我独立性，增强对外部环境的适应能力。借鉴冯玉柱博士（2003）的数码赋权理论架构，本书在进行一定修改后，设计了数码增能干预研究的理论框架，如图 16.1 所示。

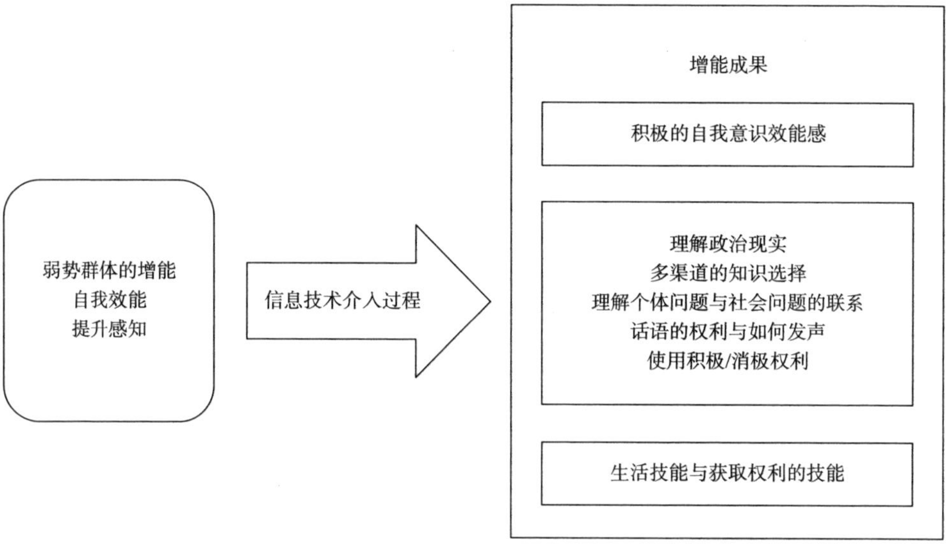

图 16.1　数码增能理论框架

一、研究概述

研究团队与两家非政府组织展开合作，采取前后测设计，使用包含 13 个项目的《长者数码共融增能问卷》对两家组织的参与者进行了问卷调查。第一家组织是长者网络发展协会，致力于向老年人提供电脑培训。这一组的老年人参加资讯知识培训之前具备基础的电脑知识。前测样本数 n=249，后测样本数 n=165。第二家组织是有悠久历史的耆康老人福利会，老年人参与资讯知识培训之前不具备电脑相关知识。前测和后测样本数均为 n=85。表 16.5 展示了两家组织参与者的基本信息。

表 16.5　项目参与者基本信息

项目	长者网络发展协会（n=165）		香港耆康老人福利会（n=85）	
	n	占比	n	占比
性别				
男性	80	48.5%	21	24.7%
女性	85	51.5%	64	75.3%

续表

项目	长者网络发展协会（n=165）		香港耆康老人福利会（n=85）	
	n	占比	n	占比
年龄				
50～59 岁	60	36.4%	4	4.7%
60～64 岁	44	26.7%	17	20.0%
65～69 岁	27	16.4%	19	22.4%
70～74 岁	24	14.5%	24	28.2%
75～79 岁	7	4.2%	10	11.8%
80 岁及以上	3	1.8%	11	12.9%
受教育程度				
初等教育或以下	42	25.6%	46	61.3%
中等教育	111	64.7%	21	28.0%
高等教育或以上	11	6.7%	8	10.7%
计算机知识				
完全不了解	30	18.9%	62	74.7%
部分了解	129	81.1%	21	25.3%

注：有部分答案缺省，故存在部分项目总数不等于样本总数问题

二、主要发现

经过半年的干预之后，针对耆康老人福利会参与者的研究发现，项目在学习如何使用资讯知识的某些方面，提高了参与者的自我效能感，同时使参与者进一步认识到不了解信息技术可能导致被边缘化的风险，相关统计数据结果详见表 16.6。

表 16.6　耆康老人福利会配对 t 检验（前后）

项目	平均值	标准误	t 值	自由度
赋权影响条目				
1. 学会如何使用电子产品后，我感觉自己更年轻了	0.143	0.156	0.916	55
2. 学习计算机等电子知识让我感觉自己处于时代前沿	0.088	0.191	0.459	56
3. 我能解决日常计算机应用的一般问题	0.698^{***}	0.174	4.019	52
4. 通过上网浏览信息，我可以了解更多社会热点时事	0.196	0.128	1.529	55
5. 我认为自己相当聪明，因为还能在年老时学会如何使用电子产品	0.725^{***}	0.188	3.858	50
6. 学习如何使用电子产品，缩小了我和年轻人间的差距	0.038	0.126	0.299	52

续表

项目	平均值	标准误	t 值	自由度
7. 学习如何使用电子产品，让我和他人有更多的交流话题	−0.078	0.118	−0.663	50
8. 学习如何使用电子产品，让我结识更多朋友	−0.059	0.149	−0.394	50
9. 学习如何使用电子产品，让我有更多途径去联系国外的亲戚和朋友	0.073	0.028	0.468	52
10. 学习如何使用电子产品，改善了我和子女间的关系	0.113	0.131	0.864	52
数码隔离感、边缘化				
11. 如果你不懂电脑知识，那么很容易被社会淘汰	0.745***	0.188	3.975	54
12. 当更多人学会了如何使用电子产品时，那些不会电子产品的人将会遇到更多的不便	−0.250	0.145	−1.728	55
13. 总之，你认为电子产品对你的日常生活有多重要？	0.442	0.381	1.161	51

注：（1）SE 均值标准误差；
（2）***代表 $p<0.001$（双侧近似 p 值）

而同一时间长者网络发展协会的研究结果显示，对于已经有一些电脑知识的老年人，其认知和经历的边缘化与排斥的感受更复杂，资讯知识只起到非常有限的作用，需要引入其他干预手段，并进行更长时间，才能对这部分老年人达到增能效果（表 16.7）。

表 16.7　长者网络发展协会干预效果配对 t 检验（前后）

赋权效果	平均值	标准误	t 值	自由度
1. 学会如何使用电子产品后，我感觉自己更年轻了	0.062	0.08	0.769	129
2. 学习计算机等电子知识让我感觉自己处于时代前沿	0.27	0.327	0.085	125
3. 我能解决日常计算机应用的一般问题	−0.328***	0.076	−4.31	127
4. 通过上网浏览信息，我可以了解更多社会热点时事	−0.129	0.069	−1.861	131
5. 我认为自己相当聪明，因为还能在年老时学会如何使用电子产品	−0.105	0.077	−1.364	132
6. 学习如何使用电子产品，缩小了我和年轻人间的差距	−0.203**	0.072	−2.812	132
7. 学习如何使用电子产品，让我和他人有更多的交流话题	−0.084	0.06	−1.391	130
8. 学习如何使用电子产品，让我结识更多朋友	−0.184*	0.079	−2.329	124
9. 学习如何使用电子产品，让我有更多途径去联系国外的亲戚和朋友	−0.106	0.074	−1.433	122
10. 学习如何使用电子产品，改善了我和子女间的关系	−0.093	0.077	−1.214	128
数码隔离感、边缘化				

续表

赋权效果	平均值	标准误	t 值	自由度
11. 如果你不懂电脑知识，那么很容易被社会淘汰	-0.24^{**}	0.083	−2.891	124
12. 当更多人学会了如何使用电子产品时，那些不会电子产品的人将会遇到更多的不便	-0.14^{*}	0.066	−2.121	128
13. 总之，你认为电子产品对你的日常生活有多重要?	-0.708^{***}	0.182	−3.898	129

注：（1）SE 均值标准误差；

（2）*代表 $p<0.050$；**代表 $p<0.005$；***代表 $p<0.001$（双侧近似 p 值）

需要注意的是，因为实际操作中的局限，团队合作的两家机构的服务对象并非随机抽样，可能存在参与培训课程的老年人原本就具有高自我效能感的状况。因此，对初学者而言增能的效果或许无法达到预期，而只能产生某些方面的提升。而对有经验的用户来说，他们也许对缺乏电子产品及互联网知识所造成的自身边缘化和排斥有了更深层的体验，对科技产品产生危机感，反而使得培训未能产生额外的积极增能作用。

三、以人为本的技术赋能

上述在两个不同组织开展的针对老年人数码增能的干预研究结果表明：需要对干预过程和老年人在其中的个体体验进行重新审视，这类干预应当进行以人为本的优化，只有充分考虑老年群体的特点和需求，立足于其实际情况，才能有效促进信息社会中老年人的社会融合，真正助力智慧养老，否则可能适得其反，强化老年人群体的电子疏离。

在对老年人进行数码增能的过程中，出现的种种矛盾和冲突需要凝结社会各界智慧予以化解。老龄化科技产品不仅需要满足人性化的需求，更要回应适老化的心声。老年时期是人生的一个阶段，与其他年龄段的人们无异，即使生理机能下降、社会参与弱化，但他们依然渴望自尊、自立地生活。这不仅是他们的合理需求，更是权利所在。老年人希望通过科技产品来提高自主独立、享受生活的能力，而非仅仅延续生命。他们希望具备掌控这些科技产品的主动权，而非被动地接受安排。因此，智慧养老的本元乃是“知心”——知老人心的技术，这正是我们发展适老科技的根本出发点。

正如哈佛医学人类学教授 Arthur Kleinman 的主张，他呼吁通过人类学介入医学的教育，赋予冰冷的医学以人文的关怀（Kleinman，2015）。社会工作是实务性专业，基于以上研究和对科技与人文的反思，作者在社会工作学系开设“科技服务创新与智慧养老”课程，希望从社会工作专业价值出发，回应智慧养老的需求，引导学生关注科技和人文的相互融合，实现技术服务于个体生命的尊严和价值。

第十七章　科技服务创新与智慧养老的课程设计

第一节　课程目标和设计

截至 2018 年末，上海市老年人口已达 503.28 万，占户籍总人口的 34.4%；80 岁及以上户籍高龄老年人口达 81.67 万，占户籍老年人口的 16.2%（上海市统计局，2019）。作为中国内地最早进入人口老龄化（1979 年）且老龄化程度最深的城市，上海的老年人越来越长寿。如何让老年人安享晚年、幸福养老，成了上海面临的新挑战、新课题。面对新兴的高新信息技术，高校学生拥有得天独厚的条件，他们能够快速接触前沿科技，敏锐捕捉潮流信号。智慧养老课程的设计初衷正是激发学生群体的创造力和想象力，为营造智慧养老社区做出些许贡献。同时，课程也号召学生从课堂起步，关注老龄化议题，思考社会工作专业价值在为老服务的学习、实践和创新中应如何实现。

“科技服务创新与智慧养老”课程从全球老龄化的特征和发展出发，介绍各领域新的科技产品和科技理念在老年人服务及老年人照料中的前沿应用与研究成果。本课程主要是向学生传授关于老龄化的背景信息和前沿信息科技等相关理论知识，教学重点是带领和引导学生在实践中对老年群体进行以需求为本的服务和设计。

相较于传统的社会工作课程，智慧养老课程旨在激发学生的创意，鼓励大家在实践过程中将其转化成适老产品或服务。以 2017 年、2018 年智慧养老课程为例，学生以小组形式，将在课堂上学到的知识和小组讨论中形成的创意，通过社区实践探索如何成为实际的服务。无论是对老年人的需求进行评估，还是对相关产品或方案进行市场评估和竞品分析，大家需要充分发挥自己的专业特长和运用应用课堂中所学的理论知识。最终团队创意成果主要涵盖三方面，即老年辅助生活产品、辅助科技和社会服务方案设计。本书附录一中将详细列举部分为老服务创新设计，多数产品或服务都体现了以老年人为本的智慧。

通过几次课程，学生针对老年人的需求，结合相关科学技术，开发了六项社会工作专业服务，分别为：全息投影生命之旅、虚拟现实技术怀旧治疗、乐乐声控自助导医服务、宠物租赁社交、送餐中转站、人生点滴 App，让老年人成为内容生产者。在辅助类产品方面，学生也进行了开发，成果包括简易拔插头、寻找失物眼镜、哈利波特魔杖、声像智能眼镜、防抖筷子自助淋浴间、一键式智能药箱、一键式自助打车产品设计、智能电视盒子、乐活鞋、跌倒监测鞋垫/腰带、膏药拍宝及智能营养管理平台。附录一展示了部分课程作品，如有兴趣读者可详细阅读。令人欣喜的是，这些设计既包含了创新意识，也伴有专业反思，学生们将社会工作的核心价值观和理念积极融入设计之中，体现了老年人群体的主体性地位和社会工作助人自助的价值观念。

第二节 课程 2.0——认知症照护者的线上干预

认知症患者家庭又是老年家庭群体中较易受冲击的家庭。受新冠肺炎疫情的影响，当面沟通不具可行性，但这也恰恰是患者和家属压力倍增的时期。为了及时提供有效支持，社工团队尝试使用腾讯会议软件，通过线上方式开展支持小组的相关工作。这既是对社会工作传统服务方式的创新，也是将移动互联网技术手段融入人文关怀的一次探索。为了纾解认知症照护者的压力，给予照护者同伴支持，提升他们应对挑战的信心，2020 年 3 月 7 日，在本课程教师和助教的督导下，33 名社会工作专业的学生成立了四个认知症照护者线上支持小组。该小组组员采用自愿报名的方式招募，部分来自机构（主要是 JMZZ 服务中心）的社区家庭，部分为门诊病人的家属。线上支持小组每次服务时长约 50 分钟，持续 8 节次。同学们运用自身专业背景，发挥助人情怀，通过小组工作专业手法，为认知症照护者提供支持和服务。

一、线上服务案例

2020 年 4 月 4 日，认知症照护者线上支持第一小组开展了第四次服务——照护压力纾解。参加者包括 2 名社工、6 名家属及教师和督导。以下为该次线上服务的简要记录。

（一）服务过程

本次服务主要分为三个部分："问候组员"、"新冠肺炎话题讨论"和"减压方法训练"。

首先，社工通过视频分享与讨论，引导照护者意识到"照顾好自己"的重要性——照顾好亲人，先要照顾好自己。

其次，针对疫情期间信息的处理与应对问题，社工提醒照护者要理智应对新冠肺炎疫情。照护者作为认知症患者的"镜子"，其言行、情绪都会潜移默化地影响到患者，特别是疫情中各类消息铺天盖地、纷繁杂乱、真假难辨，牵动着大部分人的情绪。由此，照护者更需要客观冷静应对，及时了解科学信息。

最后，受新冠肺炎疫情影响，原有的照护节奏可能会被打乱，患者想出门散步却不愿意戴口罩等问题可能会使照护者陷入一种情绪的波动状态。在这种情况下，照护者不仅需要重新意识到被照护者的个体性而不仅仅是他的疾病，还需要思考照护者与被照护者之间的相互关系，回忆两人曾经拥有的美好记忆及陪伴时光。当照护者将目光集中在个人身上时，可以暂时减轻疾病带来的压力，缓解焦虑的情绪。

“减压方法训练”程序中，社工带领照护者跟随音频进行冥想，使其处于放松的环境中，以平和的心态对待生活，减轻照护过程中的压力，以更好的心态进行照护。

（二）服务总结

本次服务通过视频播放、社工讲解、家属分享、放松训练等多种方式，加深了组员对认知症照护的了解，丰富了组员关于照护的知识与技巧，进一步完善了照护者的照护认知。特别是在新冠肺炎疫情爆发初期，本次服务恰当地回应了组员的照护焦虑，改变了他们在过往照护过程中存在的消极认知，从而一定程度上起到了缓解认知症照护者照护压力的作用。同时，运用社会工作特有的倾听、同理等技巧，增进了组员之间的信任，提升了小组的凝聚力。服务结束后，社工在家属反馈的基础上进行服务反思，总结了服务过程中的优点和有待改进之处，为提升未来的专业服务提供了宝贵经验。

（三）服务反馈摘选

1. 家属

“通过这次服务，我认识到亲情非常重要，喜怒哀乐非常影响他人，为了他的身体健康，我就必须要这样做，我就能忍耐下来了，像视频里说的那样，耐心讲解，先让他做，不会做我再说，这样能提高他的记忆。” ——照护者 LAY

“有几点讲得很好，我们不是做患者的工作，我们是做自己的工作，甚至我认为我们照顾好自己比照护好患者更重要，我们也要关注自己的情绪，让自己休息好。” ——照护者 WSS

2. 社工

“在本次服务中，家属都能积极地进行回应，这也是我们服务的动力支撑。”——社工 MHM

“我们活动也有进一步需要完善的地方，网络原因使得视频播放卡顿，那以后我们就把视频下载下来，给家属更好的观看效果。” ——社工 FY

二、讨论与反思

认知症照护者线上支持小组系列服务共八节次，主题包括："认识你们真好"、"照顾者角色的澄清和转变"、"关注自己：照顾者情绪与压力"、"有利于大脑的饮食"、"我的社会支持网络"、"有利于大脑和身体健康的运动"、"小组总结共植希望"和"分享总结"。

截至 2020 年 6 月，关于认知症照护的线上支持小组已经开展了 6 小组 48 节次服务，获得了参与者的广泛好评。具体而言，这次小组工作的成功开展离不开两条作用机制。第一，社会工作干预增加了照护者对疾病的认知，同时协助其接纳照护者角色，澄清对照护效果的合理预期，做好面对疾病发展的各项准备，鼓励其通过自我调节的方式缓解照顾压力，这些都一定程度上缓解了照护者的心理负担。第二，团体干预手法的运用可增强服务对象的社会支持，组员间相互倾听与接纳不仅使之意识到社会支持网络的重要性、有用性，更有利于彼此释放紧张、羞愧、焦虑等负面情绪，从而减少照护患者的病耻感，降低情感性负担。

可以看到，线上干预对于认知照护者减轻照料负担、提高照料效率，进而使患者拥有更高生活质量有重要的积极意义。

三、展望

中国老龄化发展即将进入高速老龄化阶段，当家庭无法承担照顾老人的压力时，智慧养老相关科技和服务的发展可有效助力减轻家庭照料或机构照料负担，并保障老年人的生活质量。随着现代工业化社会的发展，子女不在身边、老年人独居的现象越来越普遍，因此，智慧养老也成了协助老年人独立、安全生活的可靠途径。社会工作专业承载着以人为本、助人自助、尊重生命的价值使命，通过资源链接与团队合作，智慧地传承了为老服务的"传统"与"现代"，为科技创新的理念插上温情的翅膀，使技术与生活完美结合。

附录一 “科技服务创新与智慧养老”课程成果

一、课 程 成 果

（一）老年产品类

1. 智能药箱

1）适用对象

患有慢性病，需每日服药的老年人。

2）设计团队

李晨成（复旦大学）、金佳妮（复旦大学）、唐馨蕊（复旦大学）、陈玲（复旦大学）。

3）项目简介

老年人受慢性病的影响需要接受药物治疗，但药物治疗的复杂程序时常给老年人生活带来不便。访谈发现，由于老年人需要服用的药品种类多，服药时间也有区分，老年人忘记服药或者错服、漏服都属常见现象。我们针对老年人的实际需求设计了一款可以实现自动数药的智能药箱，该智能药箱的主要功能有自动数药、智能提醒和温湿度控制。本设计旨在为老年人在药物管理中实现最大程度的便捷，增强老年人药物管理的能力。

4）需求评估/市场分析

现有药盒存在如下问题。①整体造型：造型呆板，线条生硬，握持感较差；药物分储格过少，不能满足不同老年人用药需求；采用简单塑料材质，缺乏情感化设计；色彩单调。②使用方式：每次服药药物分类不明确，老年人记忆力差，难以辨别；老年人手部机能退化，取药不方便。③功能界面：界面信息繁杂；图标、字体偏小；操作流程过于烦琐；缺少引导反馈，老人在使用过程中产生困扰。

根据马斯洛需求层次理论可将老人的需求分为五个层次：①生理安全需要，如按时吃药、准确服药、避免重复吃药。②爱与归属需要：积极的关爱与互动，让子女对老人表达积极的关爱而不让老人觉得自己是子女的负担。③受尊重的需要：受到关注，有自主性，能够维持其独立自主的生活能力。④自我实现的需要：互动、分享与支持。⑤自我实现的需要。

5）产品介绍

产品设计分为两个模块，分别是对智能药箱和药箱 App 的设计，具体设计思路以产品的说明书和功能介绍展示（图 A1.1 和图 A1.2）。

A. 整体介绍

图 A1.1　产品功能区分布

图 A1.2　药箱内胆

B. 主要功能介绍

（1）自动数药。该产品能够根据个性设置自动数药，数好的药品会落在验证层准备。

（2）智能提醒。第一，吃药提醒。在设置的吃药时间会响起提示音乐，随后响起语音提示“吃药时间到”，如果没有进行下一步操作，则每隔五分钟提示一次。第二，取药提醒。数好的药品从验证层落入盛药盒后，响起语音提示“可以取药了”，如果没有进行下一步操作，则每隔五分钟提示一次。第三，关箱提醒。取药五分钟后若还未关箱，则响起语音提示“请将抽屉推回”。第四，补药提醒。当验证层上的药品不够下一次的服药量，则发出语音提醒同时在液晶屏上进行文字提示。

（3）温湿度控制。箱体有自动调节温度和湿度的功能，保持药品储存在常温干燥的环境下。

C. 操作指南

产品包括箱体和内胆两部分。内胆是盛放药品的容器，不同颜色的内胆对应不同种类的药物。红色内胆适用板装药品，黄色内胆适用丸状药品，绿色内胆适用口服液，蓝色内胆适用冲剂。

（1）设置。第一，在将药品放入内胆之前，将药品条码对准液晶屏的扫描区扫一下，选择该药品对应的内胆颜色。第二，设置该药品一天的服用次数和每次的服用量。第三，将药品放入对应颜色的内胆中，再将内胆插入箱体内的卡槽。

每种药品重复以上步骤即可。

（2）出药。第一次按下药箱底部的黄色按钮，不同药品会在内胆中依次数好，掉入验证层验证药品数量是否正确，如果药品数量无误则会由验证层掉入盛药盒。服药者将药品取出关上盛药盒，出药过程结束。

以后每次服药之前，药品会自动数好落在验证层验证，验证无误则在验证层准备，一旦有误则退回回收区，机器重新数药，若药品第二次数错则机器进入报修状态不再出药，此时请拨打维修电话或在 App 上申请维修。

（3）补药。当药物不足下一次的服药量时，则会在本次服药关箱后发出提醒。液晶屏上显示需补药品的名称，取下内胆放入足量药品即可。

D. 药箱 App 功能说明

（1）服药记录。关联药箱的服药记录包括个人数据记录、家人关爱系统、家庭医生关联。服药者使用药品所有情况都会由药箱记录并储存。个人可通过 App 查询自己的服药时间、服药持续情况及所服药品信息等。家人通过家人关爱系统可了解老人每天服药情况。医生可以通过家庭医生关联老人服药数据，从而更好诊断病情及配药。

（2）在线医生。在线医生为老人提供在线咨询的平台。老人可以通过语音留言的方式咨询相关的药品或服药问题，医生随后会同时通过文字和语音两种方式进行回答。另外，每周特定时间会有医生实时在线，老人可以通过语音通话的方式向医生咨询，减少老人不必要的医院咨询。然而，这里的咨询仅限基础的医疗问题。

（3）药品百科。药品百科为老人提供可以了解药品信息的平台。老人可以通过输入、语音和扫描三种方式查询药品的信息。

（4）论坛。论坛为用户提供交流平台。老人可以在平台上分享自己的病情、吃药状况和服药感受等；老人能够寻找到同伴支持，甚至可以自发组织同城的线下支持小组。同时，家人也可以在平台上寻求相关的支持或者提出疑问等。

6）产品设计或服务目标

A. 总体目标

本产品设计的总目标是令老年人的服药行为更加便捷，进而增强老年人药物管理的能力。老年人在使用本产品的过程中满足其基本的生理与安全的需求，同时满足其精神层面的需求，让老年人在健康生活的同时实现自我价值。

B. 具体目标

（1）满足生理与安全需求。首先，按时服药。提醒老年人按时定量服药，提高老年人准时服药的概率。其次，准确服药。每种药品需服数量和服用时间可能不一致，不同治疗阶段相同药品的用量和时间也可能不同，在这些情况下，保证老年人服药时能够准确遵从医嘱，提高老年人准确服药的概率。最后，避免重复服药。药箱限时、限次开启。若老年人在限定时间内开启过药箱，则药箱在下次服用时间到来前锁定，以避免老年人多服或漏服药品的现象发生，避免老年人因重复服药而产生的并发症或其他症状。

（2）满足爱与归属、受到尊重和自我实现的需求。首先，满足爱与归属的需求。老年人在使用药箱的过程中不感觉到是单独一人操作，而是与信任的他人一起完成药箱的设置，一起分享药品服用的数据和身体状态，在使用过程中感受到情感的支持。其次，满足受到尊重的需求。老年人在使用药箱时感受到操作的简便，使用起来流畅度较高，无论是外观设计还是其他延展性功能都使老年人感受到被尊重。最后，满足自我实现的需求。老年人能够养成坚持服药和主动服药等良好习惯，在自己每日坚持服药和正确服药的行为下获得奖励，以达到自我实现。

*测量指标：老年人使用反馈。包括：在使用药箱时是否感受到情感支持；是否能够流畅使用本产品；与家人和医生在 App 上的关系是否紧密。

2. Eyetech 为老智能眼镜

1）适用对象

老年人群体。

2）设计团队

设计团队成员包括韩亚萍（复旦大学）、杜恬恬（复旦大学）、田小云（复旦大学）、张嘉恒（复旦大学）。

3）项目简介

本项目通过文献分析、访谈法、观察法等，调查和评估老年人的多方需求。产品报告主要从服务目标、外观设计、功能构造技术支持、成本效益、产品推广等方面进行阐述，并从社会环境、养老环境、社会政策等方面提供科技养老的相关建议，最后对项目产品本身及完善过程进行了讨论与思考。

随着年龄的增长，老年人的视力、听力都在衰退。有研究表明，随着经济发展和生活日益丰富，老年人中长距离出行次数在增加，新一代老年人出行目的的多样化与对更高生活水平的追求，在一定程度上促使其出行距离增加。随着年龄的增长，选择步行出行的概率在上升，这些无疑都增加了老年人跌倒的风险。

4）需求评估/市场分析

通过访谈发现老年人有出行的需求，但基于自身身体原因或子女的要求，老人会压制自己减少出行的次数。久而久之，老年人的心情会受到一定的影响。患有心血管类疾病的老年人，会因为听力衰退而阻碍与子女的联系，还会给自身生活带来诸多不便。通过访谈子女等照护者，可以发现，随着父母年龄的增长，照顾者愈加不放心让老人独自出行；同时，他们希望能及时了解到父母在家中的具体情况，减少因为联系不上老人而产生的焦虑。

5）产品介绍

Eyetech 是一款面向老人的智能眼镜，主要针对的是本身佩戴眼镜或有潜在佩戴眼镜需求的老人，产品种类包括近视镜款、老花镜款、平面镜款及墨镜款。为了全方面展现 Eyetech 的设计思路，本部分将从技术、功能两方面分别阐述。表 A1.1 展示了 Eyetech 回应老人需求所设置的功能和应用的具体技术。

表 A1.1 Eyetech 功能-需求回应表

老人需求	功能	技术
导航困难	GPS 定位智能导航	GPS 技术、增强现实技术、骨传导技术
摔倒后求助困难	摔前/摔倒预警	传感器、GPS 技术、骨传导技术、TTS 技术
信息安全	智能识别	虹膜识别技术
手机信息读取困难	语音智能读取	TTS 技术、骨传导技术
重要事项提醒	语音智能读取	TTS 技术、骨传导技术
健康管理	健康状态实时监测	脑电波技术、传感器
即时通信	智能通信	TTS 技术、骨传导技术

A. 产品技术

Eyetech 主要应用了虹膜识别、GPS 定位、骨传导、脑电波、TTS、增强现实六种技术。

a. 虹膜识别技术

虹膜识别是一种生物识别技术，图 A1.3 为虹膜识别的具体原理。该技术具有作为身份特征的许多良好特性：普遍性——虹膜是每个人都具有的；唯一性——研究表明，任意虹膜模式都是唯一的，与遗传无关；稳定性——虹膜发育完全后，一生中是稳定不变的；受保护性——外部有透明的角膜将其与外界相隔，不会受到外界侵害而发生改变；非入侵检测——虹膜识别不需要物理接触进行检测，是无接触检测；接受程度——现在越来越多的人对虹膜识别的正确率都表示认可，在识别过程中，用户不会有任何不舒服和不安的感觉，只需要在设备前停留片刻，无须等待很长时间；防欺骗性好——瞳孔对光的反应使它能区别假的虹膜，要想通过虹膜照片或死者的虹膜欺骗系统是不可能的；防伪性好——人眼是非常精细的组织，要想通过手术改变虹膜特征难度极高、危险性极大、伪造代价非常高。

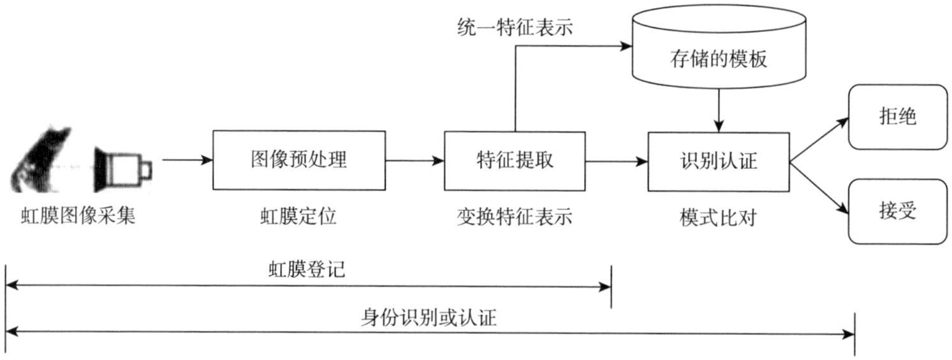

图 A1.3　虹膜识别系统原理

b. GPS 定位技术

GPS 定位技术是英文 global positioning system（全球定位系统）的简称。将 GPS 应用于 Eyetech 上，老人可以直接向眼镜发送导航指令进行导航，并通过增强现实技术在地面投射出导航箭头。老人只需跟着地面上的导航箭头便可轻松找到目的地。同时，老人摔倒后，子女可通过预警精准的定位老人位置，使其获得救助。

c. 骨传导技术

骨传导是声音通过人体骨骼传导的现象，能够有效防止环境噪声的干扰。目前国外已有骨传导耳机，以便于老人在有环境噪声干扰的场合下使用。Eyetech 将骨传导技术应用于眼镜上，以改善老人在语音导航和语音通话时的听力不便问题，避免长时间佩戴耳机带来的不适感。

d. 脑电波技术

脑电波技术主要是一种基于脑电波评估人体情绪的方法，通过电极传感器采集老人脑电波，根据所述脑电波获取到脑电波信号，所述脑电波信号根据频段包括 α 波、β 波、θ 波，将所述脑电波信号进行傅里叶变换得到对应频段的频段能量，所述频段能量包括 α 波频段能量、β 波频段能量、θ 波频段能量；根据所述对应频段的频段能量，得到老人的情绪特征。除了情绪的特征检测外，我们还可以根据 α 波、β 波检测老人的痛感强度、是否昏迷等状况，进而评估老人的伤势程度。

e. TTS 技术

TTS 是 text to speech 的缩写，是一种将文本实时转为语音的技术，在其特有智能语音控制器作用下，文本输出的语音音律流畅，使得听者在听取信息时感觉自然，毫无机器语音输出的冷漠与生涩感。TTS 语音合成技术即将覆盖国标一、二级汉字，具有英文接口，自动识别中英文，支持中英文混读。所有声音采用真人普通话为标准发音，实现了 120～150 个汉字/分钟的快速语音合成，朗读速度达 3～4 个汉字/秒，使用户可以听到清晰悦耳的音质和连贯流畅的语调，现在有少部分 MP3 随身听具有 TTS 功能。将 TTS 技术应用于 Eyetech 系列产品上，不仅有助于解决老人看不清手机信息的问题，还能增加老人获取信息的便利度。

f. 增强现实技术

增强现实是一种通过向现实世界对象叠加文本、图像、交互式图像等信息链接物理与数字世界的技术，并通过头戴式显示器、智能手机或平板电脑等显示设备体验视频播放或直接观看的真实世界。增强现实技术用于 Eyetech 产品主要体现在眼镜镜片在地面上投射导航箭头上，让老人能轻松找到目的地。

B. 产品功能

Eyetech 具有导航定位与防摔倒两种功能。通过将虹膜识别、GPS 定位、骨传导、脑电波技术、TTS、增强现实六种技术有效结合，使眼镜更具智能化与多功能化。下文将通过具体介绍手机端 Al 和眼镜端各自的功能来阐述 Eyetech 的功能系统。

a. 手机端 App 功能介绍

手机端 App 分为子女端和父母端。子女端相较于父母端来讲主要是数据分析和研判，实时了解父母的地理位置、情绪、伤势（基于痛感监测）等信息。父母端主要是数据搜集，将眼镜端读取的数据实时传送到手机端，手机端实时云端储存，实现与子女端的数据共享。

第一，子女端 App 功能介绍。

子女端 App 分为健康状况、实时位置、提醒信息、查找眼镜、父母信息管理、个性设置六种功能（图 A1.4）。健康状况分为脑电波状况、情绪状态、摔前/摔倒预警、痛感持续时间、痛感强度、昏迷状况。健康状况主要是眼镜端安装的电极传感器通过监测脑电波状况进行实时监测，通过 α 波、β 波、θ 波监测日常老人情绪状态。摔前预警主要是根据老人失衡状态进行预报警，提示子女及时发现。在老人摔倒后，摔前预警铃自动关闭，转为更为强烈的警报铃，需子女在手机上人工停止，同时老人的健康状况页面会在警报铃响起时直接显示在子女手机端主页上，方便子女采取相应的行动。根据 α 波、β 波的移动方向监测老人痛感强度和持续时间，来研判老人的伤势，其中当 α 波、β 波转移至右侧表示痛感最强，也可以通过脑电波来研判老人是否处于昏迷状态，当老人处于昏迷状态时，子女可以发送已录好的呼唤语音，在老人耳边重复呼唤，帮助老人保持大脑活动，等待救援。此外，在老人失衡状态但并未摔倒的情景下，Eyetech 可以进行智能识别，随着老人身体状况变化而自动停止预警；子女也可根据抓取图像、健康状况来进行辨识。

图 A1.4　子女端 App 展示

提醒功能和父母信息管理有很强的联系，在父母信息管理中预先设置父母的基本信息，如作息时间、忌口的饮食、应补充的营养（医嘱性食物推荐）、疾病信息（包括吃药时间与每种药品数量）等，并设置提醒时间，到了提醒时间，提醒功能会自动发送到父母端，父母端会自动发送语音到耳机端，及时提醒老人。其中，提醒功能可独立设置每日提醒、定期提醒的信息，还可以增加高清图片。

第二，父母端 App 功能介绍。

父母端 App 主要有导航、信息、寻找眼镜、设置四项功能，且操作简单（图 A1.5）。老人可直接在 App 上操作，也可直接在眼镜端语音操作。首先，在导航方面，老人可以先在 App 上搜索目的地（也可在眼镜端操作），再进行导航；在信息接收方面，主要是接收子女端的提醒信息，并通过 App 转化为语音，发送到眼镜端。此外，为了防止老人遗失眼镜，App 还增加了查找功能（寻找眼镜），子女端也有此功能。

图 A1.5 老人端 App 展示

b. 眼镜端功能介绍

眼镜端有三种功能：智能导航、摔倒求助、数据采集。智能导航方面，采用语音识别、增强技术和 GPS 技术，老年人通过语音发布“导航”指令，告诉 Eyetech 目的地，Eyetech 可以借助手机 App 内置地图精准搜索最近路线，推荐交通工具，老人直接选择交通工具，Eyetech 自动识别是否需要启动增强现实导航（步行时启动）。在老人步行时，通过增强现实技术在地面显示导航箭头，老人跟着箭头即可找到目的地。摔倒求助方面，Eyetech 在一定程度的失衡状态下，自动开启图像采集功能，对佩戴者周围环境进行捕捉拍摄，发送到子女端 App 上（方便环境判断，如遇危险情况方便报警、侦查）。最后是信息采集，主要是通过电极传感器、微型摄像、虹膜识别等技术，搜集老人信息，并发送到手机端，确保老人安全。

c. Eyetech 总体功能整合

Eyetech 主要具备导航定位、跌倒预警、健康监测、贴心提醒、即时通信、数据采集等六大功能。Eyetech 获得的用户身体健康数据、出行路线、提醒事项等都会通过服务器上传云端以保存记录，需要时用户或家属可调取用以观察身体和指标变化或生活习惯。值得一提的是，失衡状态下 Eyetech 开启警报，老人手机与其绑定的子女手机会同时发出警报提醒，以及时发现老人险情并送往救治，但是这时会造成重复求助的问题，因此，Eyetech 针对这种情况设置了操作信息实时共享的功能，即老人、子女端可收到对方已操作的指令信息，避免重复求助。另外，Eyetech 眼镜通过蓝牙与 WiFi 方式与手机端 App 进行连接，实现双向数据传输和读取。图 A1.6 是 Eyetech 的功能整合图。

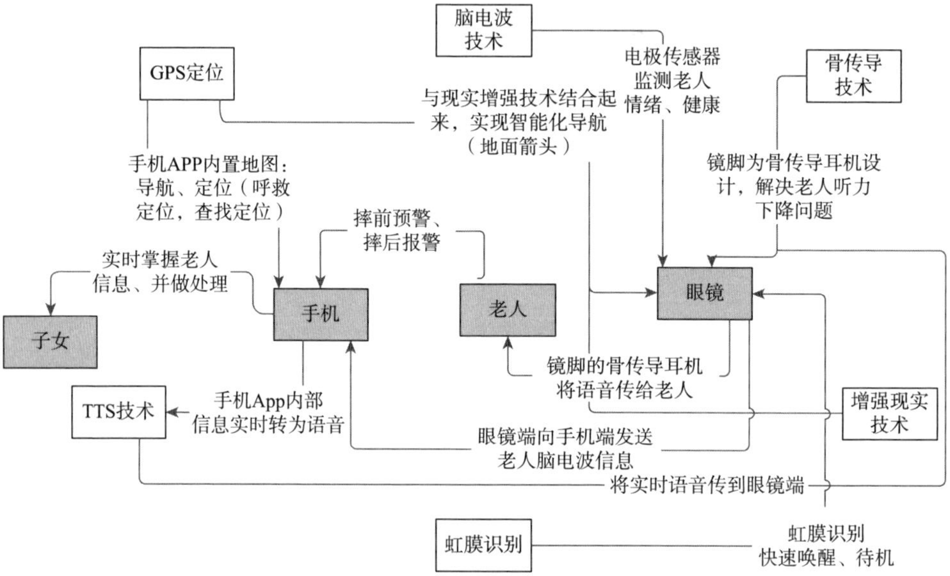

图 A1.6　Eyetech 的功能整合图

6）产品设计或服务目标

A. 总体目标

本产品的主要目标是提高老人的出行便利度，增加老人的社会参与。

B. 具体目标

本产品旨在解决老人出行时遇到的导航困难、出行过程中摔倒求助与及时救治的困难。

3. 乐活鞋

1）适用对象

老年人群体。

2）设计团队

设计团队成员包括李淑豪（复旦大学）、邓麦可（复旦大学医学院）、王印（中国医科大学）、李晓慧（复旦大学）。

3）项目简介

中国已经进入快速老龄化阶段，老年人相关产业受到了社会各界的广泛重视，因此与养老相关的科技产业发展迅猛。基于前期的需求分析和调研，我们发现老年人对于足部按摩有很大的需求，故提出了改良按摩鞋的想法，希望我们的构想可以对当今的老年科技产业有所启发。

4）需求评估/市场分析

虚弱症（frailty）是老年症候群恶性循环的开始，被视为老年人失能的前期状态（pre-disability），已成了显著影响老年人生活质量和预期寿命的重要健康问题。由于虚弱症不同于疾病或失能，它是疾病的前期变化，因此，及早发现老年人的虚弱征象并及时介入干预和治疗，可以有效预防虚弱症不良预后和失能的发生，甚至可帮助其从虚弱前期状态恢复至健康状态。在我们的半结构访谈中了解到老年人的需求主要体现在以下三个方面。①运动需求。因为虚弱症前期征兆中有肌肉力量降低、平衡能力下降、骨质疏松的表现，但受限于自身的身体素质，老年人无法进行运动。②护理需求。老人反映有的照护人员会足底按摩，泡脚的时候可以进行适当的穴位按压，有助于其活络筋骨，更容易入睡。但是，由于部分照护人员水平和素质有限，并不是所有的照护人员都会中医按摩。③足部保暖和清爽的需求。

5）产品介绍

袜套 or 袜套鞋（轻便/舒适/减压鞋垫）。

A. 款型（lower、low、mid、hi）

针对不同群体的需求，有不同长度的设计（lower 为脚踝以下；low 为遮盖脚踝；mid 为脚踝以上 2cm；hi 为脚踝以上 4cm）。

B. 鞋垫材质

鞋垫材质采用聚醚型聚氨酯，具有多种功能（图 A1.7）。①温感减压的特性；②抗化学物质性能，有良好的液体阻挡保护功能；③为多孔性物质，因纤维细密，液态水、油无法轻易渗透，而气体和水则可以透过，具有良好的防水透气性能；④有良好的防固体微粒穿透功能，能够阻碍细菌，低起毛，耐用；⑤高强度的尺寸稳定性，易于加工；⑥具有记忆鞋底技术。

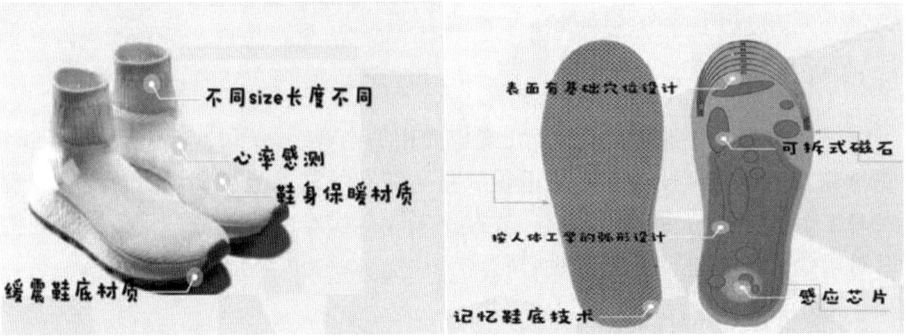

图 A1.7　鞋垫材质及功能

C. 鞋垫表面

可结合中医穴位做设计，从而对大部分穴位达到基础指压，并配有可拆式和移动式的磁石对穴位做加强按摩，以满足有不同需求的人群。

D. 鞋垫外形

按照一般的人体脚型为模板，搭配记忆材质，从而为各类脚型的用户提供服务。

E. 鞋垫功能

可测得人体承重及施力点（可与医学康复做结合），血压、今日消耗的热量（基础医学监测生命体征、预测疾病发生）等，可计算步数，可结合蓝牙/网络连接到手机 App 实时监测。

F. 鞋身功能

含有发热奈米粉，可保持人体足部温度。除了老人以外，适用人群也包括部分有需求的中青年人群、在寒冷地区生活的人群，结合聚酰胺+弹力纤维、针织鞋内衬垫组成的鞋身，在足背动脉处设有软性感应器可侦测心率。

G. 鞋底

采用 boost or（TPU 乳胶+氯丁橡胶），其为抗压、抗冲击、不易变形及损坏的材质，具有轻便、方便行走的特性。

H. 鞋垫中芯片、感应器的充电方式

均采用无线充电，将鞋子置放于充电板上即可充电。采用 24V 电压装置，安全且没有触电风险。

6）产品设计或服务目标

A. 总体目标

首先，改善老人生活。通过可穿戴的鞋子，让老人随时随地体验按摩；通过运动按压，活络老人足部穴位，给老人更好的生活体验并促进老人身体健康。

其次，结合临床医学远端诊疗，辅助行走并帮助由于疾病，长期卧床后需要进行复健运动的人群。包括向用户反馈伤后康复情况、随时监测脚伤情况、预防各种足部疾病。

最后，大数据侦测追踪。通过监测用户足部情况，形成老年人群体足部问题的大数据库，从而服务于产品更新及其他相关产品的研发。

B. 具体目标

①加强老人行走时的安全度、舒适度及保暖程度；②为足部有外伤或疾病者，提供更好的足部环境；③实时记录老人身体状态，达到预防疾病发生或病发时早发现早处理的目标；④对于有外出需要、行动不便、时间不足、室内环境受限的人群提供较方便的足部理疗。

4. 老年自助淋浴间

1）适用对象

适合自理老人和介助老人使用。

2）设计团队

设计团队成员包括吴海琪（复旦大学）、王园园（复旦大学）、余忆（复旦大学）、万轩（同济大学）。

3）项目简介

近年来，老年人洗浴意外时有发生，老年洗浴问题逐渐引起社会各界的高度关注。为了进一步了解老年人的洗浴问题及洗浴需求，本项目组成员首先对老年洗浴状况和老年洗浴产品进行了调研；其次走访了上海市静安区芷江西路街道综合为老服务中心和普陀区万里社区爱照护长者照护之家，邀请社区老年人和为老服务机构工作人员参与以“老年洗浴”为主题的半结构式访谈；最后依据老年人的洗浴习惯及洗浴需求并在现有老年洗浴产品的基础上，设计出一款全新的老年洗浴辅助产品——老年自助淋浴间，从而让老年人更加安全、便捷、舒适、自主地完成洗浴。老年自助淋浴间具有安全性、卫生性、自助性、保密性等优点，适合在各大养老机构及老年公共服务场所使用和推广。

4）需求评估/市场分析

过往的研究发现老年人关注洗浴产品以下几点性能：安全性、舒适性、通用性。在文献回顾、产品调研及面向家中老人开展预访谈的基础上，我们团队初步设计出了老年自助淋浴间的1.0版本产品（产品介绍见产品设计）。为了进一步了解更多老年人的洗浴情况和洗浴需求、收集老年人及为老服务工作人员对我们产品设计的意见或反馈，我们走访了静安区芷江西路街道综合为老服务中心和普陀区万里社区爱照护长者照护之家，邀请社区的长者和为老服务机构的工作人员参与半结构式访谈。经过整理，老年人（以上海地区为例）的洗浴习惯和洗浴需求可作如下归纳。

（1）洗澡频率及时长。多数老人天热时每天洗澡，天冷时一周数次；自己洗澡一般10～30分钟不等，因人而异；护工帮洗一般平均30～45分钟。

（2）淋浴和泡澡的选择。淋浴对比泡澡具有更灵活、更卫生、更节约、更安全等特点，因此更受长者和护理人员的青睐。

（3）洗澡私密性。由护理人员，尤其异性护理人员协助洗澡时，或多或少会对老人的自尊和隐私造成伤害。

（4）洗澡关注点。为了防止摔跤、滑倒及窒息，避免在洗澡过程中发生意外，所以多数老年人会选择采取坐立的姿势进行洗浴。

（5）洗澡不便之处。对于受访老年人而言，重复出现的洗浴难题有：手部不如从前灵便，背部难以搓洗；低头洗头不便，手部感到劳累，需要他人协助洗头。这两个问题均由老年人机能退化、肢体不灵便引起。

对于协助老人洗澡的护理人员来说，洗澡时的困难之处有：①人力消耗较大，对于一些不能自理老人来说，甚至需要多名护理人员协助固定、翻转、擦身等；②协助老人洗澡时容易被花洒溅湿身体；③对于认知障碍的老年人而言，洗澡时可能会突然离开座位，存在安全隐患。

（6）产品意见及反馈。该款老年自助淋浴间的优点有：①保护隐私；②防止摔倒；③节省人力；④干净卫生；⑤淋浴头的改良使水流控制更加灵活等。产品的不足之处有：①产品体积过大，不宜在家中安装；②细节部位没有人工清洗的干净等。

5）产品介绍

根据针对老年群体的需求评估，团队首先完成了产品初稿（图A1.8）。该款产品可以初步实现自助淋浴间的核心功能，但细节之处有待完善。

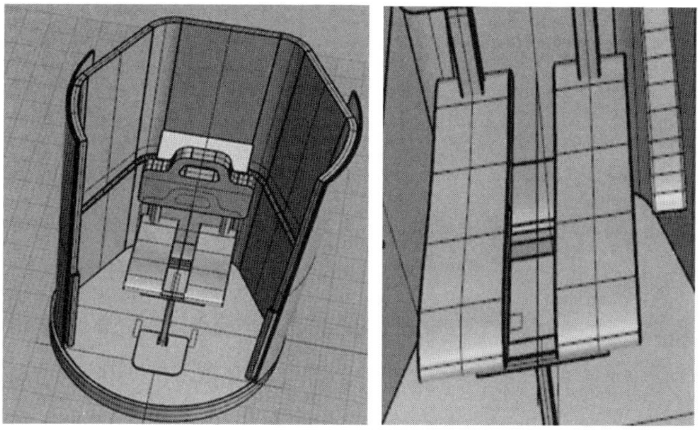

图 A1.8　产品初稿

对初稿进行修改后形成了自助淋浴间 1.0 版本（图 A1.9 和图 A1.10）。淋浴间高 1.5 米，底部直径为 1.2 米。改进后的自助淋浴间增加了墙式喷头、凹型地面等装置，为老年人提供了更安心的淋浴场所。

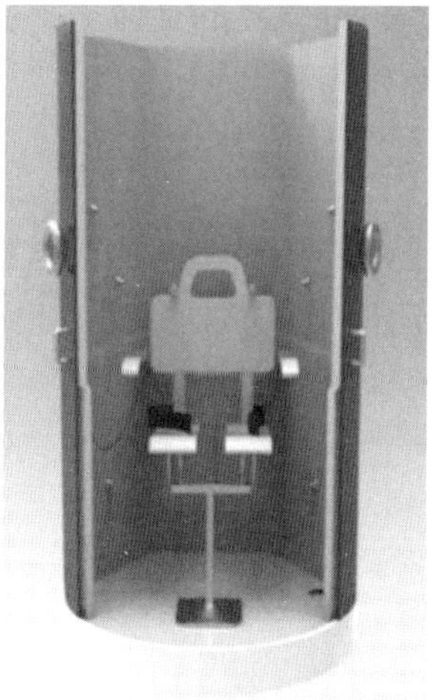

图 A1.9　自助淋浴间 1.0 版本正面

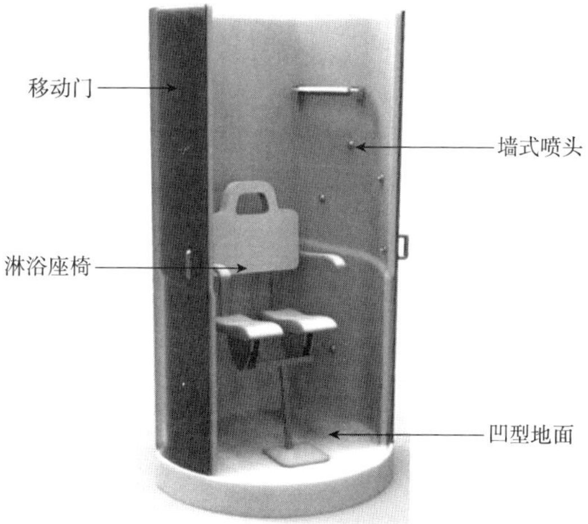

图 A1.10　自助淋浴间 1.0 版本功能

根据需求分析所得结果及老人和护理人员的反馈意见，对产品设计的 1.0 版本进行修改，形成产品的 2.0 版本（图 A1.11）。2.0 版本新增了控制面板、手套式花洒、背部冲洗喷头、安全带和控制环，完善了淋浴座椅。

（1）墙式喷头：淋浴间两侧一共安装了 10 个淋浴头和 4 个沐浴露喷头，可以从不同方位对洗浴者进行冲洗。

（2）控制面板：控制面板对淋浴间实施控制，功能多样，包括暂停/开启键、自动洗浴模式调节、水温调节、座椅高度调节、控制座椅旋转、一键式紧急报警。

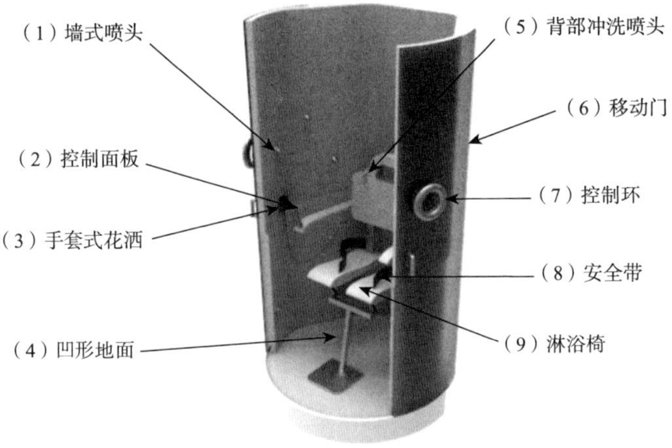

图 A1.11　自助淋浴间 2.0 版本

（3）手套式花洒：手套式花洒材质温和，可以直接戴在手上。对原有的手持式淋浴头进行了改良，老人通过手套式花洒可以边冲澡边搓洗，同时方便老人洗头。在大拇指处有开关按钮，改变了一只手拿花洒并一只手搓洗的传统，可以达到一边搓洗一边冲水的效果（图 A1.12）。

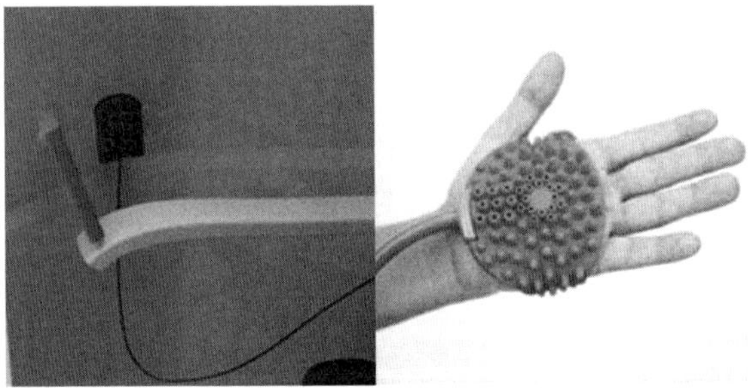

图 A1.12　手套式花洒

（4）凹形地面：将地面设计成凹形，水流会自动汇聚到中间的下水道口并排出，从而保证地面干爽，防止老年人滑倒。

（5）背部冲洗喷头：由于老年人手臂不够灵活，背部清洗不方便，在座椅背部安装可以自动旋转的喷头能够有效帮助其清洗背部。

（6）移动门：移动门可手动关闭，也可用控制面板一键式关门。材质是磨砂玻璃，透光透亮。一方面，能隐约看到外界，以减少其在幽闭空间的不安。另一方面，也可保护其隐私。

（7）控制环：第一，可用以悬挂衣物；第二，作为启动开关，能够激活自动淋浴间。按下它的同时，淋浴间内的喷头会开始预热，以确保流出的第一股洗澡水是温热的。

（8）安全带：老年洗浴过程中存在安全隐患，安全带可以起到相对固定的作用，防止老年人洗澡时从椅子上滑落。

（9）淋浴椅：一键式进出（按钮在控制面板）。采用杠杆轮滑原理，洗浴椅可伸出门外，待老人坐上去后，可调节使其自动缩回淋浴间内；座椅可以随季节调试至适宜温度；可以通过控制面板调节座椅高低，亦可进行左右各 30 度旋转；背部设有可旋转喷头，方便老人背部清洗；椅子左右设有扶手和安全带，以确保老人在洗澡中的安全。

6）产品设计或服务目标

A. 总体目标

本项目旨在依据老年人的洗浴习惯及洗浴需求，在参照现有老年洗浴产品的基础上，设计一款全新的老年洗浴辅助产品。

B. 具体目标

第一，保证老年人在洗浴过程中的安全。在产品中，设计包括一键紧急报警器、可伸缩自助洗澡椅、扶手和安全带、防滑垫等。第二，满足老年人的淋浴需求（以上海为例）。针对大多老年人对淋浴的偏好，设计包括自助洗澡椅、自动淋浴喷头等。第三，保证老年人洗浴的自助性。针对老年人对自助洗澡、保护隐私、减少对他人依赖的需求，设计一套自助式淋浴设备，全方位、多角度自动出水和清洗。在保护其隐私的基础上，使老人的洗浴更为方便快捷。第四，保证老年人洗浴的卫生和健康。结合老人对洗浴卫生的需求及对淋浴的偏好，本设计以淋浴代替浴缸泡澡。同时，设有的自动下水系统可快速排出污水，紫外线消毒杆则可将毛巾和浴袍杀菌。第五，设计人性化的适老淋浴产品。针对老年人的身心特点，如洗背不便、手抖、洗头不便等，设计相关细节，使其更具有人性化。针对洗背不便，在洗澡椅背部设背部喷头，帮助清洗；针对洗头不便，设计手套式花洒，帮助洗头。

（二）服务设计类

1. 点滴 App

1）适用对象

对智能手机等有一定使用能力的老年人。

2）设计团队

设计团队成员包括陈鹏程（复旦大学）、付兰宁（复旦大学）、邓成瑶（复旦大学）、陈曦（中国传媒大学）。

3）项目简介

随着智慧养老理念的推广，越来越多的技术运用到老年人服务中，老年科技产品层出不穷，而且多聚焦医疗保健、安全监测及日常照料方面。鉴于对老年人心理、精神关注不足的缺口，我们设计了一款贴近老人生活、满足老人心理需求的生活记录App——点滴App。点滴App具备即时分享、制作回忆、时光轴及岁月影像功能，强调老年人自主参与，通过记录、整理、编辑、分享，创造自己的“数字遗产”，让老年人成为内容的生产者。

4）需求评估/市场分析

我们对用户进行了访谈研究，其中以听力障碍奶奶、陪老伴养老的爷爷、行动不便的爷爷为受众群体代表。他们的现状和需求集中体现在：希望走出去，不愿长时间待在封闭的环境、会对日常康复和现有产品产生厌倦、有使用电子产品（智能手机）的经历、愿意学习新东西，渴望别人教自己使用新产品、喜欢拍照、喜欢聊天、喜欢动手制作。因此，我们得出如下结论。首先，受访者表示愿意尝试不同的电子产品。回忆相册类产品可以巧妙避免听力障碍困难，注重视觉冲击和动手操作，有助于老人培养自信心和思维能力。其次，受访者有电子产品使用经历，回忆相册类产品可以充分调动老人社会参与感、发挥主观能动性，制作自己专属回忆也能满足其独特性需求，充分调动老年人积极性。最后，受访者有学习意愿，也乐于分享自己的快乐，愿意尝试不同生活方式和科技体验。

5）产品介绍

该产品的主要功能：回忆、记录、分享、创造。创新点：①操作简单；②一键生成，适用人群广；③强调参与；④注重心理慰藉和情感关怀；⑤多平台互动和分享。设计理念：让老年人成为内容生产者。

核心功能介绍：

A. 模块一：制作回忆

该模块可实现通过照片或视频引导老人回忆过往的功能，具体如图A1.13、图A1.14和图A1.15所示。操作步骤包括：①上传老照片；②记录当下——现拍现传；③回忆问答——生命故事性质的开放式问答，日常照料中的心理关怀和精神慰藉（根据答案，自动跳出有关答案的图片，供你选择）；④发声技术——包括文字编辑功能，应用手动/语音技术（方言识别），引导老人回忆、分享感受，赋予社会意义等。

图 A1.13 模块一（制作回忆）1

图 A1.14 模块一（制作回忆）2

图 A1.15 模块一（制作回忆）3

B. 模块二：时光轴

模块二的功能主要是通过时光轴展现老人的生命历程，包括：生活点滴都汇聚在这里、平淡日子里的点点星光、查看我的生活点滴、留住欢声笑语。该模块的效果如图 A1.16 和图 A1.17 所示。

图 A1.16　模块二（时光轴）

图 A1.17　模块二（时光轴）

C. 模块三：岁月影像，一键生成

该模块的目的主要是提供平台，协助老人将照片整理成册（图 A1.18）。

图 A1.18　模块三（岁月影像）

6）产品设计或服务目标

满足老人需要心理层面的需求；方便快捷，激励用户记录和分享美好时光；

满足老人对生活轨迹、老照片的记录需求；一键生成不需要较高的知识教育水平。

2. 智能营养管理平台

1）适用对象

本平台的适用对象为60～75岁有独立自主生活能力的基本健康的老人。

2）设计团队

设计团队成员包括张莹（复旦大学）、刘宇涵（复旦大学）、李凤琴（复旦大学）、胡璟昀（复旦大学）。

3）项目简介

近年来，不健康的生活方式使得癌症、慢性病的患病率呈上涨趋势，导致营养学在辅助治疗中的地位越发凸显，成为保证人们基础健康的“保护伞”，而针对老年人的营养健康管理更加值得关注。因此，本产品面向疾病高发的老年群体，从日常膳食的管理入手帮助他们降低致病风险、提高身体素质、享受健康生活。

4）需求评估/市场分析

在查阅相关文献资料的基础上，为更好地了解老年人对于健康管理的需求，小组成员还实地走访了几个社区，通过访谈法和几位老人进行了交流，以便更好地了解他们的需求和期待。

A. 普通老人——饮食管理，更加高质量营养均衡的生活

针对普通老人群体，其平时不知道吃什么、怎么吃才好，大多数是敷衍了事，没有合适的渠道去了解营养搭配，更没有专人的指导与管控。这种情况下，需要有一套完善的健康管理产品，帮助普通老人实现其普需——饮食管理与追求更加高质量、营养均衡的生活。

B. 慢性病老人（“三高”为主）——良好地控制饮食，保证健康的生活习惯

针对慢性病老人，尤其是以中高龄老人常见的“三高”——高血压、高血糖、高血脂症状为主的老年人，慢性病严重危害其健康。其调理方法如下：减少食盐多吃健康食品；营养均衡；戒烟限酒。这种情况下，需要有一套完善的健康管理产品，帮助老人更好地控制饮食，保证健康的生活习惯。

C. 子女不在身边的老人——需要生活料理的协助，获取更多的健康信息

针对子女不在身边的老人，随着年龄的增长，老人身体状况会愈发变差，如

听力和视力的弱化、腿脚的不便或者记忆力衰退等，渐渐会出现许多不能完全自理的老人。这种情况下，需要有一套完善的健康管理产品，可以协助老人料理生活，并在此基础上获取更多与健康有关的信息，更好地对自己进行照顾。

5）产品介绍

爱小厨智能营养管理平台分为产品端和手机端两大部分。平台所有功能均建立在个人信息档案的基础上，致力于为产品用户提供适合自己的个性化服务。

A. 个人信息档案

运行平台的第一步，就是在手机端的 App 中建立用户自己的个人信息档案。该步骤可由子女或工作人员协助老人完成。个人信息包括基本信息与饮食偏好两类。基本信息有姓名、性别、出生年月 、身份证号、居住状态、居住社区、食物过敏情况、医疗诊断、身体障碍与疾病情况等；饮食偏好信息有籍贯、喜爱菜系、偏好蔬菜、偏好水果、排斥食物等。

B. 产品端

产品端的功能主要有日常料理和健康管理两类。

a. 日常料理功能

第一，家用洗菜消毒机功能。本产品的洗菜消毒功能可与市面上同类产品相媲美。用户可将购买到的瓜果蔬菜直接放入消毒区，以水为媒介，机器可通过内置花洒电极在将水分解为微粒子的过程中产生气泡清洁系统，其中富含的氢氧根离子、次氯酸等物质可有效除去果蔬表面残留的农药。

第二，菜谱推荐及定制功能。首先，产品可依据个人档案信息生成个性化菜单并进行推荐，选择可进行语音播报。具体来说，机器先根据个人口味和健康情况优先推荐适用食材，老人可根据家里现有或市场可购食材进行选择，点击喜欢的做法，所用原料和菜谱可进行语音播报。在选择食材的过程中，机器会依据已选食材建议老人添加不同种类营养的食物，以均衡膳食。其次，内置适老化食谱。本产品的内置食谱经过适老化改造，与市面上常见的电子食谱不同。首先，食谱内容经过精简，只向老人推荐一种菜的最简单的做法，致力于用最简化的食材和步骤还原菜品本身美味，协助老人轻松下厨。其次，食谱中配料的建议用量经过减盐、减糖、减油处理，可帮助老人适度摄取调味品，还原健康饮食。同时适老化食谱支持语音播报。最后，支持上传菜谱，拿手好菜不怕忘。用户可在产品端新建私房菜谱，不怕遗漏做菜步骤。上传后可选择菜谱共享，与大伙一同分享自家的美味秘诀。

b. 健康管理功能

第一，监测糖、盐、油用量。产品内置智能调料盒，本身存放一定量的糖、盐、油，每日可根据老人身体情况及用餐人数，自动提供该日可摄入的合理配料分量，只设定上限、不设定下限，并对使用情况进行监测及播报。智能调料盒的用量监测可通过底部的压力传感器来计算实现。机器的语音播报功能可给予老人用量的反馈，起到督促和提醒的作用。

第二，机器可提供测量血压、血糖、心率的功能。测量后的数据直接同步至手机端，还可形成阶段性的指标变化图。

第三，高级营养管理/个性化用户指导。首先，权威营养师指导。在产品使用前期可免费提供专家咨询 1～2 次，后可通过购买继续获得相关服务。社会工作者在此可以通过资源链接，给老年人提供相对于市场价较便宜的营养师服务。其次，健康管理服务。一方面，平台工作人员可对选择高级营养管理服务的老人进一步推荐其他健康管理服务；另一方面，也可利用后台收集的相关数据，挖掘社会工作者的潜在案主，或对社区、群体的需求进行调查，制定健康管理相关的为老服务方案。

C. 手机端：包括 App 和公众号两部分

a. App 的主要功能

第一，建立及查询个人档案。应用于产品使用的第一步，也是所有个性化服务的基础。第二，建立个人电子病例。①产品端测量出血压、血糖和心率的数据可即时同步至手机 App 进行储存，子女可定期查看父母身体情况。②定期记录个人身体状况，App 可自动生成阶段性指标图，可以直接用于就医时的看病问诊，客观详细的展示个人身体状况，提高医患沟通效率。③平台还推出打卡制度。定期用机器测量身体指标即为打卡，通过打卡可减免一定的服务费用，以激励老人关爱身体，关注自身健康变化。手机端的效果如图 A1.19 所示。

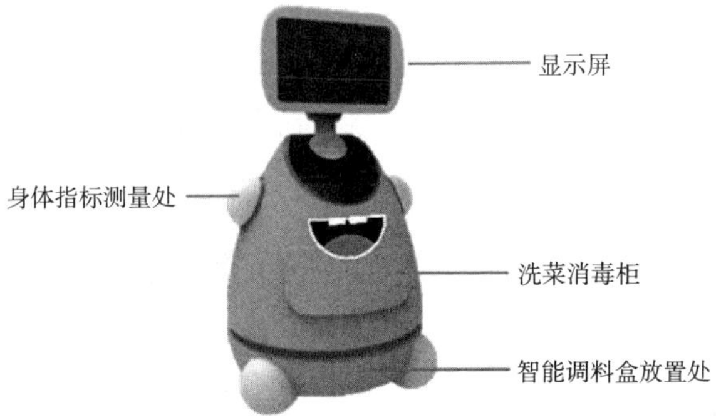

图 A1.19 简略实物示意图

b. 公众号的主要功能

第一，医养信息个性化推荐。根据个人信息档案，后台可向老人推送适合自己阅读的相关文章。第二，查询个人档案。除 App 外，公众号也可以在认证后，提供个人信息档案的查询。

6）产品设计或服务目标

①帮助用户深层清洁食品原材料、便捷可视化的厨房操作流程，用户可以在享用营养搭配均衡的饭菜的同时，享受独立自主处理日常事务的乐趣。②控制用户的配料（油盐糖等）摄入，帮助老年人合理规划膳食，调理饮食，保证营养。使用户尽量遵循有利于身体健康的菜谱进行烹饪，提高其饮食品质，对自己的身体负责。③提供个性化的专业饮食营养指导与建议，预防或降低慢性疾病发生的可能性。④通过每日记录并上传自己的身体健康状况，使用户养成关注自己身体现状的好习惯，将发生意外的风险不断降低。

3. 互联网+中高端配送餐服务

1）适用对象

上海市市区社区居家老人。

2）设计团队

设计团队成员包括王子煊（复旦大学）、宋奕文（复旦大学）、唐懿雯（复旦大学）、周宇翔（复旦大学）、尹邦铎（复旦大学）。

3）项目简介

用餐问题是一个重大的养老问题，该问题在中国具有很强的地域性。互联网和智能手机的普及为该问题提供了新的技术支持。本部分通过对国内外较为成功案例的研究及对上海市不同区的几个街道的走访，采集了老年人对于现有模式的反馈，并从现有的模式中汲取长处，旨在填补中高端配送餐服务的空白。

4）需求评估/市场分析

本小组走访了多个街道，了解到不同街道在解决这一问题时采用的模式各不相同，包括社区食堂、统一送餐上门、统一送餐至日间照料中心等模式。其中，社区食堂由特定企业运营，本身是面向大众开放的，需要一定的运营成本，菜品价格偏高，老年人有一定的自主选择权，不过选择面较窄。而在统一送餐的模式之下，接受服务的老年人基本上没有选择的空间。为了使服务覆盖到尽可能多的人，所有人都被框定在同一个标准之下。比如说在“8 元午餐”的模式中，提供配送服务的企业其实并不是以市场的逻辑运作，更像是在做公益。这种精神固然可嘉，然而没有有效的竞争，菜品的品质就很难得到提升。

本小组认为，中高端配送餐服务在上海市尚未有成熟的模式，存在着一定的市场。据受访者所述，一餐两吃的现象在老年人中广泛存在，这无疑是有损于健康的习惯。在传统模式之下，老年人的绝大部分开支均是生命最后一段时间的医药费。

5）产品介绍

本小组希望在养老观念逐步扭转的社会大背景之下，使日常保健能引起老年人的重视——老年人能舍得多花钱提升日常的饮食质量。除此之外，本小组所设计的服务着重于吸引老年人的子女。他们是社会中的高收入人群，但是由于工作繁忙可能很少有时间照料家中的老年人，他们尽管关心老年人的健康，但是平时可能无暇顾及，所以他们更有可能去为一些中高端的服务买单。

基于在瑞金二路街道等地区的调查，互联网+中高端配餐送餐服务模式主要分为点餐模式、配餐模式、送餐模式与反馈机制四大板块。

A. 点餐模式

针对包月模式与自助模式两种现有模式的优缺点，我们设计了一种结合两者优点的点餐新模式——半自助模式。半自助模式以周为单位更换菜单，提供不同价位多种种类的选择，因而价格、种类等选择相对自主，也在一定程度上保证了相对独立制作。

B. 配餐模式

配餐模式具有五大特点：第一，提供中餐、晚餐两餐，老年人可以根据自身需求自主任意订餐；第二，由合作的商家及营养师搭配多种套餐，每周进行更新，老年人每周可选择新套餐；第三，考虑到老年人群体的多样性，不同老年人对餐品的质量与价格要求不同，两餐均提供不同价位的多种选择；第四，针对老年人常见病如高血压、高血脂、糖尿病等，由专业营养师推荐菜品套餐，形成特色营养餐；第五，考虑到老年人可能会有突然想吃某种菜的特殊情况，结合上海人的饮食习惯设计了“心想事成”菜单（图 A1.20），老年人可提前一天告知第二天想吃的餐品，从而更换原本预定好的餐品，达到供老年人自助点餐的目标。

配餐模式首先基于老年人饮食习惯考量。经过调研和访谈，发现老年人有相似的饮食习惯。主要表现为：喜欢较软的饭；口味偏淡、饭菜少油；偏向素菜，对肉食和蛋类的需求不是很大；希望菜品种类多且量少。这些饮食习惯是菜谱设计的基本要求。同时，配餐模式还基于健康考量。本项目针对老年人常见疾病特别设计了营养餐。

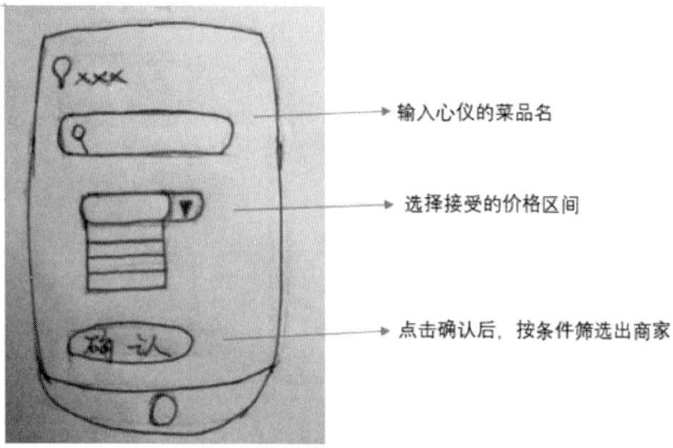

图 A1.20　“心想事成”页面

C. 送餐模式

餐饮公司制作→公司物流人员送至各中转站→中转站物流人员取餐→送至老年人家中或者组织老年人到社区服务中心用餐。设立中转站的设计有利于降低配送费，同时利于配送人员的选拔与考核，并且我们鼓励老人前往社区助餐点用餐。

D. 反馈机制

商家、中转站、用餐者形成三角反馈机制。出于对老年人隐私的保护，避免差评后商家电话骚扰等情况的发生，只有中转站相关负责人员有权限知晓老年人的基本信息（如地址、电话等）。

反馈机制由三部分组成，中转站向商家反馈物流信息，用餐者向中转站反馈对送餐人员的评价与建议，用餐者向商家反馈对餐品质量与口味的评价（图 A1.21）。三种反馈相互独立，互不影响。

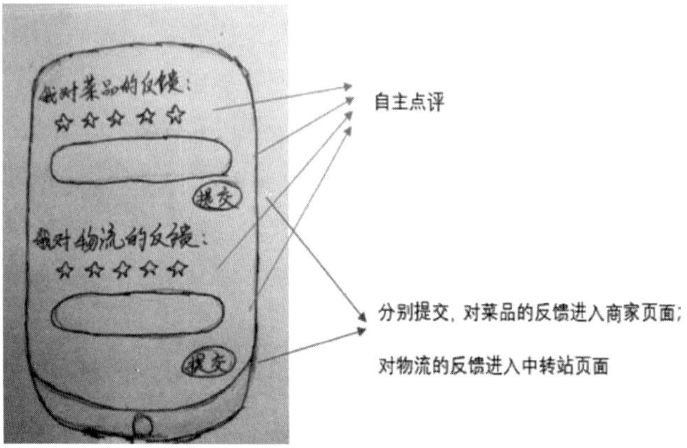

图 A1.21　反馈机制页面

E. App 设计

在安装 App 时，分为四个端口。①消费者端口，需要提供老年人的姓名、联系方式和具体地址，系统会自动匹配最近的中转站，设为默认站；老年人的基础信息只提供给中转站，不提供给商家。②商家端口，需要提供基础信息和可提供的菜品的档位及口味特点。③中转站端口，需要提供联系方式和具体地址，并设置好物流辐射范围。④物流人员端口，需要提供个人基础信息和所服务的商家或中转站信息。以消费者端口为例，App 的首页界面如图 A1.22 所示。团队进一步对初始设计的 App 界面进行了优化，使其对老年人更加友好（图 A1.23）。

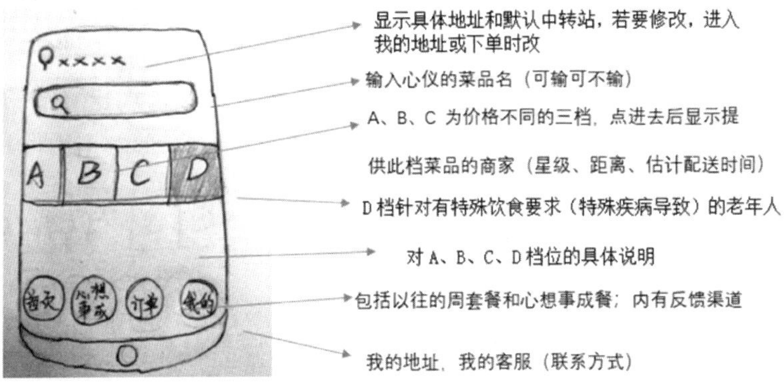

图 A1.22 App 首页

图 A1.23 界面优化后效果

6）产品设计或服务目标

A. 总体目标

目前，上海市的配送餐服务走的是公益化路线，难以满足老年的个性化需求。

在解决老年人的用餐问题时，市场应发挥其应有作用。相比年轻人，老人表达自身需求难度更大。我们要做的工作，就是要在需求和供给之间搭建一座桥梁，使这两者能够对接。

本小组希望融合公益逻辑和商业逻辑，发扬二者长处。本项目旨在填补现有模式下的空白，为老年人提供更多选择，构建一个更立体的配送餐服务体系，提升社区居家养老的品质。

B. 具体目标

据老年人群对现有配送餐模式的反馈，统一配送餐模式无法顾及个人的喜好，也无法顾及每个个体不同的健康状况；而外卖模式对于老年人的鉴别能力要求过高，且容易引发食品安全方面的顾虑。所以，本小组所设计的服务必须具有几大功能：表达老年人群的诉求、为老年人提供多样化的选择、设计合适的菜谱、收集老年人群的反馈。为此，本项目需要调动瑞金二路街道周边的餐饮资源，与社区展开长期的紧密合作，在实际运营中不断对方案加以完善。

（三）辅助科技类

1. 智能防抖辅助筷

1）适用对象

本产品的适用对象为患有中风、帕金森等震颤症，或无疾病但手指力量不足的老人。

2）设计团队

设计团队成员包括余治欢（复旦大学）、何叶（复旦大学）、廖天琪（复旦大学）、柴权洲（复旦大学）、李铖（复旦大学）。

3）项目简介

随着我国人口老龄化加剧，科技智慧养老蓬勃发展。基于老年人手部抖动带来的进食困难问题，本团队设计了一款智能防抖辅助筷，实现了主动防抖和助力夹食的功能，具有可拆卸和可充电的特点。本产品应用鸡头防抖原理，在内部结构上，由传感器及处理补偿器、微型电机、杠杆装置等组成；在外形上，与普通筷子几乎无异，使老年人易于接受，在筷柄上嵌有按钮和充电接口；在材料上，使用医疗级硅胶包裹，无毒无害，保证食用安全性。本产品功能实用，方便携带，使用简单，能给老年人的生活带来便利。

4）需求评估/市场分析

A. 实地观察与开放式访谈

该产品的设计灵感来源于一名组员在关怀自闭症儿童的定期活动中的观察。在自闭症儿童的家中用餐时，她观察到孩子的奶奶有手抖的毛病，吃饭时使用筷子很不方便，食物夹到一半会因抖动而掉落，或无法送到嘴边。她想到了设计一款智能筷子，不需要老人使力就可以把食物夹紧，还有防抖动的功能。这名组员采用开放式访谈的方法，询问了奶奶在使用筷子过程中的困难及其对餐具的需求。

B. 半结构式访谈

在探访“爱照护”长者之家时，我们对两名老人分别进行了时长约半小时的半结构式访谈，询问了他们在智能辅助餐具方面的需求，我们初步确定了老人对智能辅助餐具存在较大需求，这种餐具应具有防抖、提供夹食物力量的功能。

C. 定量资料分析

智能防抖辅助筷的目标对象是患有中风、帕金森等震颤症，或无疾病但手指力量不足的老人，这些老人由于独居或没有条件雇佣护工，独自进食成了日常的困难。由于手部震颤而无法独立使用筷子的老年人不在少数，还有不断增加的趋势。基于定量和定性两种需求评估，我们得出以下结论。①需求旺盛。存在大量患震颤症或手指无力的老人，用餐时难以使用普通筷子。②同类竞品缺失。目前市场上仍未有针对老年人的智能防抖筷子，不需要老人用力就可夹紧食物的辅助筷子更是少之又少。

5）产品介绍

该智能防抖辅助筷，既是对国外较为成熟和普及的防抖勺的本土化，又增加了新的功能。

A. 产品结构

本产品的外形结构如图 A1.24 所示，零件组装方式如图 A1.25 所示。主要包括以下构件。

第一，总体外形。尽可能与普通筷子相同，上部增添了约总筷身三分之一长、略粗二分之一圈的手柄套，手柄套可与筷子组装为一体，两筷身通过中间的杠杆助力装置连结。

第二，手柄部位。外部：正面使用时靠近虎口一端的上方有总开关和电量指示灯，靠近拇指的位置有助力杠杆装置的活动开关；背面有 USB 充电接口，接口外有防水盖，内部置有可充电纽扣电池。内部：防抖部分：在抓握的主要部位内置加速度传感器、处理器、补偿器（抖动电机），辅以控制助力的按钮，这款手柄可自动有效检测手部抖动情况，并在两个轴向间做实时快速的补偿控制，以稳定筷身，这把防抖筷子可以解决大概 5cm 范围内的抖动；基本电路：内置电源、LED 变色灯和基本电路所需的导线。

第三，助力部位。两根筷子之间会使用一种杠杆装置，由三根细杆（组成活动连结）和一根横杆（连接筷身）组成，横杆上装有电动马达，用以拉动螺纹竖杆，竖杆的升降带动下部的两根细杆收缩。

第四，关节部位。手柄套和横杆之间会有一个活动的连结，使筷子在细杆活动过程中保持整体对称的开合；三根细杆在连接处会有一个等大的圆形套环，通过一个插销固定，使下面的两根细杆可以绕着插销转动；下面的两根细杆另一端插入固定在一个圆环橡胶套中，以此来带动筷子的转动。

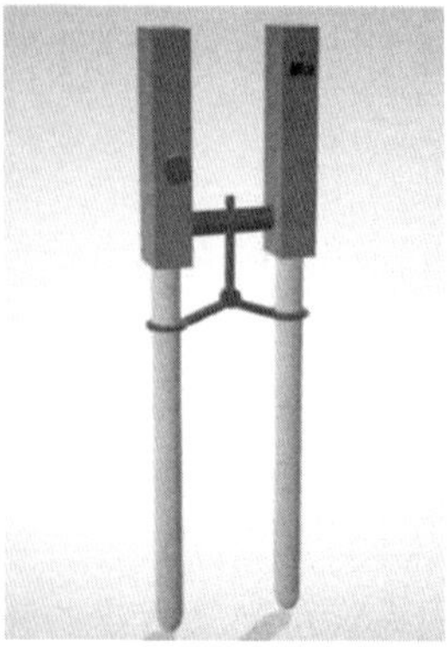

图 A1.24　产品外形结构

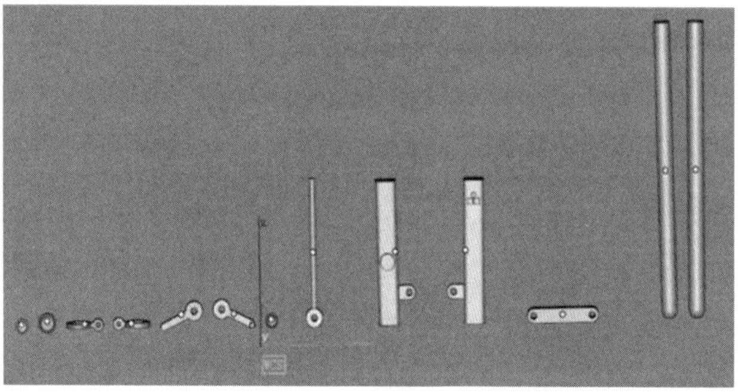

图 A1.25　零件图

B. 部件及材料选择

第一，手柄套：外部使用医用 Tritan 外壳，不含 BPA，耐高温；内部使用医用硅胶，无刺激性、无毒性、无过敏反应。

第二，杠杆装置均用不锈钢细杆，套环使用不易滑动但仍具一定塑性的橡胶。

第三，可充电的纽扣电池 CR2032，如图 A1.26 所示。

第四，LED 变色灯：红光电压范围 1.8～2.1V，绿光电压范围 3.0～3.5V，额定电流约为 20mA。

第五，微型马达：五金行星齿轮 ZWBMD003003，其结构如图 A1.27 所示。

防抖部分：角度传感器或加速度传感器。

处理器：集成芯片（内含一个实时将抖动角度换算为抖动电机频率的算法）。

抖动电机（补偿器）：型号 L0610L（图 A1.28）。

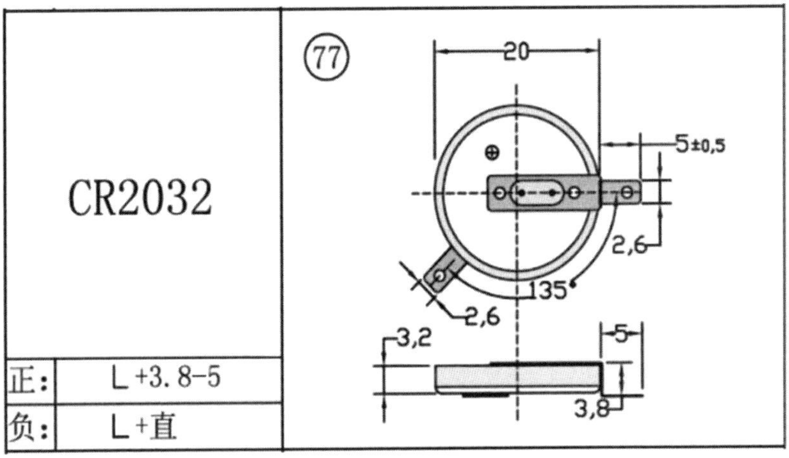

图 A1.26　纽扣电池结构图

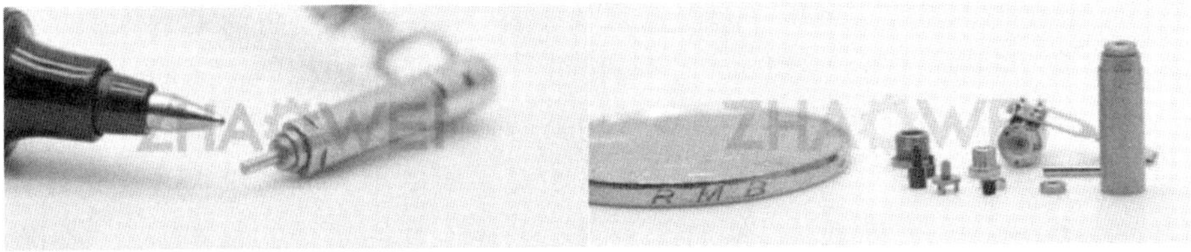

图 A1.27　微型马达结构图

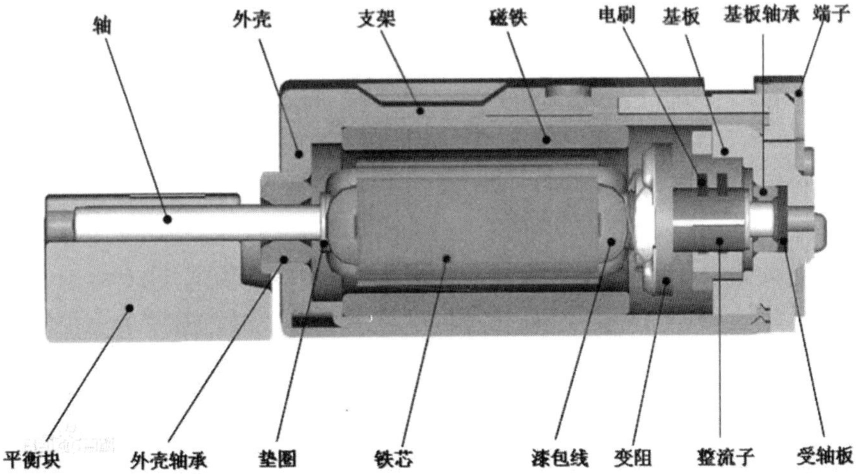

图 A1.28　抖动电机结构图

C. 使用说明书

①打开总开关，手抖对握柄造成的影响传到加速度传感器，反馈给处理器，

命令补偿器对相反方向上给予一个补偿；②老人想要夹菜时，只需像使用普通筷子一样靠近食物，大拇指附近会有一个按钮，按下按钮后筷子上端横杆内的电机开始运转，带动下方滑竿向上运动，与滑竿相连的两个联动杠杆一端连接在筷身上，另一端被带动向上，于是两根杠杆夹角减小，从而筷子角度减小，夹紧筷子；③将菜品放入口中时，按动按钮，筷子缓缓松开，食物进入口中。反复进行第二、第三步完成进食；④使用结束后关闭总开关，指示灯熄灭即断电；若想要清洗筷子，只需把筷子从手柄套中拔出，便可像普通筷子一样清洗；⑤电量低于 15%时 LED 指示灯的颜色会由绿变红，这时应打开手柄套背面的防水套，插入 USB 充电线即可。

6）产品设计或服务目标

A. 总体目标

目前，全球有超过 1000 万的帕金森病患者，本产品能够解决老人用筷子吃饭用力不足及手抖的问题。让筷子外形与传统普通筷子更加相似，从而让老人更加舒适地使用筷子，并且尽量减少老人使用新型智能筷带来的不适，在设计上尽量简便，以迎合老年人的需求，让老年人更加轻易地使用，同时进行个性化设计，在色彩和外形上更加精细化，从而既能满足老年人使用筷子的基本需求，同时避免老人对该产品产生科技排斥，从而让老年人更加积极主动的使用新产品新功能。

B. 具体目标

防抖筷子可以识别手部在垂直方向和水平方向的振动，主动降低筷子的振动幅度，帮助手抖的老人自主进食，只需轻轻按动几个按钮即可消除手抖带来的影响，给帕金森患者带来福音。首先，这款筷子功能更加简洁，让老人易于学习，减轻老年人排斥和回避科技的心理影响；其次，整个产品的外观设计、颜色搭配更加符合老人的喜好。

2. 老年人跌倒监测鞋垫

1）适用对象

本产品的适用对象为能够正常行走的老年人群体。

2）设计团队

设计团队成员包括王陈凤（复旦大学）、黄瑞（复旦大学）、于茜仪（复旦大学）、叶曼茵（复旦大学）、龙宽（杨浦区社会福利院）。

3）项目简介

本项目主要针对老年人跌倒这一潜在风险及造成的严重后果，结合人群需求和产品需求，设计了一款老年人多功能跌倒监测鞋垫，旨在帮助老年人走着安全、走出健康。在大数据健康医疗倡导下，可以监测影响健康的风险因素，便于老年人随时掌握自身健康状况，若发现问题能及早就医。

4）需求评估/市场分析

通过全国的监测数据可以发现，老年人最容易遭受的伤害是跌倒 / 坠落伤，跌倒是老年人群致伤致残的重要原因。我们针对老年人跌倒问题，对四位老人进行访谈，了解她们对于跌倒的认识。经过访谈我们发现，被访谈对象虽然没有跌倒受伤的经历，但是她们现在越来越担心自己会跌倒。

5）产品介绍

A. 功能及特点

本产品的功能主要有：摔跤监测、应急救援、防走失导航功能、照护者绑定、可个性化定制。

B. 系统构造

a. 硬件系统

为了实现上述功能，这款厚度不到 1cm 的多功能跌倒监测鞋垫的硬件系统构造主要由电源系统、传感器系统、电机系统和 WiFi 组控系统构成。在电源系统中，主要通过鞋垫内外的线圈来进行无线充电，经过测算基本可实现充电 3 小时，使用 18 小时。此外，根据脚底受力原理，分别在鞋垫外侧设置三个压力传感器和一个心率传感器、体温检测器便于健康数据监测，通过 AD 转换器在 WiFi 控制器作用下将数据及时上传至终端共享，而电机驱动同理（鞋底内层硬件系统自制 3D 图如图 A1.29 所示）。

具体运作原理为当使用各感应器对老人各项生理参数进行监测时，传感器同时连接到电路板模块上，形成生理指标监测感知节点，将监测到的各项生理指标通过 WiFi 发射到智能养老平台网中的协调器上，再与手机、平板、电脑等智能终端节点相连接，构成内外网络，将协调器中收集到的相关数据发送到各智能终端，使得后台健康管理人员或家属实时了解老人健康状况，根据不同情况来发出不同操作或警报（具体芯片构造如图 A1.30 所示）。

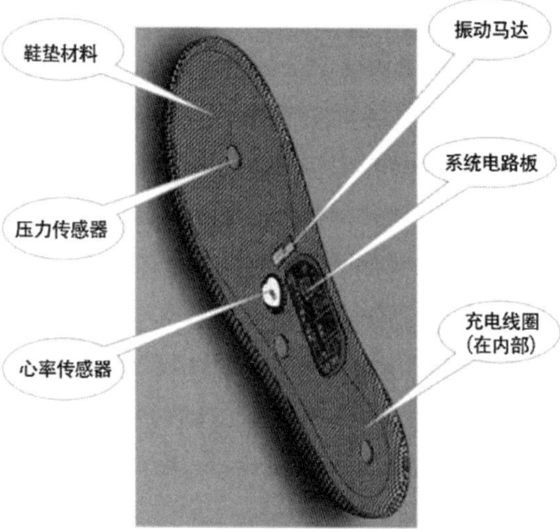

图 A1.29　鞋底内层硬件系统自制 3D 图

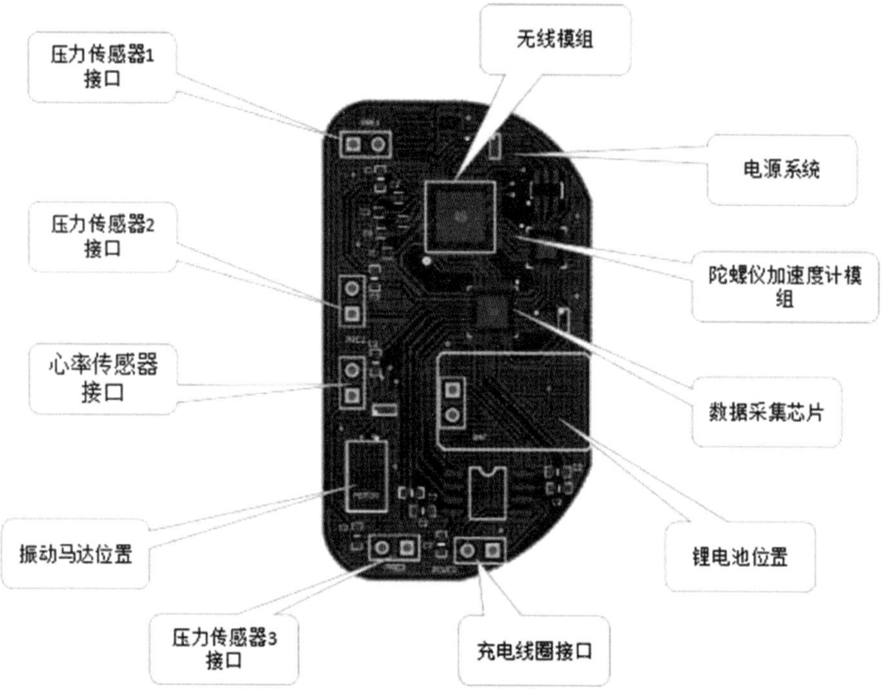

图 A1.30　芯片内置图

当老人发生跌倒时，可以根据鞋垫足底植入的三轴加速度传感器、陀螺仪及压力传感器等姿态感应设备。这种方式可被用来分析当前老人所处姿态，并结合心率和压力综合分析出跌倒行为的发生，此时，各种传感器设备与接收模块进行连接，生成意外跌倒检测感知节点。各种跌倒传感设备将采集到的老人跌倒数据信息，通过 WiFi 发射到协调器上，通过 GSM 模块将信息发至手机、平板或电脑等智能终端，实现对老人跌倒的实时监护。智能养老平台一旦发现跌倒现象发生，会立即通过 GPS 进行定位，并联络相关人员前往帮助或提供紧急救助，同时将警报同步发送至关联的照护者手机上。

b. 软件系统

根据所要实现的功能，该鞋垫配套的软件系统也要与之匹配，具有操作简便、简洁明了的特点，大致设置了如图 A1.31～图 A1.34 所示的终端界面。

图 A1.31 终端界面

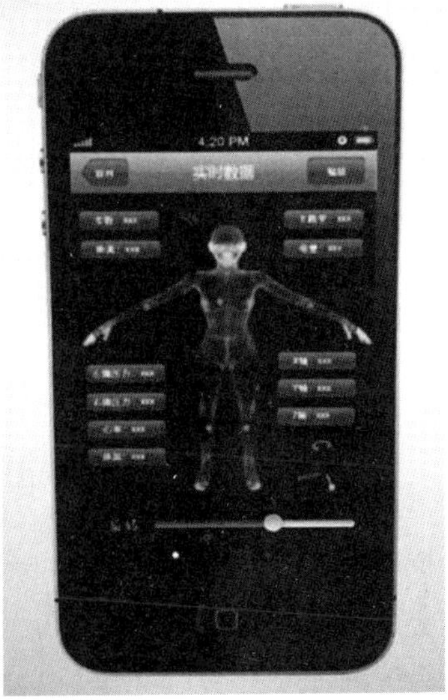

图 A1.32 终端界面

根据所使用芯片装置初步计算为一双鞋垫为 181 元，而这样设置主要是为了实现 WiFi 集成处理器低功耗、三组压力传感器使得数据收集更加准确、无线充电更便捷及锂电池能量高体积小。

6）产品设计或服务目标

（1）实时收集老人身体健康数据，在一定程度上监测潜在影响老人健康的风险因素，尽可能预防老年人因身体机能退化引起的腿脚不便而造成的摔跤，降低跌倒发生率。

（2）在老人发生跌倒状况时，自动启用紧急救助，避免耽误黄金治疗时间。

（3）减少老人出行顾虑及家属因担忧老人安全问题阻止其出门的状况。

图 A1.33　终端界面

图 A1.34　终端界面

3. 一键式老年人自助打车

1）适用对象

本产品的适用对象为城市有出行需求的老年人。

2）设计团队

设计团队成员包括裴佳佳（复旦大学）、郭锦蒙（复旦大学）、胡丹丹（复旦大学）、张婳（复旦大学）。

3）项目简介

针对当前老年人“出行难”“打车难”的现实困境，本产品设计从老年人的真实需求出发，依托社会重建理论和积极老龄化理论，通过文献回顾和需求评估，根据老年人的生活习惯、出行问题、接受程度及市场上现有的相关产品的比较分析，设计符合城市老年人打车的产品——一键式自主打车系统，帮助他们实现智能化过程，解决当前老年人打车难问题。

4）需求评估/市场分析

A. 出行需求

我国老龄化议题多以“老有所医”“老有所养”等为关注重点，而“老有所行”在老龄化研究中还尚未受到足够重视，交通作为衣食住行四大基本需求之一更应考虑到老年人群体的特征。由于对自身健康的关注和休闲时间的充裕，老年人出行需求旺盛、出行频率高。就积极老龄化而言，交通出行服务成为城市老年人获取社会资源，参与社会生活的基本渠道。

B. 打车需求

在需求访谈与文献回顾过程中总结出老年人出行方式的首选是步行和自行车。距离较远的目的地一般采用公共交通系统出行，但在一些情况下也会选择打车的方式，如天气不好（过于炎热或者下雨等），身体不适外出，寻求就医，或有其他紧急事项。由此可知，打车需求也是老年人交通出行需求的一个重要组成部分，并且老年人产生这项需要的时候一般都是较为紧急的情况，使这项需求较好地得到满足是我们义不容辞的义务。

从心理层面来看，基于老龄化的发展，老年人逐渐成了社会组成的重要群体，但由于其生理特性，他们也是处于不利地位的弱势群体。社会各界除了需要给予老年人特殊的关爱外，还需要照顾到他们的自尊心。在对出租车及打车软件的司机进行访谈的过程中得知，接载的客户只有较少一部分是老年人，并且采用的打车方式都是传统的招手拦车，或是由老人的子女帮其预约好车辆再出行。在这个过程中，多数老年人表达出更希望通过环境所提供的设施来独立完成各种行为活动，老年人希望能和普通人一样拥有平等参加社会活动、共享社会成果的权利。

a. 当前需求满足现状

通过访谈的方式，我们也向老人了解到当前老年人打车需求满足现状是：第一，等候时间较长，打车花费半个小时以上是经常发生的事情；第二，空车不停，其中有两种可能，一是该车已被网上预约，二是看到打车客户是老年人所以不停；第三，采用传统招手拦车的方式打车更为困难。由此可见，当前老年人打车需求处于需求未得到较好满足的状态，需要引起人们的关注。

b. 原因解读

从人口学的角度来看，老年群体具有鲜明的群体特征。从生理来看包括器官组织自然老化、器官功能逐渐退化、活动能力严重衰退等，从心理来看包括记忆力下降、情绪不稳定、趋于保守固执等。这些特征影响和决定着老年人的出行行为，也具有了区别于其他年龄群体的特征。

首先，老人由于身体各方面机能的退化而遭到社会排斥：老人上下车迟缓，影响生意；老人记忆力不好，记不住地方，容易指错方向；老人行走不便，需要送到门口，拉老人不划算。其次，社会大众及出租车司机由于对老年人群体存在刻板印象而不愿服务于他们：老人身体比较不好，怕中途发生意外需要承担风险；老人要求比较高、比较啰嗦，对于车费也比较计较。最后，智能化时代，手机打车软件盛行，老年人由于使用手机不熟练而无法与较年轻群体一样在网络上进行车辆预约，因此，在招手拦车的过程中，许多车辆已被网上预约而无法停车，导致老人长时间打不到车的现象普遍存在。

5）产品介绍

本产品致力于帮助老年人实现自助智能化打车。依靠当前的城市出租车车辆信息管理平台、叫车管理平台、站点设备及相关的车载服务终端等系统，选取老年人经常出没的场所或者地点，如医院、传统的老年社区、幼儿园或者小学门口、公交站台等场所，摆放智能化打车装置（如图 A1.35 所示），老年人就可以通过屏幕上显示的功能区域进行操作。只要用仅适用于老年人群体的交通卡或感应卡在刷卡区域刷一下，后台系统会自动连接到当前所在区域的出租车管理平台或者相关的打车平台，会自动帮助预约叫车，老年人可以通过语音播报系统继续操作下一步。老年人在刷卡结束后，语音播报系统会自动提醒老年人打印出租车的凭条，上面有详细的出租车信息，大屏幕上也会显示呼叫出租车的老人姓名，呼叫车辆的车牌号及预计会到达的时间，可以让老年人更精确地掌握车辆的具体信息，每当有呼叫的出租车到来时，语音播报系统就会自动播报，以便老年人可以注意到自己呼叫的车辆及自己的上车时间，更好地实现出行的目的。当老年人到达目的地后，老年人可以选择传统的现金支付，也可以选择智能化的支付宝或者微信等支付方式，完成交易。该产品设计打破了传统的“等招停”的打车模式，对于老年人而言，实现了线上与线下的结合，更好地帮助老年人适应智能化产品的运用与发展。

A. LED 显示屏

用于显示呼叫用车人的姓名、呼叫车辆的车牌号、自己预计到达时间和即将到达时间，如图 A1.36 所示。

B. 刷卡区

此区域是一个智能感应区域，老年人用其专用的交通卡或绑定的微信二维码在上面刷一下，后台叫车管理平台会自动帮其进行用车预约，分配车辆信息；若老年人因为意外情况想要取消用车，可以通过二次刷卡实现，在一分钟内，刷卡仅记为一次，一分钟过后可以进行重新预约。刷卡区操作面板如图 A1.37 所示。

图 A1.35 产品效果图

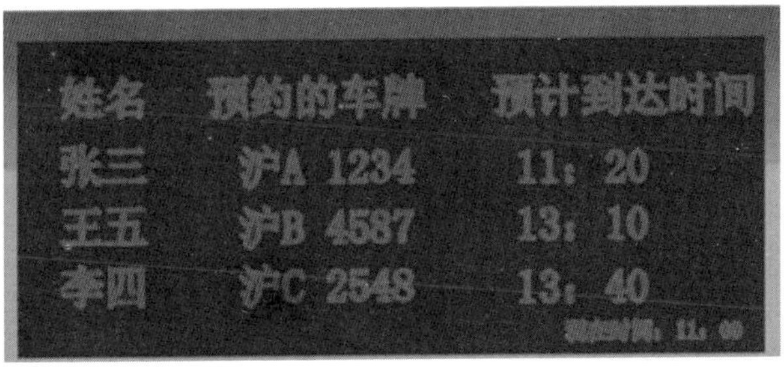

图 A1.36 LED 显示屏视图

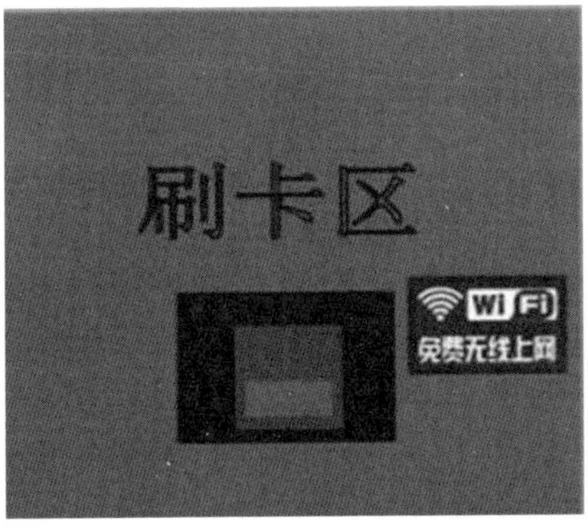

图 A1.37 刷卡区视图

C. 凭条打印区

该区域是一个操作区域，老年人在刷卡过后，产品系统会自动感应到呼叫应用，相关的预约凭证也会在左侧出来，老年人可以拿着凭条在站台旁等候用车，如图 A1.38 所示。

图 A1.38　凭条打印区视图

D. 呼叫用车凭条

本产品的凭条设计类似于目前银行凭条、购买凭条，是以纸质或者信息的方式呈现。凭条主体内容包括用户姓名、出租车的车牌号、上车地点等信息，如图 A1.39 所示。老年人可以凭借凭条顺利搭乘出租车，也可以对出租车司机的态度问题和不好的服务情况进行投诉，对于超时超载的司机进行举报，更好地维护自己的合法权益。

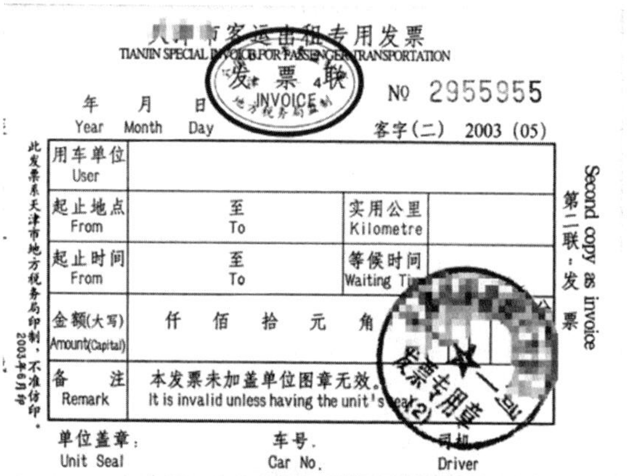
TIANJIN SPECIAL INVOICE FOR PASSENGER TRANSPORTATION

发票联　INVOICE

№ 2955955

年 Year　月 Month　日 Day

客字(二)　2003 (05)

用车单位 User			
起止地点 From	至 To	实用公里 Kilometre	
起止时间 From	至 To	等候时间 Waiting Ti	
金额(大写) Amount(Capital)	仟　佰　拾　元　角		
备　注 Remark	本发票未加盖单位图章无效。It is invalid unless having the unit's seal		

单位盖章：Unit Seal　车号. Car No.　司机 Driver

此发票系天津市地方税务局印制，不准仿印。2003年6月印

第二联：发票　Second copy as invoice

图 A1.39　用车凭条视图

E. 语音播报系统

该系统置于产品的下端（图 A1.40），主要是帮助中高龄老年人听觉能力退化的情况提供服务和提示作用。老年人在刷卡过后，播报系统会自动播报预约用车成功，请打印凭条的话语，提醒老年人打印凭条，若老年人想要取消用车，在二次刷卡后，语音播报会自动提示老年人呼叫用车取消。同时，在车辆即将到目的地，播报系统也会滚动播报相关信息，以提醒老年人上车。

图 A1.40 语音播报器

F. 视频监控设备

视频监控的设置主要是在产品的帽檐部分，设计了一个 360 度的环绕式监控设备（图 A1.41），用于检测当前的路况和站台相关老年人的状况，以便可以检测老年人群体的动态和现实的发展情况。

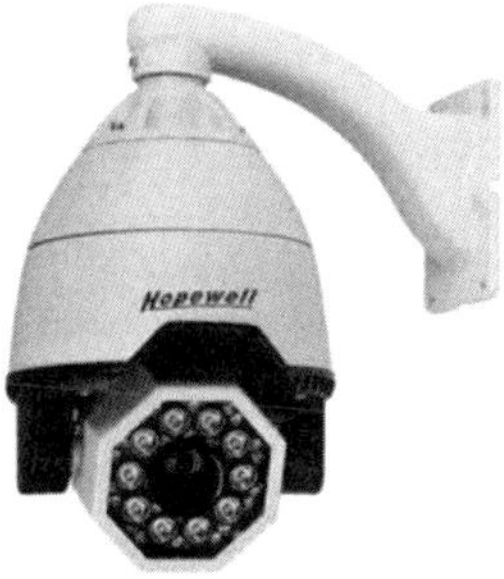

图 A1.41 视频监控视图

G. 老年专用交通卡或感应卡

本产品的顺利使用需要特定的老年人智能通行卡或绑定的感应卡，凡是年龄满 60 周岁及以上的城市居民都可以享受重新申请交通卡，延伸原有交通卡的功能划分，真正实现老年人出行一卡通。

6）产品设计或服务目标

A. 总体目标

基于老年人现实打车的出行需求和出行难题，依据当前已有的老年人打车软件或平台，进行产品的改进，通过将智能化的元素与老年人传统的出行习惯相结合，帮助老年人实现智能化打车的过程，解决当前老年人打车难的现实困境，实现老年人一键式打车的目的。

B. 具体目标

①产品设计理念知晓率在上海地区达到 80%；②产品设计前期调查中上海地区的老年人满意度达到 90%；③产品落地后，上海地区老年人的可操作性达到 95%；④产品落地后，上海地区的出租车司机的宣传度达到 100%；⑤老年人使用产品后的满意度达到 90%。

4. 小宝盒子

1）适用对象

居家养老的老人，尤其是独居，长时间看电视的老人；行动不便，生活娱乐单一的老人；子女无法长期陪伴，家庭、社会互动较少的老人；智能手机操作不便的老人。

2）设计团队

设计团队成员包括顾微波（复旦大学）、李光旭（复旦大学）、马玥（复旦大学）、向治璇（复旦大学）、赵梦齐（复旦大学）。

3）项目简介

据调查，有超过一半的 60 岁以上老人经常观看电视，随着智能产品的更新换代，智能电视走进千家万户，成为年轻人更换电视设备的首选。但在调查走访中，小组发现了目前智能电视的老龄不适问题。为解决目前市面上智能电视老人不便操作的难题，本组设计了名为“小宝盒子”的适老化智能电视机顶盒。产品主要包括机顶盒主机 1 个、适老化遥控器 1 个及基于安卓系统和适老化思路进行深度定制的适老化智能电视 UI 系统（含专属应用）。

4）需求评估/市场分析

为了深入了解老年用户对于智能电视产品的需求状况，小组随机挑选 3 名居家养老的老人（其中一位为 92 岁男性，一位为 70 多岁女性，还有一位为 60 多岁男性）进行访谈，同时对某大型电视采购区的 3 名导购员，以及上海某知名社区照护机构 1 名机构负责人和 1 名护工进行访谈，以收集相关数据和资料。采用定性分析方法，对文字和数据进行了整理，并且结合相关文献资料，可以了解到老年人对智能科技产品尤其是智能电视产品的具体需求状况。

首先，老年养生、锻炼需求及提醒、操作适老化需求：身体机能衰退（记忆力下降、行动迟缓）。其次，增加家庭互动需求：孤身在家，缺乏子女陪伴和互动。再次，文化娱乐需求（尤其室内）：娱乐项目单一。最后，社会交往需求：脱离社会，角色弱化。

5）产品介绍

A. 品牌介绍

品牌名称：小宝（xiaobao）。小宝盒子的 logo 和 slogan 如图 A1.42 所示。产品包含：小宝智能电视盒子、小宝老年智能电视系统、小宝 App、小宝开发者平台、小宝老年遥控器等。品牌标语：乐在互联，乐享晚年。产品旨在通过电视平台为老人搭建起更易于使用的互联系统，帮助老人增加与家庭和外界的联系。产品的一系列适老化设计都将为改善老年文化娱乐生活提供重要助力，帮助老人乐享晚年。

图 A1.42　小宝盒子 logo 和 slogan

B. 产品详情

a. 小宝盒子主体（简称宝盒）

（1）结构和基本组成。小宝盒子的正面包括信号接收头和指示灯、红外体感装置、扬声器、降噪麦克风、高清摄像头、扬声器（动圈式锥形扬声器）。背面拥有电源接口、HDMI 接口、两个 USB 接口。内部包括主板（内存颗粒、小宝系统和内置程序芯片、WiFi 芯片、电源管理芯片、Amlogic 晶晨半导体的智能语音专用处理器、远场身份识别模块、LAN 口驱动 IC、立体声线路驱动芯片等），它主要集成了强大的 CPU 和 GPU、2D/3D 图像子系统、先进的视频解码引擎、Flash player、AI 智能语音处理器及所有主流外设接口等功能。顶面为小宝 BOX 的 logo。底面则是小宝盒子的基本信息面板。小宝盒子的造型如图 A1.43 所示。

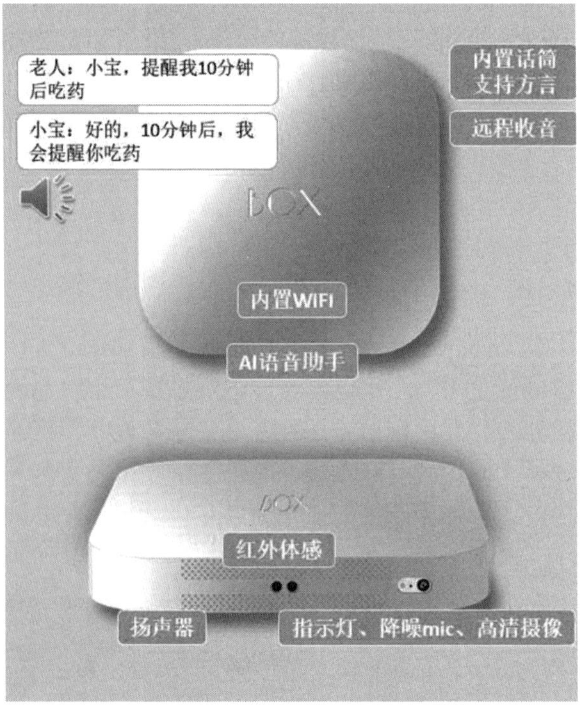

图 A1.43　小宝盒子示意图

（2）功能详解。AI 语音智能提醒宝盒在接通电源时即可为老人提供 AI 智能语音提醒功能，无须打开电视机。宝盒唤醒口令为“小宝”。用户仅需喊出“小宝”这一亲切好记的口令便可直接唤醒休眠状态的宝盒。小宝盒子内置 WiFi、降噪麦克风和 AI 智能语音处理器，并通过与科大讯飞的 AIUI 合作实现“远场身份识别”和“语音提醒助手”功能。其中“远场身份识别”通过声纹识别、麦克风阵列、语音唤醒技术能够轻松实现用户身份模型建立、远场降噪、声源定位、休眠唤醒和语音交互的功能。“语音提醒助手”则是语音识别、语义理解、语音合成反馈等技术实现多方言的人机交互功能。宝盒可以在家中轻松使用，远距离场景（约 5 米内）和各地方言均能实现智能识别。

b. 小宝老年智能电视系统

小宝老年智能电视系统对小宝盒子与智能电视机的功能进行了有机整合，帮助老年人更便捷地操作智能电视机，享受影音视听的美好。该智能电视系统的系统构成及特色应用主要包括以下内容：

（1）系统构成。小宝老年智能电视系统的首页主体模块包括：闭路电视页面框、大屏时间日期、大屏天气、家人圈核心功能、老年专题（支持不断地迭代更新、用户自定义）。首页界面如图 A1.44 所示。

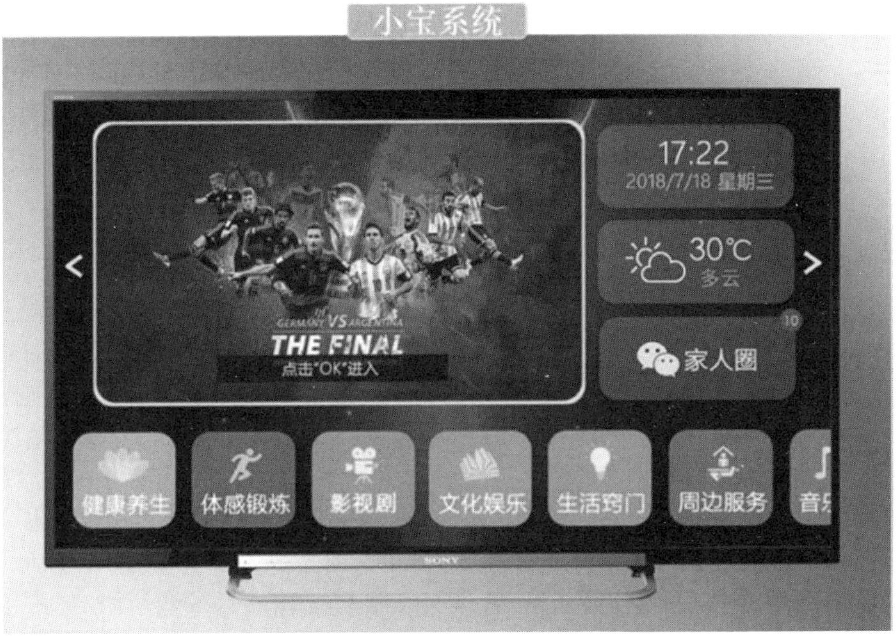

图 A1.44 小宝老年智能电视系统首页界面

（2）系统特色。第一，老年定制 UI 设计。UI 设计虽不是核心功能，但却是拿下老年用户群体的关键。UI 设计是指对软件的人机交互、操作逻辑、界面美观的整体界面设计。老年用户无法成为智能电视、电视盒子主流用户的关键原因便在于当前智能电视系统的 UI 设计专为年轻人打造，不适用于老年人。小宝盒子的 UI 设计以大字体、二级界面入口浅为原则，适合老年人记忆和使用。第二，个性化模块拼接。小宝盒子首页模块均可实现个性化模块拼接，子女可以将老人常用的模块，无论是一级专题还是二级小专题都放在最便捷和显眼的位置方便老人使用。第三，老年专题垂直整合。前期，产品 1.0 版将有产品经理和内容运营专员为老年人定制专题。后台垂直整合所有的养老频道、栏目、影视视频资源，将成本和路径最简化。后期，随着用户群体的扩大，后台可以收集老年用户喜好数据，借助大数据深度学习技术为精准识别老年用户精细化和个性化需求。在产品的使用过程中不断优化，且无须老人再度添置设备，这是所有硬件养老产品所难以快速实现的优势。第四，人性化提醒。即当老人连续观看电视超过 2 小时，单日观看电视超过 8 小时时，电视系统会弹出提醒窗口（图 A1.45），让老人注意休息。

图 A1.45 “提醒”原型设计图

（3）特色应用介绍。第一个特色应用是“家人圈”。很多老人独居在家，子女孙辈不在身边。但是，老人对孩子们的关切是极深的，对与孩子们亲近的渴望也是极其强烈的。“家人圈”以电视为终端能够有效弥补手机客户端屏幕小、操作复杂的缺点。家人可以通过下载“小宝 App”，实现与家中电视的互联。第二个特色应用是“体感锻炼”。体感锻炼是专为居家老年人打造的健康养生专窗。游戏化的设计让锻炼更具趣味性，足不出户便可与其他老人一同锻炼，家人们也可以一同参与其中，陪同老人进行游戏化锻炼，丰富老人的锻炼方式和娱乐生活，尤其适合行走不便老人、高层独居老人、社交恐惧老人。第三个特色应用是“那年”。该应用的标语为“数字遗产，闲聊之中，生命印记”。应用目标为“陈年相册、纪念、信函和数不清的人生故事，每一个生命中的珍贵点滴：小宝和你一起讲，陪你一起听，帮你一起看”。

c. 小宝老年遥控器

小宝老年遥控器的基本组成如下所示。按键：开关键、语音键、频道和音量键（上下左右键）、ok 确认键、返回键、主页键、体感锻炼键。组件：红外发射/接收器、各个按键指示灯、小型扬声器（按键音）、降噪麦克风、遥控器电路板（包含电容、控制芯片）。外观：与小宝盒子外观设计风格保持一致，白色主色调，遥控器下方印有 Box 的 logo。遥控器外观圆润，便于老人握住（图 A1.46）。

d. 小宝 App

小宝 App 主要安装于子女手机端，可与电视系统、小宝和资金相联动，如图 A1.47 所示。主要功能包括：老年人状态查询；上传照片、视频至云相册；家人圈互动，进行语音视频通话等；为老人设置自定义提醒；为老人推荐影视剧、广场舞、养生讲座等。

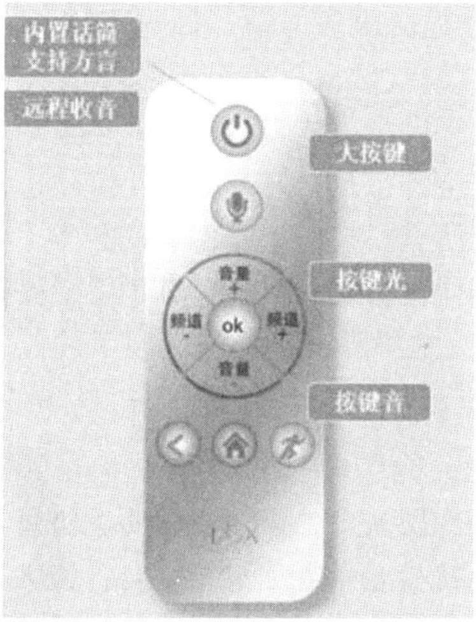

图 A1.46 小宝老年遥控器设计图

图 A1.47 小宝 App 原型设计图

e. 小宝开发者平台

小宝以开放的心态，提供好的服务和技术基础，承接所有为老人深度定做的专属应用模块。作为养老生态平台的引领者和终端服务提供者，小宝将汇聚中国数千万居家养老的家庭。大数据下老年人的需求更容易被精细化、个性化，经过不断地迭代和优化，为老年用户打造真正极致的产品和服务。小宝开发者平台无须任何门槛就能够帮助第三方开发者（科技养老企业、养老服务机构、养老产品开发商等）在小宝电视系统平台上实现与老年人交互体验。所有的应用或养老服务可以在小宝开发者平台提交服务申请，通过审核后便可出现在小宝电视系统之中。

在未来，小宝开发者平台可以成为养老产品创业孵化园。为所有致力于养老服务的产品提供技术、资金和市场推广支持。小宝生态系统平台将不仅集聚小宝一个品牌的力量，将汇聚所有科技养老开发者的智慧，老人可以在应用市场自主下载适老化应用，体验多样化的为老服务，真正感受科技带来的魅力和便利。

6）产品设计或服务目标

A. 总体目标

以现代智能电视盒子为切入口，运用所学所思进行目前电视盒子的改良与优化，并以此将现代智能科技与老年人需求相结合，极大程度上改善我国大部分老年人与电视的互动体验，并以此更好发挥智能化和便捷化科技对老人晚年生活品质的提升，使得老人乐在互联、乐享晚年。此外，开辟老龄市场，推动互动电视产业发展，探索我国智慧养老新思路和新途径。

B. 具体目标

第一，产品适老化，改善老人电视使用体验；操作简易化，让老人感受科技魅力。

第二，乐在互联，增强老人与自身系统的互动关系，提升老人能力。

第三，乐享晚年，针对高龄老人、年迈老人，丰富其家庭娱乐生活、锻炼方式，改善晚年生活质量。

第四，开辟老年市场，推动本土智慧养老建设开发者平台，集思广益，可入驻适老化应用、推动本土智慧养老。

二、课 程 荣 誉

本课程极大激发了学生的创新热情并提升了实际动手能力，在教师的指导下，同学们将自己的创新想法积极付诸实践。通过对老年人的需求评估、养老机构、创新企业探访等，有的学生制造出了产品的模型，也有的学生形成了一套完整的服务方案。部分小组更是联合企业、社会组织，将创意想法落实，也有学生积极参加诸如“美好老世界”青年人为老服务创新创业大赛、“亲和宇宙杯”重点高校银龄产业创新创业公益大赛、“海棠花开”第五届创新为老服务大赛等，取得了良好的成绩。

此外，各大媒体也对这些充满创意且有可实施性的项目进行了相关的报道，取得了较好的教学效果和社会效益。

未来的课程会更加注重培养学生将科技创新与老年服务结合起来，挖掘学生的创意，鼓励他们将新科技与老年服务紧密地结合起来，并通过团队的方式将创意想法付诸实践。

附录二 调 查 问 卷

一、互联网与电脑接受情况

（一）电脑与互联网的应用情况

1、请问您家中有没有电脑（只包括台式电脑或笔记本电脑）。

1. □ 有　2. □ 没有（跳答第 3 题）

2、请问您家中的电脑有没有连接上网？（只包括台式电脑或笔记本电脑）。

1. □ 有 [a. □透过宽带（或 WiFi、ISDN、光纤）b. □电话拨号　c. □不知道]　2. □ 没有

3、请问您有没有可以上网的智能手机或平板电脑？

a. 平板电脑　1. □ 有　2. □ 没有

b. 智能手机　1. □ 有　2. □ 没有

4、请问您有没有使用过电脑/智能手机/平板电脑等工具？

（如其中一项有，请答第 6 题；如所有答没有，请答第 5 题）

a. 台式电脑或笔记本电脑　1. □ 有　2. □ 没有　3. □ 不记得/不肯定

b. 平板电脑　1. □ 有　2. □ 没有　3. □ 不记得/不肯定

c. 智能手机　1. □ 有　2. □ 没有　3. □ 不记得/不肯定

5、您为什么从没有使用这些工具？（可选择多项）（不需逐一读出）

1. □ 没有兴趣　2. □ 没有需要　3. □不懂得怎样使用

4. □ 设备太贵　5. □ 其他，请说明：________　此后，请跳答第（二）部分

6、您是如何学用电脑的？（可多项选择）

1. □自学　2. □家人　3. □朋友　4. □工作/求学地点　5. □私人机构课程

6. □社区中心课程（请说明机构：____________________）　7. □其他，请说明：________

7、您第一次使用电脑是什么时候？

1. □一年前　2. □两年前　3. □三年前　4. □四至五年前　5. □五年以上

6. □记不清楚　7. □没有用过

8、您第一次使用智能手机 / 平板电脑是什么时候？

1. □一年前　2. □两年前　3. □三年前　4. □四至五年前　5. □五年以上

6. □记不清楚　7. □没有用过

续表

9、在过去的十二个月内，请问您有没有用过电脑/智能手机/平板电脑等工具？

a. 电脑 1. □ 有 2. □ 没有

b. 智能手机 / 平板电脑 1. □ 有 2. □ 没有

10、在过去三个月内，您使用电脑多少次？

1. □每日都用 2. □每星期使用一至数次 3. □每月使用一至数次

4. □每几个月使用一至数次 5. □目前没有使用 6. □不知道/记不清楚

11、在过去三个月内，您使用智能手机/平板电脑多少次？

1. □每日都用 2. □每星期使用一至数次 3. □每月使用一至数次

4. □每几个月使用一至数次 5. □目前没有使用 6. □不知道/记不清楚

12、您有没有上网（即使用互联网）？

1. □有（跳答第 12.1 题） 2. □从没有上网（跳答第二部分）

12.1、您什么时候第一次上网（即使用互联网）？

1. □一年前 2. □两年前 3. □三年前 4. □四至五年前 5. □五年以上 6. □记不清楚

13、在过去的十二个月内，请问您有没有上网（即使用互联网）？

1. □有 2. □从没有上网

14、在过去几个月内，您使用互联网的次数是多少？

1. □每日都用 2. □每星期使用一至数次 3. □每月使用一至数次 4. □每数个月使用一至数次

5. □目前没有使用（跳答第二部分） 6. □不知道/记不清楚

15、您目前上网主要是用哪一种设备呢？

1. □台式电脑/笔记本电脑 2. □智能手机 3. □平板电脑 4. □其他装置，请说明：___________

16、在过去几个月内，您平均每周花多少时间来使用互联网？

______小时______分钟

17、在过去几个月内，您平均每周会花多少时间来做以下网上活动？

	小时	分钟	未进行该活动
a. 搜寻/阅读信息，不包括职业/生意有关的工作（如上网看报纸/新闻、上网查阅娱乐、消闲指南等）	_____	_____	□
b. 传送或接收电邮、飞信、iMessage 等（单向性的）通信	_____	_____	□
c. 网上论坛/聊天室、报告栏及网上互动（如博客、论坛等）	_____	_____	□
d. 交友网（如老友帮、南京老年生活网、乐龄网、珍爱网等）	_____	_____	□
e. 网上即时通信（如微信、QQ、WhatsApp 等）	_____	_____	□

续表

	小时	分钟	未进行该活动
f. 网上购物 （如拼多多、淘宝等）	____	____	□
g. 网上服务[如租体育设施、网上登记服务、缴费、网上银行（不包括投资买卖）、查阅数据或提交申请、图书馆服务等]	____	____	□
h. 网页制作和设计	____	____	□

（二）电脑及互联网的使用及负担能力（台式、笔记本、平板电脑均无请跳答31题）

18、请问您家中最常用的电脑（包括台式电脑或笔记本电脑/平板电脑）是如何得到的呢？

1. □是我自己/家人购买的一手全新电脑
2. □是我自己/家人购买的二手电脑（并非全新的电脑或曾经被他人使用/拥有的电脑）
3. □是从捐献得来的（如电脑回收计划等措施）
4. □家中没有电脑

19、您家中最常用的电脑是何时得到的？

1. □少于一个月　2. □一个月至少于六个月　3. □六个月至少于十二个月　4. □一年至少于两年
5. □两年或以上　6. □不清楚/不知道　7. □家中没有电脑

20、您觉得您能负担购买电脑的费用吗？

1. □完全能负担　2. □能够负担　3. □勉强能负担　4. □负担有困难　5. □不能负担

21、您觉得您能负担维修软件和硬件的费用吗？

1. □完全能负担　2. □能够负担　3. □勉强能负担　4. □负担有困难　5. □不能负担　6. □不清楚

22、在需要用电脑时如果您想要使用家中的电脑（指台式电脑和笔记本电脑/平板电脑），您是否需要先获得家庭中某成员的允许才可以使用？

1. □需要，家庭成员是我的______　2. □不需要　3. □家中没有电脑

注：如果被访者不懂得使用电脑，请跳答第26题

23、您在家中可使用电脑时，有没有一些软件是被家人限制不能随意使用的呢？

1. □没有限制　2. □有限制（请注明是哪些软件：__________）　3. □家中没有电脑

24、在有需要时，您是否经常都可方便地使用电脑上网（不论是在家中或图书馆、小区活动中心、商场等场所）？

1. □是（答第26题及以后）　2. □否

25、请说明在需要时不能上网的原因（可选多项）

1. □家中电脑常被其他人占用　2. □公共地方的电脑要轮候很长时间　3. □公共地方的电脑离家很远
4. □家中电脑经常损坏　5. □公共地方的电脑经常损坏　6. □其他（请明：____________）

续表

26、家中电脑连接互联网收费形式

1. □ 独立收费 2. □与电话/收费电视一起收费 3. □免费 4. □其他

27、每月费用（单位：元）

1. □少于 100 2. □101～150 3. □150～200 4. □ 200～250

5. □250～300 6. □ 300 以上 7. □不清楚/不知道 8. □家中没有电脑

28、您觉得您能负担上网的费用吗？

1. □完全能负担 2. □能够负担 3. □勉强能负担 4. □负担有困难 5. □不能负担

29、您在过往一年，有没有因为故障而停止使用家中电脑两个星期或以上

1. □有（续答） 2. □没有（答第 31 题）

30、如有，停用原因为

1. □负担不起维修费用 2. □家中附近没有维修服务 3. □没有时间安排维修

4. □电脑不能维修，但买不起新电脑 5. □其他

31、您有没有从以下任何一个地点用电脑上网？您在这些地点上网的情况如何呢？

	有/没有	如果有，您使用的情况是
a. 在家中	□有 □没有	□全部时间只从这地方上网 □大多数时间 □ 一半 □有时 □很少
b. 免费公共设施（如公立图书馆、政府机构等）用它们的电脑上网	□有 □没有	□全部时间只从这地方上网 □大多数时间 □ 一半 □有时 □很少
c. 教育机构（如中小学、大学等）使用它们的电脑上网	□有 □没有	□全部时间只从这地方上网 □大多数时间 □ 一半 □有时 □很少
d. 其他在免费场所用公共电脑上网（如地铁、商场、餐厅等）	□有 □没有	□全部时间只从这地方上网 □大多数时间 □ 一半 □有时 □很少
e. 收费的上网场所（如网吧）	□有 □没有	□全部时间只从这地方上网 □大多数时间 □ 一半 □有时 □很少
f. 公司/工作的地方使用公司提供的电脑上网	□有 □没有	□全部时间只从这地方上网 □大多数时间 □ 一半 □有时 □很少
g. 其他（如朋友家中）借用他们的电脑上网。请说明：____________	□有 □没有	□全部时间只从这地方上网 □大多数时间 □ 一半 □有时 □很少

32、（若 31b 至 31g 全答“没有”）为何不在家中以外其他地方上网？（可选多项）

1. □家中已可以上网 /可以流动上网 2. □不知哪里有上网设备 3. □申请手续繁复

4. □开放时间不方便 5. □地点不方便 6. □其他原因

（三）使用互联网的知识水平

33、您是否曾参加电脑与互联网应用的课程？

1. □曾经参加（课程总共：______小时）（请说明机构：______________） 2. □从没有参加

34、您怎样形容您对于使用电脑的知识水平？

1. □没有相关知识 2. □知识掌握较少 3. □一般水平

4. □比较熟悉 5. □非常熟悉 6. □不知道/很难说

35、您怎样形容您自己对于使用互联网的知识水平？（如答没有认识，请跳答第四部分）

1. □没有相关知识 2. □知识掌握较少 3. □一般水平

4. □比较熟悉 5. □非常熟悉 6. □不知道/很难说

36、一般来说，您对以下网上活动的认识程度为：

a. 您懂不懂上网查阅所需的政府服务信息？（如政府服务机构开放时间）	1. □不懂 2. □懂 3. □不知道/很难说	请说出一种政府服务信息： ______________
b. 您懂不懂上网看新闻？	1. □不懂 2. □懂 3. □不知道/很难说	请说出一种上网看新闻的方法： ______________
c. 您懂不懂把数码相片用电邮寄给朋友（或亲人）？	1. □不懂 2. □懂 3. □不知道/很难说	最近一次寄照片给朋友（或亲人）是多久以前呢？__________
d. 您懂不懂用人人网或类似社交网站？	1. □不懂 2. □懂 3. □不知道/很难说	您最经常在社交网站做什么呢？ ______________
e. 您懂不懂用微信或 QQ 或其他即时通信软件？	1. □不懂 2. □懂 3. □不知道/很难说	您如何找到用微信朋友的账号？ ______________
f. 您懂不懂收发电子邮件？	1. □不懂 2. □懂 3. □不知道/很难说	请说出一种您使用的电子邮箱： ______________
g. 您懂不懂上网查阅您银行账户的资料？	1. □不懂 2. □懂 3. □不知道/很难说	您用哪一家网上银行呢？ ______________
h. 您懂不懂上网申请由政府提供的服务？（如：网上预约排号、报税等）	1. □不懂 2. □懂 3. □不知道/很难说	请说出一种您曾使用过的服务： ______________
i. 您懂不懂上网购物？	1. □不懂 2. □懂 3. □不知道/很难说	请说出一种您曾网购过的物品： ______________
j. 您懂不懂上网缴费？	1. □不懂 2. □懂 3. □不知道/很难说	请说出一种您曾用过的缴费方式： ______________

（四）对互联网的意见

37、您是否同意下列句子？

	1. 十分不同意	2. 不同意	3. 一般	4. 同意	5. 十分同意
a. 现代生活不能缺少互联网	□	□	□	□	□
b. 不懂得使用互联网，会与社会脱节	□	□	□	□	□
c. 互联网对学习新事物很有帮助	□	□	□	□	□
d. 很容易就能从互联网中获得信息	□	□	□	□	□
e. 使用互联网很容易使人沉迷	□	□	□	□	□
f. 互联网充斥不良信息，多看无益	□	□	□	□	□

38、整体来说，您对自己使用互联网的状况是否满意？

1. □非常不满意　2. □不满意　3. □一般/很难说　4. □满意　5. □非常满意

39、（如第 38 题答案为 1 或 2，请续答）不满意的原因（可选多项）

1. □没有自己的电脑　2. □没有足够的知识使用　3. □上网时间不足　4. □不能流动上网
5. □合适的网页不足　6. □没有合适的辅助使用电脑设备　7. □辅助使用电脑设备太贵
8. □公共上网地点不方便　9. □公共上网时间不方便　10. □其他__________

（五）科技产品使用态度

40、可能阻碍您接受科技产品的因素有哪些？（可多选）

1. □产品价格高　2. □产品操作复杂　3. □产品没有针对老人特殊情况的设计
4. □缺少人指导使用　5. □身边没有其他老人使用　6. □身体条件不佳　7. □其他

41、可能推动您接受科技产品的因素有哪些？（可多选）

1. □产品价格适中　2. □产品简单易上手　3. □产品针对老人特殊情况做出优化
4. □有人指导使用　5. □身边有老人在使用　6. □身体条件好　7. □其他

42、您认为老人在哪方面最需要科技产品的帮助？

1. □生活照料　2. □医疗健康　3. □休闲娱乐　4. □社会交往　5. □情感慰藉　6. □其他

43、您对科技产品的态度是？科技产品应该如何改进从而协助老人提高生活质量？

____

____

二、个人身体困难/残障情况

（提示：调查所得资料绝对保密，请您安心发表意见）

44、请问您有下面所列出的困难/障碍吗？（可选择多项）

a. 身体活动能力受限制	□有	a）□缺失肢体/肢体伤残	b）□痉挛	c）□瘫痪
b. 视觉有困难	□有	a）□完全失明	b）□需要助视器才看得清楚	
c. 听觉有困难	□有	a）□完全失聪	b）□需要助听器才听得清楚	
d. 语言表达有困难	□有	a）□完全不能说话	b）□需要仪器才可以说话	
e. 精神病/情绪病	□有	f. 智障　□有	g. 自闭症　□有	
h. 特殊学习困难	□有	i. 注意力不足/多动症　□有	j. 没有任何残障　□是	

45、您是否需要特定辅助工具？

1. □需要轮椅或其他辅助工具行路　2. □需要佩戴义肢

3. □需要别人帮助才可以上落楼梯　4. □没有任何限制

46、您是否需要辅助工具才能使用电脑？

1. □无需要　2. □有需要（请说明）　3. □不知道

47、家务自理能力：以下事项您是否能自己完成，请在表格中对应选项下划“√”。

项目	打电话	购物	煮饭	家务处理	洗衣服	外出	吃药	处理钱财
1. 自己能做到								
2. 要人帮忙								
3. 完全做不到								

三、长者生活质量（单选）

48、下列句子是人们用来描述自己的生活或对生活的感受，请告知它在您身上发生的频率。

您是否觉得……	经常	有时	很少	没有
我的年纪妨碍我做我想做的事情	1	2	3	4
我感到我无法控制发生在我身上的事情	1	2	3	4
我感到被冷落	1	2	3	4
我可以做我想做的事情	1	2	3	4
家庭的责任阻碍我做我想做的事情	1	2	3	4
我觉得我可以随我喜欢去做事情	1	2	3	4
金钱短缺阻碍我做我想做的事情	1	2	3	4
我期待每一天的来临	1	2	3	4

续表

您是否觉得……	经常	有时	很少	没有
我感到我的生命有意义	1	2	3	4
我享受我所做的事情	1	2	3	4
总的来说，我带着愉快的心情回望我的一生	1	2	3	4
最近这段日子我感到干劲十足	1	2	3	4
我感到生命充满机会	1	2	3	4
我感到未来对我来说是好的	1	2	3	4

© Cheng et al. 2009

四、受访者基本信息

下面的问题将了解您和家人的个人信息，请填写或在对应选项下画“√”。

49、年龄	______（周岁）	50、性别	①男	②女	
51、党派归属	①中国共产党②民主党派③群众	52、籍贯			
53、居住在居委		54、同住家庭人口数 ______人（含本人）			
55、自何时起在社区居住？		①出生至今	②自 ______ 年前至今		
56、婚姻状况	①单身	②已婚	③配偶已去世	④同居	⑤离婚/分居
57、居住状况	①与配偶居住	②与子女居住	③与配偶、子女居住		
	④与亲友居住	⑤独居	⑥其他，请说明____________		
58、最高学历	①没有任何学历	②小学	③初中	④高中	⑤中专
	⑥大专	⑦职/技校	⑧本科或以上教育		
59、职业（请回答现从事的职业或退休前从事的职业）？					
①非技术工人/保安员/小贩/杂工/散工		②器械操作员及装配员			
③工艺技术人员	④服务工作及商业销售人员	⑤秘书/文员	⑥经理/行政		
⑦政府职员	⑧专业人士/教师/律师/医生等	⑨其他，请列明：______	⑩不适用		
60、请问是否有获得政府的社会保障援助？	①没有	②有，获得的包括（可选择多项）			
	③拒答	A.低保	B. 特困老人生活补助	C. 尊老金	D. 其他：_____
61、您目前个人月平均收入（含上题，单位：元）					
①无收入	②999 及以下	③1000～1999	④2000～2999	⑤3000～3999	
⑥4000～4999	⑦5000～5999	⑧6000 元以上	⑨拒答	⑩不太清楚	

续表

62、您的个人收入是否可以负担月开销金额?	①完全满足，有富余	②比较满足，无困难	③基本满足，困难不大
	④偶尔满足，有时不满足		⑤不满足，生活有困难
63、您家庭每月总收入约______元（包括同住所有成员的工薪收入及其他收入）。			
64、您有______个子女，其中______个在本市居住。			

附录三　智慧健康养老产品及服务推广目录分类

一、智能健康养老产品

分类	小类	描述	总体要求	基本要求
1. 健康管理类可穿戴设备	1.1 手环（腕带）、腰带、胸带类	用于手部、腰部、胸部等部位的、不带显示功能或显示功能为辅助功能的智能可穿戴设备	具备独立的设备标识码，具备标准化传输模式，如无线蜂窝通信、短距离无线通信、低功耗广域网等模式，推荐使用低功耗广域网，应采用加密传输和通信方式；具备数据实时传输能力；具备与大数据平台对接服务的能力；数据系统应符合相关信息安全标准；符合电气安全等相关国家标准	按照使用部位不同，分别具备心率或睡眠等生理状态检测、运动情况及能量评估或主动、被动定位等功能
	1.2 手表类	佩戴于手部的具备时间显示和健康监测等丰富功能的智能可穿戴设备		具备智能操作系统，具备时间显示、双向通话、心率或睡眠等生理状态检测、运动情况及能量评估、主动和被动定位等功能
	1.3 服饰内置类	内置于衣裤、鞋袜、装饰品等服饰的智能可穿戴设备		按照使用部位不同，分别具备运动情况及能量评估、主动和被动定位、身体体征检测等功能
2. 便携式健康监测设备	2.1 心电监测类设备	对心电进行监测的便携式智能健康监测设备	具备独立的设备标识码，具备标准化传输模式，例如无线蜂窝通信、短距离无线通信、低功耗广域网等模式，推荐使用低功耗广域网，应采用加密传输和通信方式；具备数据实时传输能力；具备与大数据平台对接服务的能力；数据系统应符合相关信息安全标准；符合电气安全等相关国家标准	长时间心电监测类设备具备同步多导联监测功能，高危数据自动分析预警功能，连续工作时间大于 48 小时；内部存储不少于 48 小时，具备服务日志数据存储防范服务纠纷功能，具备与数据平台对接功能，数据平台具备人工智能分析筛查、警示和数据管理功能 即时心电监测类设备要求具备同步监测功能，高危数据自动分析预警功能，与平台对接实现自动分析、警示和远程集中管理能力 心电监测指标要求符合国家行业相关标准

续表

<table>
<tr><th>分类</th><th>小类</th><th>描述</th><th>总体要求</th><th>基本要求</th></tr>
<tr><td rowspan="15">2. 便携式健康监测设备</td><td rowspan="3">2.2 血压监测类设备</td><td rowspan="3">对血压进行监测的便携式智能健康监测设备</td><td rowspan="15">具备独立的设备标识码，具备标准化传输模式，如无线蜂窝通信、短距离无线通信、低功耗广域网等模式，推荐使用低功耗广域网，应采用加密传输和通信方式；具备数据实时传输能力；具备与大数据平台对接服务的能力；数据系统应符合相关信息安全标准；符合电气安全等相关国家标准</td><td>动态血压监测类设备具备长时间连续运行能力，支持动态血压远程平台对接集中管理和数据自动分析能力；连续运行时间大于48小时，自动血压测量时间间隔最小15分钟，可存储至少7天动态血压监测数据</td></tr>
<tr><td>非动态血压监测类设备要求具备与平台对接实现自动分析、警示和远程集中管理能力</td></tr>
<tr><td>血压监测指标要求符合国家行业相关标准</td></tr>
<tr><td rowspan="2">2.3 血糖监测类设备</td><td rowspan="2">对血糖进行监测的便携式智能健康监测设备</td><td>具备与平台对接实现自动分析、警示和远程集中管理能力</td></tr>
<tr><td>血糖监测指标要求符合国家行业相关标准</td></tr>
<tr><td rowspan="2">2.4 血氧监测类设备</td><td rowspan="2">对血氧进行监测的便携式智能健康监测设备</td><td>具备与平台对接实现自动分析、警示和远程集中管理能力</td></tr>
<tr><td>血氧监测指标要求符合国家行业相关标准</td></tr>
<tr><td rowspan="3">2.5 体温监测类设备</td><td rowspan="3">对体温进行监测的便携式智能健康监测设备，如智能体温计</td><td>具备连续测温、高温报警、智能终端App显示等功能</td></tr>
<tr><td>具备与平台对接实现自动分析、警示和远程集中管理能力</td></tr>
<tr><td>体温监测指标要求符合国家行业相关标准</td></tr>
<tr><td rowspan="2">2.6 体重/体脂监测类设备</td><td rowspan="2">对体重/体脂进行监测的便携式智能健康监测设备，如智能体重/体脂秤</td><td>具备与平台对接实现自动分析、警示和远程集中管理能力</td></tr>
<tr><td>体重/体脂监测指标要求符合国家行业相关标准</td></tr>
<tr><td rowspan="3">2.7 家庭或社区用便携式多功能健康监测类设备</td><td rowspan="3">对心电等多种健康参数进行监测评估的家庭或社区用便携式智能健康监测设备</td><td>适合养老人群、慢病人群在社区医生指导下使用，具备多导联心电、血压、血氧、呼吸、脉率、体温六参数检测功能，操作简单，重量轻，易于便携，具有无线传输功能，具备与数据平台对接实现自动分析、警示和远程集中管理能力</td></tr>
<tr><td>具备内部备份存储的安全机制，内部存储不少于24小时；支持离线及在线工作模式，离线数据可在线状态同步到云端平台，适应基层医务人员实际的工作环境</td></tr>
<tr><td>相关监测指标要求符合国家行业相关标准</td></tr>
</table>

续表

分类	小类	描述	总体要求	基本要求
2. 便携式健康监测设备	2.8 基层诊疗随访设备	用于医护人员在基层诊疗随访中使用的多功能一体化的便携式智能健康监测设备	具备独立的设备标识码，具备标准化传输模式，如无线蜂窝通信、短距离无线通信、低功耗广域网等模式，推荐使用低功耗广域网，应采用加密传输和通信方式；具备数据实时传输能力；具备与大数据平台对接服务的能力；数据系统应符合相关信息安全标准；符合电气安全等相关国家标准	具备8种及以上功能，监测内容包括但不限于：血压、血糖、血尿酸、总胆固醇、血氧、体温、心电、心率、尿常规、血脂、血红蛋白、体重、人体成分、体温等；可实现居民身份识别、健康档案查询、健康教育、健康指标监测和检测数据采集，并具备信息系统对接能力；支持异常检查数据识别功能 具备内部备份存储的安全机制，内部存储不少于48小时；支持离线及在线工作模式，离线数据可在线状态同步到云端平台，适应基层医务人员实际的工作环境；监测内容中含心电项目的设备，应同时具备心电远程会诊功能（心电图可存储并根据需要上传至心电远程会诊平台） 相关监测指标要求符合国家行业相关标准
3. 自助式健康检测设备	3.1 社区自助体验设备	放置于社区中心或体验屋的用于居民开展自助健康指标监测的智能设备	具备独立的设备标识码，具备标准化传输模式，例如无线蜂窝通信、短距离无线通信、低功耗广域网等模式，推荐使用低功耗广域网，应采用加密传输和通信方式；具备数据实时传输能力；具备与大数据平台对接服务的能力；数据系统应符合相关信息安全标准；符合电气安全等相关国家标准	至少具备8种体检功能，体检内容包括但不限于：血压、血糖、血尿酸、尿常规、血脂、血红蛋白、总胆固醇、血氧、体温、心电、身高、体重、体质指数、人体成分等；可实现居民身份识别、健康档案查询、健康教育、通过视频/语音/IP电话与医生进行健康咨询、健康指标监测和检测数据采集，并有信息系统对接。满足用户自主自助使用，无需专业人员辅助；支持远程双向视频问诊功能 相关监测指标要求符合国家行业相关标准
	3.2 智能听诊设备	以心电等身体声音信号采集监测为主的智能健康检测设备		支持心音、肺音、肠鸣音、胎心音等身体声音信号采集，并数字化保存传输到智能终端；支持心率、呼吸率监测；支持心音信号杂音智能算法初筛；支持心肺音信号波形显示、记录、查看。可实现心音、肺音信号在线远程问诊；心脏病手术术后心脏健康监测等服务 相关监测指标要求符合国家行业相关标准

续表

分类	小类	描述	总体要求	基本要求
4. 智能养老监护设备	4.1 智能监测设备	对老年人意外情况进行监测的智能养老设备	具备独立的设备标识码，具备标准化传输模式，如无线蜂窝通信、短距离无线通信、低功耗广域网等模式，推荐使用低功耗广域网，应采用加密传输和通信方式；具备数据实时传输能力；具备与大数据平台对接服务的能力；数据系统应符合相关信息安全标准；符合电气安全等相关国家标准	具备意外跌倒自动报警、一键式紧急呼叫、室内外定位、双向通话、视频监护等功能；具备居家安全设备的对接功能，可对接配套磁门、人体红外感应器等布防、撤防、能对触发事件进行拍照、录像及通话报警；具备事件记录功能，可利用门磁等附件感知老人的生活规律，对异常的状态做出报警 对所声称的功能进行过严格的验证评估
	4.2 智能康复设备	辅助患者或老人进行身体恢复的智能设备，如智能轮椅等		智能轮椅具备口令识别与语音合成、自定位、动态随机避障、多传感器信息融合、实时自适应导航控制等功能 对所声称的功能进行过严格的验证评估
	4.3 智能护理设备	辅助老人尤其是失能老人、失智老人日常生活的智能设备，如家用智能护理床等		具备语音控制、紧急呼叫、肢体训练、自动感知人的需求和呼吸暂停等紧急情况、自动进行整床角度或高低调整等功能 对所声称的功能进行过严格的验证评估
5. 家庭服务机器人		提供各类家庭健康和养老服务的智能机器人		具备个人和家庭家居作业、健康管理、养老照护、康复训练、二便护理、四肢联动、情感陪护、残障辅助或安防监控等功能 对所声称的功能进行过严格的验证评估

二、智慧健康养老服务

分类	描述	总体要求	基本要求
1.慢性病管理	利用智能健康管理设备和互联网平台等手段对居民进行慢性疾病的管理	运用互联网、物联网、大数据等信息技术手段，提供智能健康养老服务。具备各类健康养老数据管理和智能分析能力，具备健康养老大数据的智能判读、分析和处理能力。服务采用的信息平台符合国家相关信息安全标准要求，具备网络信息安全防范管理机制，建立隐私数据管理和使用规范，保障用户隐私数据不被泄露或滥用	支持一种或多种慢性病管理；支持居民的慢性病档案数据规范安全管理；具备慢性病的分类和分级管理能力和依据指南要求自动编制管理方案；具备自动监测、疾病趋势分析；具备健康服务团队的组织和管理能力，能够实现多团队的融合管理和费用的结算能力。可具备和地区的人口健康系统对接的能力、疾病异常警示和服务信息的定性发放能力、统计分析和科学决策能力等

续表

分类	描述	总体要求	基本要求
2.居家健康养老	以家庭为核心、以社区为依托、以专业化服务为依靠，利用智能健康养老产品，为居住在家的老年人提供以解决日常生活困难为主要内容的社会化服务	运用互联网、物联网、大数据等信息技术手段，提供智能健康养老服务。具备各类健康养老数据管理和智能分析能力，具备健康养老大数据的智能判读、分析和处理能力。服务采用的信息平台符合国家相关信息安全标准要求，具备网络信息安全防范管理机制，建立隐私数据管理和使用规范，保障用户隐私数据不被泄露或滥用	融合公共卫生能力，能够有效融合现有的公共卫生体系，发挥公共卫生在基层健康管理中的作用，特别是家庭医生，解决老年人居家的健康管理；融合现有的养老服务体系，能有效地发挥日间照料中心的作用，辐射居家医养结合的开展，建立居家健康跟踪系统，提前预见健康异常的人群，便于及时导入医疗体系；具有居家养老的助医、辅医服务体系；具备大数据积累和分析功能，可具备大数据深度挖掘功能，具有由慢性病管理向不断丰富的健康服务内容发展的能力；具备各环节的可量化的管理体系等
3.个性化健康管理	利用互联网，基于个体的健康现状，建立健康管理档案，提出个性化的健康管理指导方案；基于个体的健康档案和智能健康监测设备，为高健康风险的老年人提供紧急援助服务，以利于健康维护与疾病预防，降低医疗开支，提高生命质量		提供健康档案建档及管理、健康信息查询、信息采集、健康计划、健康教育、健康跟踪、健康评估、健康指导及健康干预、服务报告、紧急救援等服务
4.互联网健康咨询	利用互联网实现预约的健康咨询，获取专家的预约服务和在线的咨询服务或互联网医疗服务；通过互联网咨询网站获取多种医疗健康保健知识；在医与患、医与医、患与患的健康交流平台上进行互动交流		提供在线咨询、预约挂号、诊前指导、诊后跟踪等健康咨询服务。在医疗机构的支持下，针对慢性病患者和家庭医生签约的患者可提供互联网医疗服务，如远程在线会诊、远程健康管理
5.生活照护	基于互联网平台，为老年人提供便利、安全的服务		提供家政、生活辅助、助残助行、康复护理、精神慰藉等智慧养老服务
6.养老机构信息化	利用信息技术在养老机构内为老人提供智能化服务		运用信息技术手段，提供机构内老年人的智能健康养老服务，包括各类健康监测、无线定位求助、跌倒监测、夜间监测、老人异常行为监测、中医体质辨识、阿尔茨海默病患者防走失、视频智能联动、门禁系统联动、移动定位、消费娱乐等服务。具备各类健康养老数据管理和智能分析能力。具备网络信息安全防范机制，建立隐私数据管理和使用规范，保障用户隐私数据不被泄露或滥用

中英文术语对照表

A	
action research	行动研究
active model of ageing	积极老龄模型
activities of daily living	日常生活活动
aging families	老龄化家庭
aging in place	在地养老
ageing society	老龄化社会
alzheimer's artificial intelligence technologies	阿尔茨海默病人工智能技术
Alzheimer's Disease	阿尔茨海默病
Alzheimer's Disease Assessment Scale（ADAS-Cog）	阿尔茨海默病评定量表-认知分量表
ambient-assisted intervention system	环境辅助干预系统
Anoto Live Pen	数字笔
artificial intelligence	人工智能
assisted technology	辅助科技
assistive devices	辅助器具
assistive health technology	老年辅助技术
assistive technology	辅助技术
attention deficit hyperactivity disorder	儿童注意力缺陷多动障碍
area under curve	ROC 曲线下面积
automatic speech recognition	自动语音识别
B	
Behavioral and Psychological Symptoms of Dementia	认知症的精神行为症状
Boston Diagnostic Aphasia Examination	波士顿诊断性失语检查
Boston Naming Test	波士顿命名测验
C	
caregiving	看护

caregiver’s burden	照顾者负荷
Clinical Dementia Rating	临床痴呆症评定量表
Clock Drawing Test	画钟测试
cluster analysis	聚类分析
cognitive load theory	认知负荷理论
cognitive stimulation	认知功能刺激
cognitive vulnerability	认知脆弱性
community-based participatory research	社区为本的参与性研究
computer vision	计算机视觉
continuing care retirement community	持续照料型退休养老社区
D	
daily active user	日活跃
decision frameworks	决策框架
declarative memory	陈述性记忆
deficit model of ageing	老龄缺失模型
Digit Symbol Substitution Test	数字符号替换测验
Digital Clock Drawing Test	数字时钟绘图测试
digital divide	数字鸿沟
digital exclusion	数码疏离
digital inclusion	数码融合
disability-free life expectancy	无伤残期望寿命
distributed systems	分布式系统
diverse families	各种各样的家庭
dual sensory impairment	双重感官障碍
E	
electro encephalo graphy	脑电波
electronic health record	电子病历
environmental characteristics	环境特征
environmental sensor	环境传感器
executive cognitive function	执行认知功能
existence，relatedness，and growth	ERG 理论

F	
family technologist	家庭技术专家
Frontal Assessment Battery	额叶功能评价量表
functional ability	功能发挥
functional magnetic resonance imaging	功能性磁共振成像
functional task	功能性任务
G	
gerontechnology	老年福祉科技
H	
handheld devices	手持式设备
Hasegawa's Dementia Scale	长谷川认知症量表
healthy ageing	健康老龄化
hearing assistive technology	听觉辅助技术
I	
immersion	沉浸感
instrumental activities of daily living	工具性日常生活活动
intelligent assistant technology	智能辅助技术
intelligent virtual agent	智能虚拟代理
interaction	交互性
interactive voice response	交互式语音应答
intrinsic capacity	个体内在能力
K	
knowledge graph	知识图谱
L	
language game	语言游戏
long-term care	长期照料
long-term memory	长时记忆
long-term services and supports	长期服务与支持
M	
machine learning	机器学习
mental rotation	心理旋转
mild cognitive impairment	轻度认知障碍

Mini-Mental State Examination	简易精神状态量表
minimum audible angle	最小可听角
mixed dementia	混合型认知症
mobility aids	助行器
modal model	模块模型
Montreal Cognitive Assessment	蒙特利尔认知测验
multimodal fusion	多模态融合
muscle suits	肌肉助力器
N	
natural language processing	自然语言处理
neuroplasticity	神经可塑性
Neuropsychological Test Battery	神经心理测验
O	
ontological representation model	本体表现模型
P	
personal digital assistant	个人数字助理/掌上电脑
personal sound amplify product	个人扩音产品
physical activity	康复活动
posttraumatic stress disorder	创伤后应激障碍
practice research	实践研究
Primary Progressive Aphasia	原发性进行性失语症
procedural memory	程序性记忆
Q	
quality of death index	死亡质量指数
R	
radio frequency identification	射频识别
random forest	随机森林
rapid verbal retrieve	言语流畅性测验
repetitive transcranial magnetic stimulation	重复性跨颅磁刺激
S	
selective attention	选择性注意
semantic dementia	语义性认知症

sensor monitoring	传感监测
sensory memory	感觉记忆
serious game	严肃游戏
service design	社会服务方案设计
Severe Impairment Battery	严重损害量表
short-term memory	短时记忆
situation specific robots	特定情境机器人
smart homes	智能家居
social convoy model	社会护航模型
spatial cognitive ability	空间认知能力
spatial orientation	空间定向
spatial visualization	空间视觉化
support activity of daily living	辅助性日常活动
support care	支持性照料
support living	生活辅助
system technology	系统技术
T	
tailored design	私人定制
technophobia	科技恐惧症
the Tower of London Test	伦敦塔测验
transcranial direct current stimulation	跨颅直流电刺激
transfer of learning	学习迁移
treatment intervention	治疗性的干预技术
U	
unified theory of acceptance and use of technology	统一的技术接受和应用理论
universal design	通用设计
V	
vascular dementia	血管性认知症
Vascular Dementia Assessment Scale-cog	血管性认知症评估量表
virtual reality	虚拟现实
voice activated assistants	对话系统

W

wearable devices	可穿戴设备
Wechsler Adult Intelligence Scale	韦氏成人智力测验
Wisconsin Card Sorting Test	威斯康星卡片分类测验
working memory	工作记忆

参考文献

阿马蒂亚·森. 2002. 以自由看待发展[M]. 任赜, 于真译. 北京: 中国人民大学出版社: 16, 62-64.

曹婷婷. 2009. 科学文化与人文文化的冲突与交融[D]. 哈尔滨: 哈尔滨工业大学.

陈四海, 韦宇婷. 2019. 老年辅助技术的风险及社会伦理挑战[J]. 长沙理工大学学报(社会科学版), 34(02): 30-35.

董晓丹, 郑雪芳, 王华. 2017. 基于服务机器人的无锡智慧养老平台构建[J]. 数字技术与应用, (11): 93-94.

冯丽君, 张楠, 程焱, 等. 2011. 阿尔茨海默病和血管性痴呆患者的认知功能和精神行为症状[J]. 中国心理卫生杂志, 25(5): 334-338.

郭起浩, 洪震, 于欢, 等. 2004. 语义性痴呆的临床、认知和影像学特征研究—附 3 例报告[J]. 中华神经医学杂志, 3(5) : 363-365, 381.

国际阿尔茨海默病协会. 2019. 2019 年世界老年痴呆症报告: 对待痴呆症的态度[R].

国家统计局. 2020-02-28. 中华人民共和国 2019 年国民经济和社会发展统计公报[R].

国家统计局. 2021-05-11. 第七次全国人口普查主要数据结果新闻发布会答记者问[EB/OL]. http://www.stats.gov.cn/ztjc/zdtjgz/zgrkpc/dqcrkpc/ggl/202105/t20210519_1817702.html[2021-01-23].

何承林. 2013. 活动参与对老年人认知损害的影响研究[D]. 宁波: 宁波大学.

黄光磊. 2015. 老年人健康监护产品界面设计[D]. 杭州: 浙江理工大学.

彭聃龄. 2001. 普通心理学[M]. 北京: 北京师范大学出版社.

前瞻产业研究院. 2018. 2018 年家用服务机器人市场规模及发展趋势分析[EB/OL]. https://bg.qianzhan.com/trends/detail/506/180123-15a0c4ae.html[2021-01-23].

上海市老龄工作委员会办公室, 上海市卫生健康委员会, 上海市统计局, 等. 2021-04-08. 上海市老年人口和老龄事业监测统计信息[EB/OL]. http://wsjkw.sh.gov.cn/tjsj2/20210406/0f6de6e72a424aa59c4723abc2186dae.html[2021-01-23].

上海市统计局. 2019. 上海统计年鉴 2019[R]. 北京: 中国统计出版社.

石珂. 2018. 赋权理论视域下信息技术普及对老年人数字赋权的研究——以北京市夕阳再晨信息技术普及服务为例[D]. 上海: 复旦大学.

陶占岐, 王春菊, 王朝, 等. 1997. 长谷川痴呆修正量表(HDS-R)在老年期精神疾病临床诊断中的评价[J]. 山东精神医学, (4): 52.

王春燕, 喻奕青, 刘晓黎, 等. 2017. 居家养老家庭照顾者的照顾负荷与心理现状[J]. 中国老年学杂志, 37(23): 5990-5992.

王冬晓, 刘大明. 2016. 老年人智能手机 UI 设计研究[J]. 美术大观, (04): 136-137.

王若宾, 李良才, 王瀚林. 2018. 中国老年网民数字鸿沟的成因[J]. 中国信息界, (01): 72-74.

王荫华. 1997. 汉语失语症失语类型的鉴别诊断流程(一)[J]. 中国康复理论与实践, 3(1): 10-12.

卫生部. 2012.《"十二五"时期康复医疗工作指导意见》[EB/OL]. http://www.gov.cn/gzdt/2012-03/05/content_2083699.htm[2021-01-23].

邬沧萍. 1994. 为实现健康的老龄化而努力[J]. 中国老年学杂志, (02): 70-71.
闫慧, 孙立立. 2012. 1989 年以来国内外数字鸿沟研究回顾: 内涵、表现维度及影响因素综述[J]. 中国图书馆学报, 38(05): 82-94.
燕永栋. 2015. 针对老年人的智能手机设计研究[D]. 济南: 齐鲁工业大学.
佚名. 2017. 2017 中国睡眠质量报告[J]. 记者观察（上）, 000(012): 70-73.
赵倩华, 郭起浩, 史伟雄, 等. 2007. 言语流畅性测验在痴呆识别和鉴别诊断中的应用[J]. 中国临床心理学杂志, 15(3): 233-235.
中国老龄协会. 2021-05-12. 认知症老年人照护服务现状与发展报告[R]. http://www.cncaprc.gov.cn/llxw/192282.jhtml[2021-01-23].
中华人民共和国统计局. 2020. 中国统计年鉴[M]. 北京: 中国统计出版社.
周江霞, 张景斌, 周珍.2007. 认知方式与空间认知能力的关系研究评述[J]. 数学教育学报, (03): 68-71.
朱勇. 2014. 智能养老[M]. 北京: 社会科学文献出版社.
左美云, 刘勍勍, 刘方. 2009. 老年人信息需求模型的构建与应用[J]. 管理评论, 21(10): 70-77.
Abbott C. 2007. Defining assistive technologies-a discussion[J]. Journal of Assistive Technologies, (1): 6-9.
Abel S M, Giguere C, Consoli A, et al. 2000. The effect of aging on horizontal plane sound localization[J]. The Journal of the Acoustical Society of America, 108(2): 743-752.
Abel S M, Hay V H. 1996. Sound localization. The interaction of aging, hearing loss and hearing protection[J]. Scandinavian Audiology, 25(1):3-12.
Adamovich S V, Fluet G G, Mathai A, et al. 2009. Design of a complex virtual reality simulation to trainfinger motion for persons with hemiparesis: A proof of concept study[J]. Journal of NeuroEngRehabil and Rehabilitation, 6: 28.
Adams K B, Sanders S, Auth E A. 2004. Loneliness and depression in independent living retirement communities: risk and resilience factors[J]. Aging &Mental Health, 8(6):475-485.
Adler R, Mehta R. 2014. Catalyzing technology to support family caregiving[M]. National Alliance for Caregiving:1-8.
Ahn I S, Kim J H, Ku H M, et al. 2006. Reliability and validity of the severe impairment battery(SIB)in korean dementia patients[J]. Journal of Korean Medical Science, 21(3):506-517.
Alankus G, Lazar A, May M, et al. 2010. Towards customizable games for stroke rehabilitation[C]// Proc. ACM Conf. Human Factors Comput. Syst.(CHI)Ther. Rehabil, 2113-2122.
Alderfer C P. 1969. An empirical test of a new theory of human needs[J]. Organizational Behavior and Human Performance, 4(2): 142-175.
Al-Hameed S, Benaissa M, Christensen H, et al. 2019. A new diagnostic approach for the identification of patients with neurodegenerative cognitive complaints[J]. PLoS One, 14(5): e0217388.
Alterovitz S S R, Mendelsohn G A. 2009. Partner preferences across the life span: Online dating by older adults[J]. Psychology and Aging, 24(2):513-517.
Alzheimer's Disease International. 2020-11-30. Numbers of people with dementia worldwide[EB/OL]. https://www.alzint.org/resource/numbers-of-people-with-dementia-worldwide/[2021-01-23].
An J Y. 2015. Subconscious learning via games and social media[J]. Healthcare Informatics

Research, 21(3): 206-208.

Anderson S W, Damasio H, Jones R D, et al. 1991. Wisconsin card sorting test performance as a measure of frontal lobe damage[J]. Journal of Clinical and Experimental Neuropsychology, 13(6): 909-922.

Anguera J A, Boccanfuso J, Rintoul J L, et al. 2013. Video game training enhances cognitive control in older adults[J]. Nature, 501(7465): 97-101.

Antonucci T C. 1990. Social Supports and Social Relationships[M]. In R H Binstock & L K George(Eds.), The handbook of aging and the social sciences(3rd ed., pp. 205-226). San Diego, CA: Academic Press.

Apoliprotein E. 2006. Cholesterol metabolism, diabetes, and the convergence of risk factors for Alzheimer's disease and cardiovascular disease.

Ashraf A, Taati B. 2015. Automated video analysis of handwashing behavior as a potential marker of cognitive health in older adults[J]. IEEE Journal of Biomedical and Health Informatics, 20(2):682-690.

Atee M, Hoti K, Parsons R, et al. 2017. Pain assessment in dementia: evaluation of a point-of-care technological solution[J]. Journal of Alzheimer 's disease, 60(1): 137-150.

Atkinson R C, Shiffrin R M. 1968. Chapter: Human memory: A proposed system and its control processes[M]// In Spence K W, Spence J T. The psychology of learning and motivation (Volume 2). New York: Academic Press.

Au J, Sheehan E, Tsai N, et al. 2015. Improving fluid intelligence with training on working memory: A meta-analysis[J]. Psychonomic Bulletin &Review, 22: 366-377.

Baddeley A, 2003. Working memory: Looking back and looking forward[J]. Nature Reviews Neuroscience, 4(10): 829-839.

Baker S C, Rogers R D, Owen A M, et al. 1996. Neural systems engaged by planning: A PET study of the Tower of London task[J]. Neuropsychologia, 34(6): 515-526.

Ballesteros S, Kraft E, Santana S, et al. 2015. Maintaining older brain functionality: A targeted review[J]. Neuroscience & Biobehavioral Reviews, 55: 453-477.

Baltes P B, Baltes M M. 1990. Psychological perspectives on successful aging: The model of selective optimization with compensation[M]//Successful Aging. Cambridge: Cambridge University Press, 1990: 1-34.

Bandini A, Green J R, Taati B, et al. 2018. Automatic detection of amyotrophic lateral sclerosis(ALS)from video-based analysis of facial movements: speech and non-speech tasks[M]// In 2018 13th IEEE International Conference on Automatic Face & Gesture Recognition (FG 2018) May 15-19, 2018, Xi ' an, China. IEEE : 150-157.

Baniqued P L, Kranz M B, Voss M W, et al. 2014. Cognitive training with casual video games: points to consider[J]. Frontiers in psychology, 4: 1010.

Barnes D E, Yaffe K, Belfor N, et al. 2009. Computer-based cognitive training for mild cognitive impairment[J]. Alzheimer Disease and Associated Disorders, 23(3): 205-210.

Basak C, Boot W R, Voss M W, et al. 2008. Can training in a real-time strategy video game attenuate cognitive decline in older adults? [J].Psychology and Aging, 23(4): 765-777.

Battro A M, Fischer K W, Lena P J. 2008. Epigenesis and brain plasticity in education. The Educated

Brain: Essays in Neuroeducation[M]. Cambridge: Cambridge University Press, 97-101.
Bench C J, Frith C D, Grasby P M, et al. 1993. Investigations of the functional anatomy of attention using the stroop test[J]. Neuropsychologia, 31(9): 907-922.
Bennett D A, Schneider J A, Tang Y X, et al. 2006. The effect of social networks on the relation between Alzheimer's disease pathology and level of cognitive function in old people: a longitudinal cohort study[J]. The Lancet Neurology, 5(5): 406-412.
Benveniste S, Jouvelot P, Péquignot R. 2010. The MINWii project: renarcissization of patients suffering from Alzheimer's disease through video game-based music therapy[M]//Lecture Notes in Computer Science. Berlin, Heidelberg: Springer Berlin Heidelberg, 2010:79-90.
Billis A S, Konstantinidis E I, Mouzakidis C, et al. 2010. A game-like interface for training seniors' dynamic balance and coordination [C]//In IFMBE Proceedings, 29(4):691-694.
Blennow K, Hampel H, Weiner M, et al. 2010. Cerebrospinal fluid and plasma biomarkers in Alzheimer disease[J]. Nature Reviews Neurology, 6(3): 131-144.
Boot W R, Basak C, Erickson K I, et al. 2010. Transfer of skill engendered by complex task training under conditions of variable priority[J]. Acta Psychologica, 135(3): 349-357.
Boot W R, Kramer A F, Simons D J, et al. 2008. The effects of video game playing on attention, memory, and executive control[J]. Acta Psychologica, 129: 387-398.
Botvinick M M, Braver T S, Barch D M, et al.2001. Conflict monitoring and cognitive control[J]. Psychological review, 108: 624-652.
Bouma H. 1992. Gerontechnology: A framework on technology and aging[J]. In Bouma H, Graafmans J A M(Eds.), Gerontechnology (pp. 1-5). Amsterdam: IOS Press.
Bouma H. 2012. Foundations and goals of gerontechnology[J]. Gerontechnology, 11(1):1-4.
Bouma H, Fozard J L, van Bronswijk J E. 2009. Gerontechnology as a field of endeavour[J]. Gerontechnology. 8(2): 68-75.
Bouma H, Graafmans J A. 1992. Gerontechnology[M]. Amsterdam: IOS Press.
Boustani M, Callahan C M, Unverzagt F W, et al. 2005. Implementing a screening and diagnosis program for dementia in primary care[J]. Journal of General Internal Medicine, 20(7): 572-577.
Bowman N D, Kowert R, Cohen E. 2015.When the ball stops, the fun stops too: The impact of social inclusion on video game enjoyment[J]. Computers in Human Behavior, 53: 131-139.
Bozoki A, Radovanovic M, Winn B, et al. 2013. Effects of a computer-based cognitive exercise program on age-related cognitive decline[J]. Archives of Gerontology and Geriatrics, 57(1): 1-7.
Broady T, Chan A, Caputi P.2010. Comparison of older and younger adults' attitudes towards and abilities with computers: Implications for training and learning[J]. British Journal of Educational Technology, 41(3): 473-485.
Brodaty H, Moore CM. 1997.The clock drawing Test for dementia of the Alzheimer's type: a comparison of three scoring methods in a memory disorders clinic[J]. International Journal of Geriatric Psychiatry, 12(6): 619-27.
Bruce M F. 1980. The relation of tactile thresholds to histology in the fingers of elderly people[J]. Journal of Neurology, Neurosurgery, and Psychiatry, 43(8): 730-734.
Buolamwini J, Gebru T. 2018. Gender shades: Intersectional accuracy disparities in commercial gender classification[M]. In Conference on fairness, accountability and transparency(pp. 77-91).

Buschkuehl M, Hernandez-Garcia L, Jaeggi S M, et al. 2014. Neural effects of short-term training on working memory[J]. Cognitive, Affective, & Behavioral Neuroscience, 14(1): 147-160.

Buschkuehl M, Jaeggi S M, Hutchison S, et al. 2008. Impact of working memory training on memory performance in old-old adults[J]. Psychology and Aging, 23(4): 743-753.

Cacho J, García-García R, Fernández-Calvo B, et al. 2005. Improvement pattern in the clock drawing test in early Alzheimer's disease[J]. European Neurology, 53(3): 140-145.

Cahill C. 2007. A compendium of neuropsychological tests(3rd edition)[J]. Acta Neuropsychiatrica, 19(3): 219.

Cambria E, White B. 2014. Jumping NLP curves: a review of natural language processing research[J]. IEEE Computational Intelligence Magazine, 9(2):48-57.

Cao H, Stetson P, Hripcsak G. 2003. Assessing explicit error reporting in the narrative electronic medical record using keyword searching[J]. Journal of Biomedical Informatics, 36(1-2), 99-105.

Carmeli E, Patish H, Coleman R. 2003. The aging hand[J]. Journals of Gerontology, 58(2):146-152.

Carós, Garolera M, Radeva P, et al. 2020. Automatic reminiscence therapy for dementia[C]// In Proceedings of the 2020 International Conference on Multimedia Retrieval. Dublin Ireland. New York, NY, USA: ACM: 383-387.

Carstensen L L, Fung H H, Charles S T. 2003. Socioemotional selectivity theory and the regulation of emotion in the second half of life[J]. Motivation and Emotion, 27(2): 103-123.

Carstensen L L, Isaacowitz D M, Charles S T. 1999. Taking time seriously: A theory of socioemotional selectivity[J]. The American Psychologist, 54(3):165-181.

Cesari M, Araujo de Carvalho I, Thiyagarajan A J, et al.2018. Evidence for the domains supporting the construct of intrinsic capacity[J]. The Journals of Gerontology, 73(12): 1653-1660.

Chandler D W, Grantham D W. 1991. Effects of age on auditory spatial resolution in the horizontal plane[J]. The Journal of the Acoustical Society of America, 89(4B): 1994.

Chang T S, Coen M H, La Rue A, et al. 2012. Machine learning amplifies the effect of parental family history of Alzheimer's disease on list learning strategy[J]. Journal of the International Neuropsychological Society, 18(3):428-439.

Chen T, Zeng D, Wang Y. 2015. Multiple kernel learning with random effects for predicting longitudinal outcomes and data integration[J]. Biometrics, 71(4): 918-928.

Chisolm T H, Willott J F, Lister J J. 2003. The aging auditory system: Anatomic and physiologic changes and implications for rehabilitation[J]. International Journal of Audiology, 42(Sup 2):3-10.

Chiu P Y, Tang H, Wei C Y, et al. 2019. NMD-12: A new machine-learning derived screening instrument to detect mild cognitive impairment and dementia[J]. PLoS One, 14(3):e0213430.

Chu R J C. 2010. How family support and Internet self-efficacy influence the effects of e-learning among higher aged adults- Analyses of gender and age differences[J]. Computers & Education, 55(1): 255-264.

Coffman B A, Clark V P, Parasuraman R. 2014. Battery powered thought: enhancement of attention, learning, and memory in healthy adults using transcranial direct current stimulation[J]. Neurolmage, 85: 895-908.

Cohen J R, Asarnow R F, Sabb F W, et al. 2011. Decoding continuous variables from neuroimaging data: basic and clinical applications[J]. Frontiers Neuroscience, 5:75.

Cotelli M, Manenti R, Cappa S F, et al. 2008. Transcranial magnetic stimulation improves naming in Alzheimer disease patients at different stages of cognitive decline[J]. European Journal of Neurology, 15(12): 1286-1292.

Cotten S R, Anderson W A, McCullough B M. 2013. Impact of Internet use on loneliness and contact with others among older adults: Cross-sectional analysis[J]. Journal of Medical Internet Research, 15(2):e39.

Cotten S R, Ford G, Ford S, et al. 2014. Internet use and depression among retired older adults in the United States: A longitudinal analysis[J]. The Journals of Gerontology, 69(5): 763-771.

Coyle H, Traynor V, Solowij N. 2015. Computerized and virtual reality cognitive training for individuals at high risk of cognitive decline: systematic review of the literature[J]. The American Journal of Geriatric Psychiatry, 23(4): 335-359.

Das B, Cook D J, Krishnan N C, et al. 2016. One-class classification-based real-time activity error detection in smart homes[J]. IEEE Journal of Selected Topics in Signal Processing, 10(5):914-923.

Davis E M, Fingerman K L. 2016. Digital dating: Online profile content of older and younger adults[J].The Journals of Gerontology Series B: Psychological Sciences and Social Sciences, 71(6):959-967.

Dawadi P N, Cook D J, Schmitter-Edgecombe M. 2013. Automated cognitive health assessment using smart home monitoring of complex tasks[J]. IEEE Transactions on Systems, Man, and Cybernetics: Systems, 43(6): 1302-1313.

de Jong P T. 2006. Age-related macular degeneration[J]. The New England Journal of Medicine, 355(14):1474-1485.

Decorps J, Saumet J L, Sommer P, et al. 2014. Effect of ageing on tactile transduction processes[J]. Ageing Research Reviews, 13: 90-99.

Delmastro F, Martino F D, Dolciotti C. 2020. Cognitive training and stress detection in MCI frail older people through wearable sensors and machine learning[J]. IEEE Access, 8:65573-65590.

Desrosiers J, Hébert R, Bravo G, et al. 1995. The Purdue Pegboard Test: Normative data for people aged 60 and over[J]. Disability and Rehabilitation, 17(5): 217-224.

Diermayr G, McIsaac T L, Gordon A M. 2011. Finger force coordination underlying object manipulation in the elderly-a mini-review[J]. Gerontology, 57(3):217-227.

Dimitriadis S I, Liparas D, Tsolaki M N. 2018. Random forest feature selection, fusion and ensemble strategy: combining multiple morphological MRI measures to discriminate among healhy elderly, MCI, cMCI and Alzheimer's disease patients: from the Alzheimer's disease neuroimaging initiative (ADNI) database[J]. Journal of Neuroscience Methods, 302: 14-23.

Doecke J D. 2012. Blood-based protein biomarkers for diagnosis of alzheimer disease[J]. Archives of Neurology, 69(10): 1318-1325.

Dolatabadi E, Van Ooteghem K, Taati B, et al. 2018. Quantitative mobility assessment for fall risk prediction in dementia: a systematic review[J]. Dementia and geriatric cognitive disorders, 45(5-6): 353-367.

Dolatabadi E, Zhi Y X, Flint A J, et al. 2019. The feasibility of a vision-based sensor for longitudinal monitoring of mobility in older adults with dementia[J]. Archives of Gerontology and Geriatrics, 82:200-206.

Doniger G M, Beeri M S, Bahar-Fuchs A, et al. 2018. Virtual reality-based cognitive-motor training for middle-aged adults at high Alzheimer’s disease risk: a randomized controlled trial[J]. Alzheimer's & Dementia: Translational Research & Clinical Interventions, 4: 118-129.

Dubois B, Slachevsky A, Litvan I, et al. 2000. The FAB: a frontal assessment battery at bedside[J]. Neurology, 55(11): 1621-1626.

Duxbury L, Higgins C, Smart R. 2011. Elder care and the impact of caregiver strain on the health of employed caregivers[J]. Work, 40(1): 29-40.

Dyer S M, Harrison S L, Laver K, et al. 2018. An overview of systematic reviews of pharmacological and non-pharmacological interventions for the treatment of behavioral and psychological symptoms of dementia[J]. International Psychogeriatrics, 30(3): 295-309.

Ekeland A G, Bowes A, Flottorp S. 2010. Effectiveness of telemedicine: a systematic review of reviews[J]. International Journal of Medical Informatics, 79(11): 736-771.

Elliott D B. 1987. Contrast sensitivity decline with ageing: A neural or optical phenomenon?[J].Journal of the British College of Ophthalmic Opticians (Optometrists), 7(4):415-419.

Eltoukhy M, Oh J, Kuenze C, et al. 2017. Improved kinect-based spatiotemporal and kinematic treadmill gait assessment[J]. Gait & Posture, 51: 77-83.

Enoch J M, Werner J S, Haegerstrom-Portnoy G, et al. 1999. Forever young: visual functions not affected or minimally affected by aging: a review[J]. The Journals of Gerontology Series A: Biomedical Sciences and Medical Sciences, 54(8): B336-B351.

Erickson K I, Prakash R S, Voss M W, et al. 2009. Aerobic fitness is associated with hippocampal volume in elderly humans[J].Hippocampus, 19(10):1030-1039.

Fabricio A T, Aprahamian I, Yassuda. 2014. Qualitative analysis of the Clock Drawing Test by educational level and cognitive profile[J]. Arquivos De Neuro-Psiquiatria, 72(4): 289-295.

Farias S T, Mungas D, Reed B R, et al. 2006. MCI is associated with deficits in everyday functioning[J]. Alzheimer Disease & Associated Disorders, 20(4): 217.

Feuz K D, Cook D J, Rosasco C, et al. 2015. Automated detection of activity transitions for prompting[J]. IEEE Transactions on Human-Machine Systems, 45(5): 575-585.

Folstein M. 1978. Mini-mental state: a practical method of grading the cognitive function of patients for the clinician[J]. Journal of Psychiatric Research, 12(3): 189-198.

Fozard J L. 2005. Impacts of technology on health and self-esteem[J]. Gerontechnology, 4(2): 63-76.

Fraser K C, Meltzer J A, Graham N L, et al. 2014. Automated classification of primary progressive aphasia subtypes from narrative speech transcripts[J].Cortex, 55: 43-60.

Freund A M, Baltes P B. 2002. Life-management strategies of selection, optimization and compensation: measurement by self-report and construct validity[J]. Journal of Personality and Social Psychology, 82(4): 642.

Frigerio C S, Lau P, Salta E, et al. 2013. Reduced expression of hsa-miR-27a-3p in CSF of patients with Alzheimer disease[J]. Neurology, 81(24): 2103-2106.

Fugl-Meyer AR, Jääskö L, Leyman I, et al.1975. The poststroke hemiplegic patient. A method for evaluation of physical performance[J]. Scand J Rehab Med, 7(1): 13-31.

Fung Y C. 2003. Information technology and empowerment in information society: use of computers amongst senior persons[D]. HKU Library Theses Online.

Gao H, Hollyfield J G. 1992. Aging of the human retina: differential loss of neurons and retinal pigment epithelial cells. Investigative Ophthalmology[J]. Vision Science, 33(1):1-17.

Gardner M M, Robertson M C, Campbell A J. 2000. Exercise in preventing falls and fall related injuries in older people: A review of randomized controlled trials [J]. British Journal of Sports Medicine, 34:7-17.

Gardner P J, Kamber T, Netherland J. 2012. "Getting Turned On" : using ICT training to promote active ageing in New York City[J]. The Journal of Community Informatics, 8(1):1-15.

Gatto S L, Tak S H. 2008. Computer, Internet, and E-mail use among older adults: Benefits and barriers[J]. Educational Gerontology, 34(9): 800-811.

Gillingham P, Graham T. 2017. Big data in social welfare: the development of a critical perspective on social work's latest "electronic turn" [J]. Australian Social Work, 70(2):135-147.

Githens R P. 2007. Older adults and e-learning: Opportunities and barriers[J]. The Quarterly Review of Distance Education, 8(4): 329-338.

Goble D J, Cone B L, Fling B W. 2014. Using the Wii Fit as a tool for balance assessment and neurorehabilitation: the first half decade of "Wii-search" [J]. Journal of Neuroengineering and Rehabilitation, 11(1): 1.

Gordon-Salant S, Frisina R D, Fay R R, et al. 2010. The aging auditory system[M]. Springer Science & Business Media.

Graafmans J A, Brouwers A.1989. Gerontechnology, the modelling of normal aging[J]. In Proceedings of the Human Factors Society 33rd Annual Meeting, 33(3):187-189.

Graafmans J A, Taipale V, Charness N. 1998. Gerontechnology: a sustainable investment in the future[M].Amsterdam: IOS Press.

Graafmans J A, Taipale V. 1994. COST-A5, Ageing and Technology 1991-1995. Final Report. Eindhoven[M]. Netherlands: EUT-Centre BMGT.

Grad J, Sainsbury P. 1966. Problems of caring for the mentally ill at home[J]. Proceedings of the Royal Society of Medicine, 59(1): 20-23.

Graham D P, Cully J A, Snow A L, et al. 2004. The Alzheimer ' s disease assessment scale - cognitive subscale: normative data for older adult controls[J]. Alzheimer Disease & Associated Disorders, 18(4): 236-240.

Green C S, Bavelier D.2008. Exercising your brain: a review of human brain plasticity and training-induced learning[J]. Psychology and Aging, 23(4): 692-701.

Grewe P, Kohsik A, Flentge D, et al. 2013. Learning real-life cognitive abilities in a novel 360-virtual reality supermarket: a neuropsychological study of healthy participants and patients with epilepsy[J]. Journal of Neuroengineering and Rehabilitation, 10(1): 42.

Haegerstrom-Portnoy G, Schneck M E, Brabyn J. 1999. Seeing into old age: vision function beyond acuity[J]. Optometry and Vision Science, 76(3): 141-158.

Haenssgen M J. 2018. The struggle for digital inclusion: Phones, healthcare, and marginalisation in rural India[J]. World Development, 104: 358-374.

Haffen E, Chopard G, Pretalli J B, et al. 2012. A case report of daily left prefrontal repetitive transcranial magnetic stimulation(rTMS)as an adjunctive treatment for Alzheimer disease[J]. Brain Stimulation, 5(3): 264-266.

Hampel H. 2012. Amyloid-β and cognition in aging and Alzheimer's disease: Molecular and neurophysiological mechanisms[J]. Advances in Alzheimer's Disease, 3: 79-86.

Hepburn P A. 2018. A new governance model for delivering digital policy agendas: acase study of digital inclusion amongst elderly people in the UK[J]. International Journal of E-Planning Research(IJEPR), 7(3): 36-49.

Hermens H J, Freriks B, Merletti R, et al. European recommendations for surface electromyography[J]. Roessingh research and development, 1999, 8(2): 13-54.

Hogeboom D L, McDermott R J, Perrin K M, et al. 2010. Internet use and social networking among middle aged and older adults[J]. Educational Gerontology, 36(2): 93-111.

Holt-Lunstad J, Smith T B, Layton J B. 2010. Social relationships and mortality risk: a meta-analytic review[J]. PLoS Medicine, 7(7):e1000316.

Hoops S, Nazem S, Siderowf A D, et al. 2009. Validity of the MoCA and MMSE in the detection of MCI and dementia in Parkinson disease[J]. Neurology, 73(21): 1738-1745.

Hoppenot P, Colle E. 2002. Mobile robot command by man-machine co-operation - Application to disabled and elderly people assistance[J]. Journal of Intelligent and Robotic Systems: Theory and Applications, 34(3): 235-252.

Horowitz A, Brennan M, Reinhardt J P, et al. 2006. The impact of assistive device use on disability and depression among older adults with age-related vision impairments[J]. The Journals of Gerontology Series B: Psychological Sciences and Social Sciences, 61(5):S274-S280.

Huber L, Watson C. 2014. Technology: education and training needs of older adults[J]. Educational Gerontology, 40(1): 16-25.

Hubley A, Tombaugh T N. 1998. Norms for the 60-item Boston Naming test (BNT) for cognitively intact individuals aged 25-90 years[J]. Archives of Clinical Neuropsychology, 13(1): 101.

Hughes C P, Berg L, Danziger W, et al. 1982. A new clinical scale for the staging of dementia[J]. The British Journal of Psychiatry, 140(6): 566-572.

Ihl R, Frölich L, Dierks T, et al. 1992. Differential validity of psychometric tests in dementia of the Alzheimer type[J]. Psychiatry Research, 44(2): 93-106.

ISO 7029. 2000. Acoustics-Statistical distribution of hearing thresholds as a function of age. Geneva: International Standards Organization.

Issahaku P A, Neysmith S. 2013. Policy implications of population ageing in West Africa[J]. Int J Sociol Soc Policy, 33(3-4): 186-202

Jellinger K A, Attems J. 2010. Prevalence of dementia disorders in the oldest-old: an autopsy study[J]. Acta Neuropathologica, 119(4): 421-433.

Jeon H, Park S, Choi J,et al. 2018. Ontology-based dementia care support system[J]. In 2018 40th Annual International Conference of the IEEE Engineering in Medicine and Biology Society (EMBC) (pp. 3318-3321). IEEE.

Jeong J W, Kim K W, Lee D Y, et al. 2007. A normative study of the revised hasegawa dementia scale: comparison of demographic influences between the revised hasegawa dementia scale and the mini-mental status examination[J]. Dementia and Geriatric Cognitive Disorders, 24(4):

288-293.

Jia L F, Quan M N, Fu Y, et al.2020. Dementia in China: epidemiology, clinical management, and research advances[J]. The Lancet Neurology. 19(1): 81-92.

Kamin S T, Lang F R. 2013. The Subjective Technology Adaptivity Inventory(STAI): A motivational measure of technology usage in old age[J]. Gerontechnology, 12(1): 16-25.

Kaplan D B, Berkman B, editors. 2015. The Oxford handbook of social work in health and aging[M]. Oxford: Oxford University Press, USA.

Keddell E. 2015. The ethics of predictive risk modelling in the Aotearoa/New Zealand child welfare context: Child abuse prevention or neo-liberal tool? [J]. Critical Social Policy, 35(1): 69-88.

Kenshalo D R. 1986. Somesthetic sensitivity in young and elderly humans[J]. Journal of Gerontology, 41(6): 732-742.

Khan S S, Ye B, Taati B, et al. 2018. Detecting agitation and aggression in people with dementia using sensors—A systematic review[J]. Alzheimer's & Dementia, 14(6): 824-832.

Kiguchi K, Hayashi Y.2012. An EMG-based control for an upper-limb power-assist exoskeleton robot[J]. IEEE Transactions on Systems, Man, and Cybernetics, Part B (Cybernetics) , 42(4): 1064-1071.

Kim E H, Stolyar A, Lober W, et al. 2009. Challenges to using an electronic personal health record by a low-income elderly population[J]. Journal of Medical Internet Research, 11(4): e44.

Kim H, Chey J. 2010. Effects of education, literacy, and dementia on the Clock Drawing Test performance[J]. Journal of the International Neuropsychological Society, 16(06): 1138-1146.

Kimura N, Aso Y, Yabuuchi K, et al. 2019. Modifiable lifestyle factors and cognitive function in older people: a cross-sectional observational study[J]. Frontiers in Neurology, 10:401.

Kleinman A. 2015. Care: in search of a health agenda[J]. The lancet, 386(9990), 240-241.

Knight C, Alderman N, Burgess P W. 2002. Development of a simplified version of the multiple errands test for use in hospital settings[J]. Neuropsychological Rehabilitation. 12(3): 231-255.

Kohner E M, Patel V, Rassam S M. 1995. Role of blood flow and impaired autoregulation in the pathogenesis of diabetic retinopathy[J]. Diabetes, 44(6): 603-607.

Kolibáš E, Kořínková V, Novotný V, et al. 2000. ADAS-cog (Alzheimer's Disease Assessment Scale-cognitive subscale)validation of the Slovak version[J]. European Psychiatry, 15(11): s443.

Konczak J, Sciutti A, Avanzino L, et al. 2012. Parkinson's disease accelerates age-related decline in haptic perception by altering somatosensory integration[J]. Brain: A Journal of Neurology, 135(Pt.11): 3371-3379.

König A, Satt A, Sorin A, et al. 2018. Use of speech analyses within a mobile application for the assessment of cognitive impairment in elderly people[J]. Current Alzheimer Research, 15(2): 120-129.

Kotecha A, O'Leary N, Melmoth D, et al. 2009. The functional consequences of glaucoma for eye-hand coordination[J]. Investigative Ophthalmology Visual Science, 50(1):203-213.

Krakauer J W, Mazzoni P, Ghazizadeh A, et al. 2006. Generalization of motor learning depends on the history of prior action[J]. PLoS Biology, 4(10): e316.

Kühn S, Gleich T, Lorenz R C, et al. 2014. Playing Super Mario induces structural brain plasticity: gray matter changes resulting from training with a commercial video game[J]. Molecular

Psychiatry, 19(2): 265-271.

Kurniawan S. 2008. Older people and mobile phones: a multi-method investigation[J]. International Journal of Human-Computer Studies, 66(12): 889-901.

Kwakkel G. 2009. Intensity of practice afterstroke: more is better[J]. Schweizer Archiv fur Neurologie und Psychiatrie, 160(7): 295-298.

Labate D, La Foresta F, Morabito G, et al. 2013. Entropic measures of EEG complexity in Alzheimer's disease through a multivariate multiscale approach[J]. IEEE Sensors Journal, 13: 3284-3292.

Lam K Y, Tsang N W H, Han S, et al. 2015. Activity tracking and monitoring of patients with Alzheimer's disease[J]. Multimedia Tools and Applications, 76(1): 489-521.

Lang F R. 2000. Endings and continuity of social relationships: maximizing intrinsic benefits within personal networks when feeling near to death[J]. Journal of Social and Personal Relationships, 17(2): 155-182.

Lang F R. 2001. Regulation of social relationships in later adulthood[J]. The Journals of Gerontology Series B: Psychological Sciences and Social Sciences, 56(6):321-P326.

Lang F R, Carstensen L L. 2002. Time counts: future time perspective, goals, and social relationships[J]. Psychology and Aging, 17(1): 125-139.

Lang F R, Wagner J, Neyer F J. 2009. Interpersonal functioning across the lifespan: Two principles of relationship regulation[J]. Advances in Life Course Research, 14(1-2): 40-51.

Lang F R, Wagner J, Wrzus C, et al. 2013. Personal effort in social relationships across adulthood[J]. Psychology and Aging, 28(2):529-539.

Lansing A E, Ivnik R J, Cullum C M, et al. 1999. An empirically derived short form of the boston naming test[J]. Arch Clin Neuropsychol, 14(6): 481-487.

Larrabee G J, Largen J W, Levin H S. 1985. Sensitivity of age-decline resistant("Hold")WAIS subtests to Alzheimer's disease [J]. Journal of Clinical and Experimental Neuropsychology, 7(5): 497-504.

Larsen L H, Schou L, Lund H H, et al. 2013. The physical effect of exergames in healthy elderly: a systematic review[J]. Games for Health Journal, 2(4): 205-212.

Larson E B, Feigon M, Gagliardo P, et al. 2014. Virtual reality and cognitive rehabilitation: a review of current outcome research[J]. NeuroRehabilitation, 34(4): 759-772.

Laske C, Sohrabi H R, Frost S M, et al. 2015. Innovative diagnostic tools for early detection of Alzheimer's disease[J]. Alzheimer's & Dementia, 11(5):561-578.

Law C K, Wong Y C, Fung J Y, editors. 2014. HUSITA7-The 7th International Conference of Human Services Information Technology Applications: Digital Inclusion-Building A Digital Inclusive Society[M]. New York: Routledge.

Lawton M P, Brody E M. 1969. Assessment of older people: self-maintaining and instrumental activities of daily living[J]. The gerontologist. 9(3): 179-186.

Lee G, Nho K, Kang B, et al. 2019. Predicting Alzheimer's disease progression using multi-modal deep learning approach[J]. Scientific reports, 9(1):1952.

Lee H Y, Kim J, Kim K S. 2015. The effects of nursing interventions utilizing serious games that promote health activities on the health behaviors of seniors[J]. Games for Health Journal, 4(3):

175-182.

Lee H, Boot W R, Basak C, et al. 2012. Performance gains from directed training do not transfer to untrained tasks[J]. Acta Psychologica, 139(1): 146-158.

Legge G E, Madison C, Vaughn B N, et al. 2008. Retention of high tactile acuity throughout the life span in blindness[J]. Perception & Psychophysics, 70(8): 1471-1488.

Leist A K. 2013. Social media use of older adults: a mini-review[J]. Gerontology, 59(4): 378-384.

Lesk V E, Shamsuddin S N, Walters E R, et al. 2014. Using a virtual environment to assess cognition in the elderly[J]. Virtual Reality, 18(4): 271-279.

Litwak E. 1960. Geographic mobility and extended family cohesion[J]. American Sociological Review, 25(3): 385.

Llinàs R J, Lozano G M, Lopez O L, et al. 1995. Validation of the Spanish version of the Severe Impairment Battery[J]. Neurologia, 10(1): 14-18.

Löppönen M, Räihä I, Isoaho R, et al. 2003. Diagnosing cognitive impairment and dementia in primary health care—a more active approach is needed[J]. Age and Ageing, 32(6): 606-612.

Lorenzen-Huber L, Boutain M, Camp L J, et al. 2011. Privacy, technology, and aging: A proposed framework[J]. Ageing International, 36(2): 232-252.

Lorenzen-Huber L, Shankar K, Caine K, et al. 2013. How in-home technologies mediate caregiving relationships in later life[J]. International Journal of Human-Computer Interaction, 29(7): 441-455.

Luis C A, Keegan A P, Mullan M. 2009. Cross validation of the Montreal Cognitive Assessment in community dwelling older adults residing in the Southeastern US[J]. International Journal of Geriatric Psychiatry, 24(2): 197-201.

Lundström R, StrömbergT, Lundborg G. 1992. Vibrotactile perception threshold measurements for diagnosis of sensory neuropathy: Description of a reference population[J]. International Archives of Occupational and Environmental Health, 64(3): 201-207.

Lyu M J, Yuan S M. 2020. Cloud-based smart dog music therapy and pneumonia detection system for reducing the difficulty of caring for patients with dementia[J]. IEEE Access, 8:20977-20990.

Mack W J, Freed D M, Williams B W, et al. 1992. Boston naming test: shortened versions for use in Alzheimer’s disease[J]. Journal of Gerontology, 47(3): 154-158.

Man D W K, Poon WS, Lam C. 2013. The effectiveness of artificial intelligent 3-D virtual reality vocational problem-solving training in enhancing employment opportunities for people with traumatic brain injury[J]. Brain Injury, 27(9): 1016-1025.

Manera V, Chapoulie E, Bourgeois J, et al. 2016. A feasibility study with image-based rendered virtual reality in patients with mild cognitive impairment and dementia[J]. PLoS One, 11(3): e0151487.

Mao Y, Chen P, Li L, Huang D. 2014. Virtual reality training improves balance function[J]. Neural Regeneration Research, 9(17): 1628-1634.

Maresova P, Tomsone S, Lameski P, et al. 2018. Technological solutions for older people with Alzheimer's disease[J]. Current Alzheimer Research, 15(10): 975-983.

Mattsson N, Insel P, Tosun D, et al. 2013. Effects of baseline CSF a-synuclein on regional brain atrophy rates in healthy elders, mild cognitive impairment and Alzheimer's disease[J]. PLoS

One, 8(12): e85443.

Mavioglu H, Gedizlioglu M, Akyel S, et al. 2010. The validity and reliability of the turkish versiion of Alzheimer's disease assessment scale-cognitive subscale(ADAS-Cog)in patients with mild and moderate Alzheimer's disease and normal subjects[J]. International Journal of Geriatric Psychiatry, 21(3): 259-265.

May E, Garrett R, Ballantyne A. 2010. Being mobile: electric mobility-scooters and their use by older people[J]. Ageing and Society, 30(7): 1219.

McBride M R, Mistretta C M. 1982. Light touch thresholds in diabetic patients[J]. Diabetes Care, 5(3):311-315.

McCallum S. 2012.Gamification and serious games for personalized health[J]. Studies in Health Technology and Informatics, 177(177): 85-96.

McCauley C O, Bond R B, Ryan A, et al. 2019. Evaluating user engagement with a reminiscence app using cross-comparative analysis of user event logs and qualitative data[J]. Cyberpsychology, Behavior, and Social Networking, 22(8):543-551.

McEwen D, Taillon-Hobson A, Bilodeau M, et al. 2014. Virtual reality exercise improves mobility after stroke an inpatient randomized controlled trial[J]. Stroke, 45(6): 1853-1855.

McIntosh W D, Locker Jr L, Briley K, et al. 2011. What do older adults seek in their potential romantic partners? Evidence from online personal ads[J]. The International Journal of Aging and Human Development, 72(1): 67-82.

McLeod D R, Griffiths R R, Bigelow G E, et al. 1982. An automated version of the digit symbol substitution test(DSST)[J]. Behavior Research Methods and Instrumentation, 14(5): 463-466.

Mcpherson J, Burns N R. 2008. Assessing the validity of computer-game-like tests of processing speed and working memory[J]. Behavior Research Methods, 40(4): 969-981.

Mehrabi N, Morstatter F, Saxena N, et al. 2019. A survey on bias and fairness in machine learning[J].ACM Computing Surveys, 54(6):1-35.

Melenhorst A S, Rogers W A, Bouwhuis D G. 2006. Older adults' motivated choice for technological innovation: evidence for benefit-driven selectivity [J] . Psychology and Aging, 21(1):190.

Mendez M F, Ala T, Underwood K L. 1992. Development of scoring criteria for the clock drawing task in Alzheimer' s disease[J]. Journal of the American Geriatrics Society, 40(11): 1095-1099.

Menec V H. 2003. The relation between everyday activities and successful aging: A 6-year longitudinal study[J]. The Journals of Gerontology Series B: Psychological Sciences and Social Sciences, 58(2): S74-S82.

Merians A S, Jack D, Boian R, et al. 2002. Virtual reality-augmented rehabilitation for patients following stroke[J]. Physical Therapy, 82(9): 898-915.

Meza-Kubo V, Morán A L. 2013. UCSA: a design framework for usable cognitive systems for the worried-well[J]. Personal and Ubiquitous Computing, 17:1135-1145.

Middlebrooks J C, Green D M. 1991. Sound localization by human listeners[J]. Annual Review of Psychology, 42: 135-159.

Millward S. 2019. 22-year-old wins Sequoia backing–and it's not her first startup[EB/OL]. Available from: https://www.techinasia.com. Retrieved[2020-08-21].

Minagawa Y, Saito Y. 2014. An analysis of the impact of cell phone use on depressive symptoms among Japanese elders[J]. Gerontology, 60(6):539-547.

Mishra J, Anguera J A, Gazzaley A. 2016. Video games for neuro-cognitive optimization[J]. Neuron, 90(2): 214-218.

Mohs R. 1983. The Alzheimer's disease assessment scale: an instrument for assessing treatment efficacy[J]. Psychopharmacol Bull, 19(3):448-450.

Mohs R C, Cohen L. 1988. Alzheimer's disease assessment scale(ADAS)[J]. Psychopharmacology Bulletin, 24(4): 627-628.

Mohs R C. 1996. The Alzheimers disease assessment scale[J]. International Psychogeriatrics, 8(2): 195-203.

Monllau A, Pena-Casanova J, Blesa R, et al. 2007. Diagnostic value and functional correlations of the ADAS-Cog scale in Alzheimer's disease: data on NORMACODEM project[J]. Neurologia (Barcelona, Spain), 22(8): 493-501.

Mooney A, Bedrick S, Noethe G, et al. 2018. Mobile technology to support lexical retrieval during activity retell in primary progressive aphasia[J]. Aphasiology, 32(6): 666-692.

Morley J E. 2016. Gait, falls, and dementia[J]. Journal of the American Medical Directors Association, 17(6): 467-470.

Mrakic-Sposta S, di Santo S G, Franchini F, et al. 2018. Effects of combined physical and cognitive virtual reality-based training on cognitive impairment and oxidative stress in MCI patients: apilot study[J]. Frontiers in Aging Neuroscience, 10: 282.

Nasreddine Z S, Phillips N A, Bédirian V, et al. 2005. The montreal cognitive assessment, MoCA: abrief screening tool for mild cognitive impairment[J]. Journal of the American Geriatrics Society, 53(4): 695-699.

Navarro R F, Rodríguez M D, Favela J. 2013. Intervention tailoring in augmented cognition systems for elders with dementia[J]. IEEE Journal of Biomedical and Health Informatics, 18(1): 361-367.

Ng K D, Mehdizadeh S, Iaboni A, et al. 2020. Measuring gait variables using computer vision to assess mobility and fall risk in older adults with dementia[J]. IEEE Journal of Translational Engineering in Health and Medicine, 8: 1-9.

Nguyen-Tri D, Overbury O, Faubert J. 2003. The role of lenticular senescence in age-related color vision changes[J]. Investigative Ophthalmology & Visual Science, 44(8): 3698-3704.

Nimrod G. 2011. The fun culture in seniors' online communities[J]. The Gerontologist, 51(2): 226-237.

Nimrod G. 2013. Probing the audience of seniors' online communities[J]. The Journals of Gerontology Series B: Psychological Sciences and Social Sciences, 68(5):773-782.

Niti M, Yap K B, Kua E H, et al. 2008. Physical, social and productive leisure activities, cognitive decline and interaction with APOE-[straight epsilon] 4 genotype in Chinese older adults[J]. International Psychogeriatrics, 20(2):237-251.

Nobels A, Cismaru-Inescu A, Nisen L, et al. 2021. Challenges in conducting sexual health and violence research in older adults beyond the General Data Protection Regulation: a Belgian case study[J]. Journal of Interpersonal Violence, doi:10.1177/08862605211015256.

Nouchi R, Taki Y, Takeuchi H, et al. 2012. Brain training game improves executive functions and processing speed in the elderly: A randomized controlled trial[J]. PLoS One, 7(1):e29676.

Obermeyer Z, Emanuel E J. 2016. Predicting the future-big data, machine learning, and clinical medicine[J]. The New England Journal of Medicine, 375(13): 1216-1219.

Oddsson L I E, Karlsson R, Konrad J, et al. 2007. A rehabilitation tool for functional balance using altered gravity and virtual reality[J]. Journal of Neuro-Engineering and Rehabilitation, 4(25): 342-356.

OECD, Center for Education Research Innovation.2007. Understanding the Brain: The Birth of a Learning Science.

Ólafsdóttir M, Skoog I, Marcusson J. 2000. Detection of dementia in primary care: the linköping study[J]. Dementia and Geriatric Cognitive Disorders, 11(4): 223-229.

Olesen P J, Westerberg H, Klingberg T. 2004. Increased prefrontal and parietal activity after training of working memory[J]. Nature Neuroscience, 7(1): 75-79.

Optale G, Urgesi C, Busato V, et al. 2010. Controlling memory impairment in elderly adults using virtual reality memory training: a randomized controlled pilot study[J]. Neurorehabilitation and Neural Repair, 24: 348-357.

Owen A M, Hampshire A, Grahn J A, et al. 2010. Putting brain training to the test[J]. Nature, 465(7299): 775-778.

Owsley C, Sekuler R, Siemsen D. 1983. Contrast sensitivity throughout adulthood[J]. Vision Research, 23(7): 689-699.

Panda-Jonas S, Jonas J B, Jakobczyk-Zmija M. 1995. Retinal photoreceptor density decreases with age[J]. Ophthalmology, 102(12): 1853-1859.

Panisset M, Roudier M, Saxton J, et al.1994. Severe impairment battery: a neuropsychological test for severely demented patients[J]. Archives of Neurology, 51(1): 41-45.

Parks R W, Loewenstein D A, Dodrill K L, et al. 1988. Cerebral metabolic effects of a verbal fluency test: a PET scan study[J]. Journal of Clinical and Experimental Neuropsychology, 10(5): 565-575.

Payne H E, Moxley V B, MacDonald E. 2015. Health behavior theory in physical activity game apps: a content analysis[J]. JMIR Serious Games, 3(2): e4.

Payne M. 2005. Modern social work theory[M]. New York: Palgrave Macmillan.

Pélissier C, Roudier M, Boller F. 2002. Factorial validation of the severe impairment battery for patients with Alzheimer's disease[J]. Dementia and Geriatric Cognitive Disorders, 13(2): 95-100.

Petersen R C, Smith G E, Waring S C, et al. 1999. Mild cognitive impairment: clinical characterization and outcome [J]. Archives of Neurology, 56(3): 303-308.

Pierscionek B K, Weale R A. 1995. The optics of the eye-lens and lenticular senescence[J]. Documenta ophthalmologica, 89(4):321-335.

Pippi M, Mecocci P, Saxton J, et al. 2013. Neuropsychological assessment of the severely impaired elderly patient: Validation of the Italian short version of the Severe Impairment Battery(SIB)[J]. Aging Clinical and Experimental Research, 11(4): 221-226.

Pompeu J E, Arduini L A, Botelho A R, et al. 2014. Feasibility, safety and outcomes of playing Kinect Adventures for people with Parkinson's disease: a pilot study[J]. Physiotherapy, 100(2): 162-168.

Quadrello T, Hurme H, Menzinger J, et al. 2005. Grandparents use of new communication technologies in a European perspective[J]. European Journal of Ageing, 2(3):200-207.

Raghavan P, Krakauer J W, Gordon A M. 2006. Impaired anticipatory control of fingertip forces in patients with a pure motor or sensorimotor lacunar syndrome [J]. Brain, 129(Pt 6): 1415-1425.

Rahmanian M, Mosalanejad L, Abdolallahifard S. 2018. An Alzheimer's intelligence care system (AICS) to assist Alzheimer's patients: design and development of application[J]. Journal of Research in Medical and Dental Science, 6(6): 9-15.

Rainie L, Zickuhr K. 2015. Americans' views on mobile etiquette[J]. Pew Research Center, 26: 948-958.

Rand D, Givon N, Weingarden H, et al. 2014. Eliciting upper extremity purposeful movements using video games acomparison with traditional therapy for stroke rehabilitation[J]. Neurorehabilitation and Neural Repair, 28(8): 733-739.

Ranganathan V K, Siemionow V, Sahgal V, et al. 2001. Effects of aging on hand function[J]. Journal of the American Geriatrics Society, 49(11): 1478-1484.

Raschetti R, Albanese E, Vanacore N, et al. 2007. Cholinesterase inhibitors in mild cognitive impairment: a systematic review of randomised trials[J]. PLoS Med, 4(11): e338.

Ravneberg B, Sylvia S. 2017. Disability, society and assistive technology[M]. London: Routledge.

Redmond C L, Bain G I, Laslett L L, et al. 2012. Deteriorating tactile sensation in patients with hand syndromes associated with diabetes: a two-year observational study[J]. Journal of Diabetes and its Complications, 26(4):313-318.

Reinkensmeyer, David J, Michael L, et al. 2012. Technologies and combination therapies for enhancing movement training for people with a disability[J]. Journal of Neuroengineering and Rehabilitation, 9:17.

Riesenhuber M. 2004. An action video game modifies visual processing[J]. American Journal of Ophthalmology, 137(5): 972-973.

Riva G, Rizzo A, Alpini D, et al. 1999. Virtual environments in the diagnosis, prevention, and intervention of age-related diseases: a review of VR scenarios proposed in the EC VETERAN project[J]. Cyber Psychology & Behavior, 2(6): 577-591.

Rodeschini G. 2011. Gerotechnology: a new kind of care for aging? An analysis of the relationship between older people and technology[J]. Nursing & Health Sciences, 13(4): 521-528.

Rohr M K, Lang F R. 2009. Aging well together: a mini-review[J]. Gerontology, 55(3): 333-343.

Rosen W G, Mohs R C. Davis K L. 1984. A new rating scale for Alzheimer's disease[J]. The American Journal of Psychiatry, 141(11):1356-1364.

Rudzicz F, Wang R, Begum M, et al. 2015. Speech interaction with personal assistive robots supporting aging at home for individuals with Alzheimer's disease[J]. ACM Transactions on Accessible Computing(TACCESS), 7(2):1-22.

Rymer S, Salloway S, Norton L, et al. 2002. Impaired awareness, behavior disturbance, and caregiver burden in Alzheimer disease[J]. Alzheimer Disease & Associated Disorders, 16(4): 248-253.

Saif N, Yan P, Niotis K, et al. 2019. Feasibility of using a wearable biosensor device in patients at risk for Alzheimer's disease dementia[J]. The Journal of Prevention of Alzheimer's Disease, 1-8.

Satýlmýs P, Bashford-Rogers T, Chalmers A, et al. 2016. A machine-learning-driven sky model[J].

IEEE computer graphics and applications, 37(1): 80-91.

Satz P, Mogel S. 1962. An abbreviation of the WAIS for clinical use[J]. Journal of Clinical Psychology, 18(1): 77-79.

Saunders G H, Echt K V. 2007. An overview of dual sensory impairment in older adults: perspectives for rehabilitation[J]. Trends in Amplification, 11(4): 243-258.

Savikko N, Routasalo P, Tilvis R S, et al. 2005. Predictors and subjective causes of loneliness in an aged population[J]. Archives of Gerontology and Geriatrics, 41(3):223-233.

Schmitter-Edgecombe M, Howard J T, Pavawalla S P, et al. 2008. Multidyad memory notebook intervention for very mild dementia: a pilot study[J]. American Journal of Alzheimer's Disease & Other Dementias, 23(5):477-487.

Schmitter-Edgecombe M, Woo E, Greeley D R. 2009. Characterizing multiple memory deficits and their relation to everyday functioning in individuals with mild cognitive impairment[J]. Neuropsychology, 23(2): 168-177.

Schreiber M. 1999. Potential of an interactive computer-based training in the rehabilitation of dementia: An initial study[J]. Neuropsychological Rehabilitation, 9(2): 155-167.

Schuknecht H F. 1974. Pathology of the ear[M]. Cambridge, MA: Harvard University Press.

Schuknecht H F, Gacek M R. 1993. Cochlear pathology in presbycusis[J]. Annals of Otology, Rhinology & Laryngology, 102: 1-16.

Schulz R, Wahl H W, Matthews J T, et al. 2015. Advancing the aging and technology agenda in gerontology[J]. The Gerontologist, 55(5):724-734.

Seifeldin M, Saeed A, Kosba A E, et al. 2012. Nuzzer: A large-scale device-free passive localization system for wireless environments[J].IEEE Transactions on Mobile Computing, 12(7):1321-1334.

Sekuler A B, Bennett P J, Mamelak M. 2000. Effects of aging on the useful field of view[J]. Experimental Aging Research, 26(2): 103-120.

Sekuler R, Hutman L P. 1980. Spatial vision and aging. I: contrast sensitivity[J]. Journal of gerontology, 35(5): 692-699.

Selwyn N. 2004. The information aged: a qualitative study of older adults' use of information and communications technology[J]. Journal of Aging Studies, 18(4): 369-384.

Selwyn N, Gorard S, Furlong J, et al. 2003. Older adults' use of information and communications technology in everyday life[J]. Ageing & Society, 23(5): 561-582.

Sheri B, Kumari P, Siddiqui I F,et al. 2020. Artificial Intelligence Based Memory Stash Alzheimer's Aid[M]. In 2020 International Conference on Information Science and Communication Technology (ICISCT) (pp. 1-5). IEEE.

Shin J H, Park S B, Jang S H. 2015. Effects of game-based virtual reality on health-related quality of life in chronic stroke patients: a randomized, controlled study[J]. Computers in Biology and Medicine, 63: 92-98.

Shin J H, Ryu H, Jang S H. 2014. A task-specific interactive game-based virtual reality rehabilitation system for patients with stroke: a usability test and two clinical experiments[J]. Journal of Neuroengineering and Rehabilitation, 11(1): 1.

Shulman K I. 2000. Clock-drawing: is it the ideal cognitive screening test? [J]. International Journal of Geriatric Psychiatry, 15(6): 548-561.

Shulman K I, Shedletsky R, Silver I L. 1986. The challenge of time: Clock-drawing and cognitive function in the elderly[J]. International Journal of Geriatric Psychiatry, 1(2): 135-140.

Siebner H R, Rothwell J. 2003. Transcranial magnetic stimulation: new insights into representational cortical plasticity[J]. Experimental Brain Research, 148(1): 1-16

Silveira P, van het Reve E, Daniel F, et al. 2013. Motivating and assisting physical exercise in independently living older adults: a pilot study[J]. International Journal of Medical Informatics, 82(5): 325-334.

Sloane M E, Owsley C, Alvarez S L. 1988. Aging, senile miosis and spatial contrast sensitivity at low luminance[J]. Vision Research, 28(11): 1235-1246.

Smith K. 1998. The ageing population and technology: Challenges and opportunities. ETAN working paper. Retrieved from http://cordis.europa.eu/documents/documentlibrary/28262301EN6.Pdf.

Smith, G E, Housen P, Yaffe K, et al. 2009. A cognitive training program based on principles of brain plasticity: results from the improvement in memory with plasticity-based adaptive cognitive training(IMPACT)study[J].Journal of the American Geriatrics Society, 57(4): 594-603.

Soares H D, Potter W Z, Pickering E, et al. 2012. Plasma biomarkers associated with the apolipoprotein E genotype and Alzheimer disease[J]. Archives of Neurology, 69(10): 1310-1317.

Song C G, Kim J Y, Kim N G.2004. A new postural balance control system for rehabilitation training based on virtual cycling[J]. IEEE Transactions on Information Technology in Biomedicine, 8(2): 200-207.

Sorita E, N'Kaoua B, Larrue F, et al. 2013. Do patients with traumatic brain injury learn a route in the same way in real and virtual environments? [J]. Disability and Rehabilitation, 35(16): 1371-1379.

Sorkin D H, Rook K S. 2004. Interpersonal control strivings and vulnerability to negative social exchanges in later life[J]. Psychology and Aging, 19(4), 555-564.

Spence I, Feng, J. 2010. Video games and spatial cognition[J]. Review of General Psychology, 14(2): 92-104.

Standen P J, Threapleton K, Connell L, et al. 2015. Patients' use of a home-based virtual reality system to provide rehabilitation of the upper limb following stroke[J]. Physical Therapy, 95(3): 350-359.

Steinkuehler C A, Williams D. 2006. Where everybody knows your (screen) name: online games as 'third places' [J]. Journal of Computer-Mediated Communication, 11(4): 885-909.

Stephenson W. 1964. The play theory of mass communication. Transaction Publishers.

Story M F. 1998. Maximizing usability: the principles of universal design[J]. Assistive Technology: The Official Journal of RESNA, 10(1): 4-12.

Subramanian S K, Lourenço C B, Chilingaryan G, et al. 2013. Arm motor recovery using avirtual reality intervention in chronic stroke: Randomized control trial. Neurorehabil[J]. Neural Repair, 27(1): 13-23.

Sucar L E, Orihuela-Espina F, Velazquez R L, et al. 2014. Gesture therapy: an upper limb virtual reality-based motor rehabilitation platform[J]. Neural Systems and Rehabilitation Engineering, IEEE Transactions, 634-643.

Suh G H, Kang C J. 2010. Validation of the Severe Impairment Battery for patients with Alzheimer's disease in Korea[J]. International Journal of Geriatric Psychiatry, 21(7): 626-632.

Sverre B, Geir S, Knut E. 2010. Reliability and validity of the norwegian version of the severe impairment battery(SIB)[J]. International Journal of Geriatric Psychiatry, 23(9): 896-902.

Taati B, Snoek J, Mihailidis A. 2013. Video analysis for identifying human operation difficulties and faucet usability assessment[J]. Neurocomputing, 100:163-169.

Taati B, Zhao S, Ashraf A B, et al. 2019. Algorithmic bias in clinical populations—evaluating and improving facial analysis technology in older adults with dementia[J]. IEEE Access, 7:25527-25534.

Tanaka H, Krakauer J W, Qian N. 2006. An optimization principle for determining movement duration[J]. Journal of Neurophysiology 95(6): 3875-3886.

Tarnanas I, Schlee W, Tsolaki M, et al. 2013. Ecological validity of virtual reality daily living activities screening for early dementia: longitudinal study[J]. JMIR Serious Games, 1(1): e1.

Timberlake G T, Omoscharka E, Quaney B M, et al. 2011. Effect of bilateral macular scotomas from age-related macular degeneration on reach-to-grasp hand movement[J].Investigative Ophthalmology & Visual Science, 52(5): 2540-2550.

Tobin M J, Greenhalgh R. 1987. Normative data for assessing the manual dexterity of visually handicapped adults in vocational rehabilitation[J]. Journal of Occupational Psychology, 60(1):73-80.

Tombaugh T N, Mcintyre N J. 1992. The Mini-Mental State Examination: A comprehensive review[J]. Journal of the American Geriatrics Society, 40(9): 922-935.

Toosizadeh N, Bunting M, Howe C, et al. 2014. Motorized mobility scooters: The use of training/intervention and technology for improving driving skills in aging adults-a mini-review[J]. Gerontology, 60(4): 357-365.

Toril P, Reales J M, Mayas J, et al. 2016. Video game training enhances visuospatial working memory and episodic memory in older adults[J]. Frontiers in Human Neuroscience, 10: 206.

Toth L, Hoffmann I, Gosztolya G, et al. 2018. A speech recognition-based solution for the automatic detection of mild cognitive impairment from spontaneous speech[J]. Current Alzheimer Research, 15(2):130-138.

Uchida S, Kawashima R. 2008. Reading and solving arithmetic problems improves cognitive functions of normal aged people: a randomized controlled study[J]. AGE, 30(1): 21-29.

Vakil E, Blachstein H, Rey A. 1997. Developmental norms for adults and the sensitivity of different memory measures to age[J]. The Clinical Neuropsychologist, 11(4): 356-369.

Valcour VG, Masaki KH, Curb JD, et al. 2000. The detection of dementia in the primary care setting[J]. Arch Intern Med, 160(19): 2964-2968.

van Bronswijk J E. 2010. James leonard fozard, grand master of gerontechnology, for his 80th birthday[J]. Gerontechnology, 9(3): 359-428.

van Bronswijk J E, Bouma H, Fozard J L. 2003. Linking the impacts of technology to its areas of application that most affect quality of life[J]. Gerontecnnology, 2: 169-72.

van Bronswijk J E, Fozard J L, Kearns W D, et al. 2008. Implementing gerontechnology[J]. Gerontechnology, 7(3): 325.

Van Ooteghem K, Musselman K, Gold D, et al. 2019. Evaluating mobility in advanced dementia: a scoping review and feasibility analysis[J]. The Gerontologist, 59(6): e683-e696.

Walker T, Christensen H, Mirheidari B, et al. 2020. Developing an intelligent virtual agent to stratify people with cognitive complaints: a comparison of human-patient and intelligent virtual agent-patient interaction[J]. Dementia, 19(4): 1173-1188.

Wang H, Yu X, Li S, et al. 2004. The cognitive subscale of Alzheimer's disease assessment scale, Chinese version in staging of Alzheimer disease[J]. Alzheimer Disease & Associated Disorders, 18(4): 231.

Wang R, Wang J, Li H, et al. 2015. Power spectral density and high order bispectral analysis of Alzheimer's EEG. 27th Chinese control and decision conference[J]. CCDC'15, 23-25, May: 1822-1826

Wayner D S. 2004. Integrating assistive technology into a hearing aid practice[J]. The Hearing Journal, 57(11): 43-45.

Weale R A. 1961. Retinal illumination and age[J]. Transactions of the Illuminating Engineering Society, 26: 95-100.

Weinstein B E. 2012. Geriatric audiology(2nd ed.) [M]. New York, NY: Thieme.

Wells J L, Dumbrell A C. 2006. Nutrition and aging: assessment and treatment of compromised nutritional status in frail elderly patients[J]. Clinical Interventions in Aging, 1(1): 67.

Whitlock, Laura A, McLaughlin C, et al, 2012. Individual differences in response to cognitive training: Using a multi-modal, attentionally demanding gamebased intervention for older adults[J]. Computers in Human Behavior, 28(4): 1091-1096.

Wilkins C H, Wilkins K L, Meisel M, et al. 2007. Dementia undiagnosed in poor older adults with functional impairment[J]. Journal of the American Geriatrics Society, 55(11): 1771-1776.

Williams A S. 2012. Creating low vision and nonvisual instructions for diabetes technology: An empirically validated process[J]. Journal of Diabetes Science and Technology, 6(2): 252-259.

Wind A W, Schellevi F G, van Staveren G E, et al. 1997. Limitations of the Mini-Mental State Examination in diagnosing dementia in general practice[J]. International Journal of Geriatric Psychiatry, 12(1): 101-108.

Winstein C J, Merians A, Sullivan K. 1999. Motor learning after unilateral brain damage[J]. Neuropsychologia, 37: 975-987.

Wittich W, Southall K, Sikora L, et al. 2013. What's in a name: Dual sensory impairment or deafblindness? [J]British Journal of Visual Impairment, 31(3):198-207.

Wong Y C, Fung J Y C, Law C K, et al. 2009a. Tackling the digital divide[J]. British Journal of Social Work, 39(4): 754-767.

Wong Y C, Law C K, Fung J Y C, et al. 2009b. Perpetuating old exclusions and producing new ones: digital exclusion in an information society[J]. Journal of Technology in Human Services, 27(1): 57-78.

Woodward A T, Freddolino P P, Blaschke-Thompson C M, et al. 2011. Technology and aging project: training outcomes and efficacy from a randomized field trial[J]. Ageing International, 36(1):46-65.

World Health Organization. 2002. Active ageing: apolicy framework[J]. The Aging Male, 5(1): 1-37.

Wu S, Cheng C K, Feng J, et al. 2012. Playing a first-person shooter video game induces neuroplastic change[J]. Journal of Cognitive Neuroscience, 24: 1286-1293.

Yang H, Bath P A. 2019. The use of data mining methods for the prediction of dementia: evidence from the english longitudinal study of aging[J]. IEEE Journal of Biomedical and Health Informatics, 24(2): 345-353.

Yao L, Sheng Q Z, Li X, et al. 2017. Compressive representation for device-free activity recognition with passive RFID signal strength[J]. IEEE Transactions on Mobile Computing, 17(2): 293-306.

Yee N. 2006. The demographics, motivations, and derived experiences of users of massively-multi-user online graphical environments[J]. Teleoperators and Virtual Environments, 15(3): 309-329.

Yin R. 2010. Analytic generalization[J]. Encyclopedia of case study research, 1: 20-22.

Ylikoski R, Jokinen H, Andersen P, et al. 2007. Comparison of the Alzheimer's disease assessment scale cognitive subscale and the vascular dementia assessment scale in differentiating elderly individuals with different degrees of white matter changes. The LADIS Study[J]. Dementia and Geriatric Cognitive Disorders, 24(2): 73-81.

Yu B, Williamson J R, Mundt J C, et al. 2018. Speech-based automated cognitive impairment detection from remotely-collected cognitive test audio[J]. IEEE Access, 6:40494-40505.

Yueh B, Shapiro N, MacLean C H, et al. 2003. Screening and management of adult hearing loss in primary care: scientific review[J]. Jama, 289(15): 1976-1985.

Zhang D, Liu Y, Guo X, et al. 2012. Rass: a real-time, accurate, and scalable system for tracking transceiver-free objects[J]. IEEE Transactions on Parallel and Distributed Systems, 24(5): 996-1008.

Zhou X, Wang Y, Sohn S, et al. 2019. Automatic extraction and assessment of lifestyle exposures for Alzheimer’s disease using natural language processing[J]. International Journal of Medical Informatics, 130:103943.

Zhu F, Li X, Mcgonigle D, et al. 2019. Analyze informant-based questionnaire for the early diagnosis of senile dementia using deep learning[J]. IEEE Journal of Translational Engineering in Health and Medicine, 8: 1-6.

Zunzunegui M V, Alvarado B E, Del Ser T, et al. 2003. Social networks, social integration, and social engagement determine cognitive decline in community-dwelling Spanish older adults[J]. The Journals of Gerontology Series B: Psychological Sciences and Social Sciences, 58:S93-S100.

Zygouris S, Giakoumis D, Votis K, et al. 2015. Can a virtual reality cognitive training application fulfill a dual role? Using the virtual supermarket cognitive training application as a screening tool for mild cognitive impairment[J].Journal of Alzheimer's Disease, 44(4): 1333-1347.

Zygouris S, Ntovas K, Giakoumis D, et al. 2017. A preliminary study on the feasibility of? Using a virtual reality cognitive training application for remote detection of mild cognitive impairment[J]. Journal of Alzheimer’s Disease, 56(2): 619-627.